DIE GEHEIME REISE ZUM PLANET SERPO

Die wahre Geschichte einer interplanetaren Reise

Len Kasten

Len Kasten
Die geheime Reise zum Planet Serpo

Titel der Originalausgabe: „Secret Journey to Planet Serpo.
A True Story of Interplanetary Travel"

1. Auflage, 2016

Deutsche Übersetzung: Brigitte Deisenhammer
Layout: Inna Kralovyetts

Mosquito Verlag

www.mosquito-verlag.de

© Copyright 2016, Mosquito Verlag, Immenstadt

© Copyright 2013 by Len Kasten

Published by Arrangement with INNER TRADITIONS INTERNATIONAL LTD.,
Park Street One, Rochester, VT 05767 USA

Dieses Werk wurde vermittelt durch
die Literarische Agentur Thomas Schlück GmbH, 30827 Garbsen.

Alle Rechte vorbehalten. Kein Teil dieses Buchs darf vervielfältigt, abgespeichert, in eine Datenbank bzw. ein anderes Datenabfragesystem eingefügt oder in irgendeiner Form mithilfe einer bereits bekannten oder erst in Zukunft entwickelten Methode ohne die vorherige ausdrückliche schriftliche Genehmigung des Inhabers der Urheberrechte sowie des Herausgebers dieses Buchs verbreitet werden. Unter anderem fallen darunter alle mechanischen und elektronischen Verfahren und die Anfertigung von Fotokopien und Aufzeichnungen.

ISBN 978-3-943238-49-5

Mosquito Verlag

INHALTSVERZEICHNIS

EINLEITUNG 7

TEIL EINS
VORWORT

1. DEUTSCHLAND 16
2. ANTARKTIKA 26
3. ROSWELL 39
4. LOS ALAMOS 47
5. KINGMAN 56
6. KENNEDY 63

TEIL ZWEI
PROJECT CRYSTAL KNIGHT

7. AUSWAHL UND TRAINING 72
8. DIE LANDUNGEN 83
9. DIE REISE 90
10. ANKUNFT 100
11. ANPASSUNG 107
12. KONFRONTATION 113
13. EIN POLIZEISTAAT 121
14. FESTESSEN, VERGNÜGEN UND TOD 129
15. ERKUNDUNG 138
16. DIE RÜCKKEHR 146

TEIL DREI
Nachwort

17. EBEN-TECHNOLOGIE	157
18. DER FILM	164

Anhänge

1. TEAMAUSBILDUNGSPLAN	172
2. VORRÄTE UND AUSRÜSTUNG	174
3. SERPO-STATISTIKEN	180
4. KOMMENTARE ZUR MESSUNG VON PLANETENBEWEGUNG UND ZEIT AUF SERPO	181
5. DAS EBEN-ENERGIEGERÄT	187
6. DAS EBEN-ANTRIEBSSYSTEM	190
7. GLAUBENSÜBERZEUGUNGEN DER EBENS	194
8. DIE DEFENSE INTELLIGENCE AGENCY	196
9. TIEFRAUMSONDEN	200
10. NACHBAU AUSSERIRDISCHER RAUMSCHIFFE	201
11. AUSZUG AUS DER BESPRECHUNG MIT PRÄSIDENT REAGAN IM MÄRZ 1981	205
12. EIN RAHMENPLAN ZUR AKKLIMATISIERUNG DER ÖFFENTLICHKEIT	212
13. VIDEOSCHILDERUNG ZUR NACHBESPRECHUNG MIT DER SERPO-MANNSCHAFT	214

EINLEITUNG

Königin Elizabeth I: Ein Theaterstück! Komödie oder Tragödie?
Schauspieler: Komödie, Eure Majestät.
Königin Elizabeth I: Komödie! Von wem?
Schauspieler: Von Anonymus, Eure Majestät.
Königin Elizabeth I: Anonymus! Wie sehr bewundere ich seine Verse.

Anonymus,
Columbia Pictures (2011);
Drehbuch: John Orloff

ANONYMOUS UND PROJECT CRYSTAL KNIGHT

Zunächst möchte ich mich vorstellen. Mein Name ist … Anonymous. Ich bin ein pensionierter Beamter der US-Regierung. Ich werde nicht im Detail über meine Vergangenheit sprechen, aber ich war an einem Spezialprogramm beteiligt.

Mit diesen Worten in einer E-Mail, adressiert an Victor Martinez, Host und Moderator des vielleicht größten und renommiertesten weltraumbezogenen E-Mail-Netzwerks im Internet, bekannt als die UFO Thread List, begann ein vollkommen neues Zeitalter von Regierungstransparenz. Die Nachricht erreichte Martinez am 2. November 2005, gefolgt von unglaublichen Fakten darüber, was die Regierung über Außerirdischenbesuche weiß. „Anonymous" sendete daraufhin 18 weitere E-Mails an das Netzwerk, eine spektakulärer als die andere. Diese erste Serie setzte sich bis zum 21. August 2006 fort. Zwischen dem 4. Juni 2007 und 13. April 2011 sendete er schließlich 14 weitere E-Mails, in welchen er bis dahin streng geheime Informationen enthüllte, die zuvor unter „Top Secret Codeword" eingestuft waren, der höchsten Geheimhaltungsstufe in der Regierung.

Die E-Mail-Beiträge durch Anonymous betrafen hauptsächlich die Ereignisse nach dem Roswell-Absturz (siehe Kapitel 3), die zu einem interstellaren Austauschprogramm führten, in dem eine zwölfköpfige Besatzung der US Air Force 1965 in einem außerirdischen Raumschiff zu einem fernen Planeten geschickt wurden. Dieses Programm wurde von der Defense Intelligence Agency (DIA) geleitet und überwacht. Die DIA nannte das Programm Project Crystal Knight und Anonymous, zu der Zeit noch wesentlich jünger, war angeblich einer der dem Projekt zugewiesenen Beamten. Es ist heute allgemein bekannt als Project Serpo.

GLAUBWÜRDIGKEIT, „THE LIST" UND WWW.SERPO.ORG

Diese erste E-Mail an das Netzwerk führte zu Kommentaren von langjährigen Netzwerkmitgliedern. Gene Loscowski (echter Name: Gene Lakes) äußerte sich: „Wer ist diese Person? Der Großteil der Informationen ist absolut korrekt." Paul McGovern meinte: „Interessant, aber nicht vollkommen korrekt." Listenmitglied „Anonymous II" wiederum: „Was den Roswell-Fall betrifft: Das hier ist, was ich im historischen Dokument „Red Book" gelesen habe. Fast bis aufs Wort. Die Informationen zu den Absturzstellen und was geborgen werden konnte, sind allerdings detaillierter."

Diese Bemerkungen von Einzelpersonen, die offenbar zumindest teilweise etwas über das Geheimprogramm wussten, können als eindeutige Bestätigung betrachtet werden, dass Project Crystal Knight ein tatsächliches Ereignis und die von Anonymous aufgedeckten Begebenheiten im Wesentlichen korrekt waren. Es ist anzumerken, dass nahezu alle Personen auf der Liste auf die eine oder andere Art als „Insider" betrachtet wurden statt nur einer Gruppierung von an UFO-Aktivitäten Interessierten, seien sie nun Ermittler oder sogar Entführte. Diese Einzelpersonen standen weitgehend in Zusammenhang mit der Regierung und hatten Zugang zu geheimen Informationen. Genau darum entschied sich Anonymous zu diesen bedeutsamen Offenbarungen in der Gruppe. Bill Ryan, der später die Website für die Liste veröffentlichte, erläuterte dies folgendermaßen:

> Die Liste umfasste zu der Zeit etwa 150 Personen, darunter zahlreiche äußerst bekannte Namen in der UFO-Forschung und zusammenhängenden Spitzenwissenschaftsgebieten ... Die Listenmitglieder sind unterschiedlicher Ansichten bezüglich der Wahrhaftigkeit von Anonymous' Behauptungen. Die Erfahrung, die die Liste insgesamt umfasst, verdient allerdings besonderes Augenmerk. Die Offenbarungen wurden in beträchtlichem Ausmaß diskutiert und *es ist wichtig anzumerken, dass zahlreiche hochrangige Personen im US-Geheimdienst und im Militär diese Informationen äußerst ernst nehmen.*

Jegliche Skepsis unter den Listenmitgliedern hinsichtlich Anonymous' Offenbarungen zu Serpo verflüchtigte sich weitgehend, als er nach und nach mehr Details zum Programm an das Listennetzwerk sendete. Es wurde schnell eindeutig, dass diese Fülle an Details, die sie teilweise persönlich bestätigen konnten oder über die sie bereits gehört hatten, nicht erfunden sein konnte. Netzwerkmitglieder entschlossen sich daraufhin am 21. Dezember 2005 zur Gründung einer Website gewidmet den Offenbarungen durch Anonymous. Zu diesem Zweck bot sich der Brite Bill Ryan, langjähriges und hochangesehenes Mitglied im Netzwerk, als Gestalter und Moderator der Website an, benannt www.serpo.org. Diese Website wurde letztendlich mit zusätzlichem Material von anderen anonymen Beitragenden ausgestaltet, sowie mit Beiträgen von Martinez, der ergänzende Erläuterungen bezüglich der Informationen von Anonymous und anderen Insidern hinzufügte. Das Ergebnis war eine erstaunliche Sammlung an Regierungswissen über unsere Beziehungen zu Außerirdischen aus der gesamten Galaxie.

Entwickler der Serpo-Website Bill Ryan

EINLEITUNG

DAS „RED BOOK"

Letzte Zweifel hinsichtlich der Glaubwürdigkeit und der Rolle von Anonymous in Project Serpo wurden mit einem Beitrag, den er am 16. Juni 2006 an die Website sendete, vollständig ausgeräumt. In diesem E-Mail wies er sich als Herausgeber des „Red Book" aus. Aus der Gegenwartsform, die er darin verwendete, lässt sich rückschließen, dass er 2006 nach wie vor diese Funktion innehatte. Dieses geheimnisvolle „Buch" ist unter hochrangigen Regierungsbeamten, die mit geheimen UFO-Ermittlungen und außerirdischem Kontakt zu tun haben, wohlbekannt. Anonymous beschreibt das „Red Book":

> Das „Red Book" ist eine extrem dicke, äußerst detaillierte Berichtzusammenfassung zu UFO-Beobachtungen von 1947 bis heute, geschrieben und zusammengetragen durch die US-Regierung. Alle fünf Jahre wird dieses orange-braune Buch aktualisiert.

Am 9. August 2007 sendete Anonymous schließlich die folgende Nachricht, in der er näher auf die Verwendung des „Red Book" eingeht und seine Rolle bezüglich der Erstellung und Herausgabe der Beiträge enthüllt:

> … Behauptungen, das „Red Book" würde laufend aktualisiert werden oder wann immer notwendig, sind teilweise wahr, müssen allerdings in den richtigen Kontext gesetzt werden.
>
> Eingehende UFO-Berichte, die von der berichterstattenden Behörde – ob nun militärisch oder zivil – als glaubwürdig erachtet werden, werden an eine spezielle Regierungsabteilung für eine weitergehende Analyse weitergeleitet. Nach diesem Überprüfungsprozess werden sie an eine Spezialgruppe gesendet, die für eine letzte Einschätzung hinsichtlich einer EVENTUELLEN Aufnahme in das Red Book zuständig ist.
>
> … Ich weiß all dies, weil … ich als Herausgeber mehrerer Ausgaben des „Red Book" tätig war und für mehrere US-Präsidenten die Kurzfassung geschrieben und übermittelt habe. Ich WEISS daher, wovon ich spreche. Und wenn ich „Herausgeber" sage, meine ich dies NICHT in der Bedeutung des Wortes, wie ihr sie kennt. Weder korrigiere noch überprüfe ich die Unmengen – Hunderte, wenn nicht Tausende – an Berichten, die im 5-Jahres-Bericht zusammengefasst werden, auf Grammatik und Zeichensetzung, wie ihr es mit dem Material für „Project Serpo" getan habt.
>
> Ich zeige nur die bedeutendsten und fesselndsten Fälle aus dem „RED BOOK" auf, gemeinsam mit einer Analyse von mir selbst und anderen der Tendenzen, Arten der Sichtungen, menschlichen Kontakts mit außerirdischen Lebewesen und anderer nationaler Sicherheitsfragen, die unsere Regierung oder Planet haben könnte. Meine Rolle ist es, die Kurzfassung zu schreiben und dem jeweilig amtierenden Präsidenten der Vereinigten Staaten zu präsentieren. Im Falle von nationalen Sicherheitsangelegenheiten würde das 5-Jahres-Review des „RED BOOK" unterbrochen werden, doch das war dank der guten Beziehung zu unseren [außerirdischen] Besuchern bisher nicht notwendig.
>
> Wir hatten Besuch von neun anderen Sternensystemen. Die Grays, die manchmal als den Ebens ähnlich charakterisiert werden, waren keine Ebens. Sie kamen von einem Planeten nahe Alpha Centauri A. Die dritte Gattung an Besuchern kam aus einem G2-Sternensys-

tem des Sternbilds Löwe. Eine andere Gattung an Besuchern kam aus einem G2-Sternensystem in Epsilon Eridani. Die Besucher wurden mithilfe eines Codes klassifiziert. Der Code, der an sich geheim war, war „Extraterrestrial Entities" (ETE). ETE-2 waren die Ebens, die Grays waren ETE-3 und so weiter. Das „Red Book" listet neun verschiedene Besucher. Wir stellten kürzlich fest, dass manche der Besucher dem gleichen Rassentyp angehörten, aber eine „mechanische Lebensform" waren. Sie waren hybride Lebewesen, die eher durch Herstellung in einem Labor entstanden als durch natürliche Geburt. Die Kreaturen waren eher wie Roboter, doch sie waren intelligent und konnten Entscheidungen fällen. Sie waren möglicherweise die „feindseligen" Besucher, die von manchen berichtet werden.

Aufgrund seiner Beteiligung am „Red Book" und der Anweisungen an die Präsidenten kann Anonymous in Bezug auf außerirdische Beziehungen eindeutig in den oberen Bereich des Nachrichtendienstes eingeordnet werden. Wenngleich er es nicht erwähnt, scheint es äußerst wahrscheinlich, dass er ein Mitglied der Majestic-12 (MJ-12) ist oder war, der geheimen Organisation, die von Präsident Harry S. Truman zur Behandlung außerirdischer Angelegenheiten gegründet wurde. Seine Enthüllungen bezüglich Serpo sollten daher als authentisch betrachtet werden.

ANONYMOUS UND DIE DIA

Anonymous legt in weiteren Mitteilungen an das Netzwerk offen, dass er nicht vollkommen alleine handelt, sondern Teil einer Gruppe von Einzelpersonen der DIA ist. Bill Ryan sagt in der Einleitung auf der Website:

> Anonymous berichtet, dass er nicht alleine handelt, sondern mit anderen DIA-Beamten als Teil eines sechsköpfigen Bündnisses gemeinsam arbeitet: drei gegenwärtige und drei ehemalige Mitarbeiter. Er ist ihr Chefsprecher … Anonymous schrieb 85 Prozent des Materials, das an Victor Martinez gesendet wurde. Weitere 13 Prozent kamen von einer anderen direkt mit dem Projekt verbundenen Quelle. Die übrigen ein bis zwei Prozent stammen von einem „Geist", der unmittelbar nach der Nachrichtenübermittlung sein E-Mail-Konto löschte.

GENEHMIGUNG

Die Enthüllungen durch Anonymous und die DIA-6 basierten nicht etwa auf einer unautorisierten Operation, sondern wurden zur Veröffentlichung auf höchster Stufe innerhalb der DIA freigegeben. Es ist nicht bekannt, ob diese Genehmigung aus einer noch höheren Stufe innerhalb des US-Geheimdienstes und der Exekutive oder von MJ-12 hervorging. Wie in Kapitel 6 dargelegt, wurde die DIA durch Präsident John F. Kennedy unter anderem gegründet, um dem Geheimdienstnetz mehr Verantwortung gegenüber der Öffentlichkeit zu erteilen, anstatt das Prinzip der Exklusivität und häufig willkürliches Verhalten wei-

EINLEITUNG

ter hinzunehmen. Das Ideal von Transparenz wurde der DIA dadurch von Beginn an eingeflößt und dieses Ideal blieb in ihrer DNA erhalten. Die Offenbarungen durch die DIA-6 spiegeln dieses Ideal wider. Wie von Victor Martinez in seiner kurzen Geschichte der DIA zitiert (siehe Anhang 8), äußerte sich ein Pentagon-Beamter gegenüber *The Washington Post*: „Wir müssen aus dem Geheimdienst machen, was CNN aus Nachrichten gemacht hat".

Der Leser kann die Aufzeichnungen durch Anonymous guten Gewissens als authentisch annehmen, denn es erscheint äußerst unwahrscheinlich, dass er sich – nun in fortgeschrittenem Alter und in Pension – plötzlich dazu entschließt, höchst komplizierte Regierungspropaganda als Teil einer Desinformationskampagne zu betreiben. Welchen Nutzen hätte er an diesem Punkt in der Geschichte und seinem Leben davon, diese fantastische an Science-Fiction grenzende Geschichte zu spinnen und zu verbreiten, wenn keine Notwendigkeit zu jeglichen Offenbarungen besteht? Die Tatsache, dass all diese Informationen im „Red Book" festgehalten sind, erklärt die Desinformationshypothese tendenziell für nichtig. Allein aufgrund der gewaltigen Detailfülle ist die Wahrscheinlichkeit, dass diese ganze Geschichte ein Produkt seiner Fantasie war, fast unmöglich. Er befände sich in den gleichen Science-Fiction-Rängen wie Jules Verne, H. G. Wells und Isaac Asimov!

WARUM JETZT?

Die weitaus wahrscheinlichere Hypothese ist folgende: Ein alternder, hochrangiger Geheimdienstagent, inspiriert durch die von Präsident Kennedy vermittelte Politik der Transparenz und dem Lebensende nahe, ist zu der Überzeugung gekommen, dass die Öffentlichkeit das Recht hat, von den fantastischen Tatsachen hinsichtlich unseres Umgangs mit Außerirdischen zu erfahren. Es ist eine Frage von „Zum Teufel mit den Torpedos, volle Kraft voraus" und „Sprich die Wahrheit und lass den Dingen ihren Lauf". Anonymous wählte als Datum den 2. November 2005, exakt 25 Jahre nachdem der Endbericht über Project Crystal Knight geschrieben wurde (1980). Die Regierungspolitik erlaubt die Freigabe von geheimen Dokumenten nach dieser Vierteljahrhundertfrist. Man kann Königin Elizabeth I damit nur zustimmen: „Wie sehr bewundere ich seine Verse".

DER HINTERGRUND

Es erschien mit notwendig, beim Erzählen der Geschichte von Serpo in Teil 1 zunächst auf die Ereignisse vor dem Roswell-Absturz 1947 einzugehen, um dem Leser nicht den falschen Eindruck zu vermitteln, Roswell sei unsere erste Begegnung mit Antigravitationsraumschiffen oder Außerirdischen gewesen. Zur Zeit von Roswell hatte das US-Militär bereits mindestens fünf Jahre lang mit diesen Arten von Transportmittel zu tun. Darüber hinaus waren wir uns seit den 1930er Jahren außerirdischen Daseins auf dem Planeten bewusst und gewannen Erkenntnisse über ihre Rolle im Zweiten Weltkrieg.[1] Zumindest für das Militär hatte Roswell daher eigentlich keine Art von Kulturschock zur Folge. Es erschien mir wichtig, einen Teil dieser Geschichte vor Roswell darzulegen, die zuvor für die Zivilbevölkerung unzugänglich war. Dies sollte es dem Leser leichter machen, sich in den Geisteszustand der militärischen Führer vom Juli 1947 zu versetzen, und nachzuvollziehen, warum diese mit solchem Eifer auf den Absturz und die Bewirtung des überlebenden Außerirdischen reagierten. Trotz des Anscheins waren sie nicht allzu erstaunt über die ganze Serie an Geschehnissen und waren wohl sogar besser dafür vorbereitet als auf Pearl Harbor am 7. Dezember 1941. Das Pentagon wusste sofort, was ein Absturz eines außerirdischen Schiffs auf US-Boden bedeutete. Die militärische Führung erkannte all die Konsequenzen und zu welchem Kulturschock dies in der amerikanischen Bevölkerung führen könnte. Teil 1 ergänzt demnach die Serpo-Saga, und gemeinsam vermitteln sie ein realistisches Bild von Amerikas Einführung in galaktische Angelegenheiten im 20. Jahrhundert. Es ist eine erstaunliche Geschichte und weitaus unglaublicher als Science-Fiction. Und dabei handelt es sich nur um das erste Kapitel. Was die Menschheit im 21. Jahrhundert erwartet, ist jenseits unserer wildesten Träume.

DIE SERPO-SAGA

In Teil 2 dieses Buchs erfahren wir von den erstaunlichen Abenteuern einer Gruppe von 12 unerschrockenen und entschlossenen Amerikanern, bereit, die Annehmlichkeiten und Vertrautheiten ihres Heimatplaneten hinter sich zu lassen, um sich auf den Weg zu einem so gut wie vollkommen unbekannten stellaren Zielpunkt in der Ferne des Weltraums zu machen! Es war ein noch nie da gewesenes Maß an Tapferkeit. Der Wagemut der spanischen Eroberer, die in einer neuen Welt landeten – vergleichbar mit einem neuen Planeten – und ebenso auf eine unbekannte Rasse trafen, wäre eventuell einen Vergleich wert. Doch diese Männer waren durch ihren Glauben gestärkt, dass sie von einer Rasse, die sie für primitive Wilde hielten, nichts zu fürchten hatten. Die Serpo-Zwölf waren bereit, den Planeten Erde zu verlassen und unbekanntem Mühsal und Gefahren entgegenzutreten, inmitten einer Zivilisation von Außerirdischen zu leben, die anders aussahen, sich anders verhielten und anders dachten als Erdlinge, und die offensichtlich intelligenter waren, hatten sie doch die Technologie, durch den Weltraum zu reisen. Sie würden in einer vollkommen unvertrauten Welt ohne den Trost von menschlichen Freunde und Geliebten leben, auf der anderen Seite eines Weltraumozeans ohne die Möglichkeit jeglicher Kommunikation.

Es wäre ein Fehler, ihre Tapferkeit lediglich einer Abenteuerstimmung zuzuschreiben, zu behaupten, ihre Ängste würden durch die Begeisterung, Leben in einer solch neuen und erschreckend andersartigen Welt zu erfahren, zurückgestellt. Diese Art von Tapferkeit musste in der Entschlossenheit verwurzelt sein, das menschliche Wissen über Leben in unserer Galaxie voranzutreiben. Irgendwo in ihren Köpfen mussten wohl diese kleinen Stimmen gewesen sein, die ihnen sagten, dass die Zeit für den Vorstoß in den Weltraum für die menschliche Rasse gekommen sei, ähnlich der Stimme im Kopf von Christopher Columbus, die ihm sagte, dass die Menschen diesen gesamten Planeten, auf dem wir leben, erforschen müssten. Es handelte sich daher um zwölf äußerst außergewöhnliche Personen. Es ist schwierig, sich den Mut und die Unverfrorenheit nur vorzustellen. Und dabei wissen wir nicht einmal ihre Namen! Die Regierung hält starr an ihrem Grundsatz fest, dass sie anonym bleiben müssen. Irgendwann und irgendwo wird ganz bestimmt ein Monument zu

EINLEITUNG

Ehren dieser unerschrockenen Raumfahrtpioniere errichtet. Möglicherweise in der NASA, in Houston oder in Cape Kennedy. Aber eigentlich gehört es in die Nationalpromenade in Washington DC, wo es Touristen und Besucher für alle Zeit an die zwölf mutigen Amerikaner erinnern wird, die sich durch die Galaxie zu einem fernen Sternensystem wagten, um die menschliche Rasse zu einer neuen Ebene von Wissen und Erfahrung zu führen.

EBEN-TECHNOLOGIE UND *UNHEIMLICHE BEGEGNUNGEN*

Im letzten Teil des Buches werden zwei Themen behandelt, die für alle jene, die die Geschichte bis zu diesem Punkt verfolgt haben, von großem Interesse sein dürften. Zunächst wäre dies das Thema der Eben-Technologie. Der Hauptgrund, das Team zu diesem fernen Planeten zu senden, lag vermutlich darin, mehr über ihre Wissenschaft und Technologie zu erfahren. Dementsprechend wichtig ist es, das Thema im Detail abzuhandeln und mit unserer irdischen Wissenschaft und Technologie zu vergleichen. Es wurde daher als notwendig erachtet, diesem wichtigen Thema ein eigenes Kapitel zu widmen.

Und zum Abschluss wäre die wohlbekannte Schlussszene in Steven Spielbergs Klassiker „Unheimliche Begegnung der dritten Art" hervorzuheben, in der zwölf amerikanische Militärangehörige auf einem außerirdischen Raumschiff die Abreise zu ihrem Heimatplaneten antreten. Ein Leser dieses Buchs würde sich vermutlich fragen, ob diese Szene wahrheitsgemäß das Serpo-Team beim Verlassen der Erde in einem Eben-Schiff darstellte. Diese Frage erschien uns ausreichend bedeutsam, um ihr ein gesamtes Kapitel zu widmen, in dem der Film mit der wahren Geschichte verglichen wird. Die Schlussfolgerungen sind überraschend.

ANHÄNGE

Die Anhänge stellen einen äußerst wichtigen Teil der Geschichte dar. Sie beinhalten detaillierte Informationen hinsichtlich der Reise, die aber größtenteils zu fachspezifisch sind, um sie in den Hauptteil des Buches mitaufzunehmen. Es erwies sich als notwendig, die geschilderten Informationen mit Zahlen und Fakten zu ergänzen, die nur zusammenfassend in Teil 2 behandelt werden konnten, um diese Kapitel nicht mit Unmengen an Fußnoten vollzustopfen. Ich habe 13 Anhänge beigefügt, die ich für ein vollständiges Begreifen dieses bemerkenswerten und monumentalen Abenteuers allesamt als unentbehrlich erachte. In diesem Teil erfahren wir genauere Details, wie etwa die Tatsache, dass das Team Musikaufnahmen von den Beatles und Mozart mit sich brachte, ebenso wie 45 Tonnen an Vorräten und Ausrüstung inklusive drei Jeeps und 24 Handfeuerwaffen. Hier werden überdies die von der CIA an Präsident Ronald Reagan überbrachten Informationen über das Project Serpo vollständig und wortgetreu wiedergegeben. Anhang 10 versteht sich als Bericht aus erster Hand darüber, wie wir beginnend 1953 mit Hilfe der Ebens außerirdische Raumschiffe rekonstruierten. Am vielleichten bedeutsamsten ist Anhang 12 mit dem erstaunlichen „wahren Bekenntnis" hinsichtlich der Ziele des Programms zur

Akklimatisierung der Öffentlichkeit. In diesem Dokument mit dem schlichten Titel „Ein Rahmenwerk" wird bestätigt, was jeder UFO-Forscher seit 1947 annahm, aber nie zuvor offenbart werden konnte. Diese kurze Zusammenfassung ist letztendlich die vollständige Offenlegung, um welche die Ufologen die Regierung 65 Jahre lang bedrängt haben. Sie ist regelrecht der „Heilige Gral" der UFO- und ET-Forschung! Als die vollständige Geschichte über Project Serpo erst einmal an die Öffentlichkeit kam, konnten diese Ziele kaum noch länger geheim gehalten werden. Und so haben wir hier in einer bewundernswerten und außerordentlichen Geste an Regierungstransparenz und Offenheit die vollständigen Eingeständnisse, auf die wir alle gewartet haben.

DAS BUCH IM VERGLEICH MIT DER WEBSITE

Eine Website ist eine vergängliche Form der Kommunikation: Sie besteht nach alleinigem Ermessen der erstellenden Person und kann buchstäblich über Nacht verschwinden. Würde www.serpo.org vom Internet genommen – aufgrund einer Änderung der Transparenzpolitik, einer Änderung der exekutiven Verwaltung oder aus einer Laune heraus – befände sich die Welt ohne jegliche Aufzeichnungen dieses unglaublichen Ereignisses und all die ernsthafte Arbeit und Hingabe dieser heroischen DIA-Beamten wäre für die Nachwelt verloren. Genau deshalb war es von solcher Bedeutung, diese Informationen so schnell wie möglich in einem dauerhaften Medium – das heißt in Buchform – festzuhalten. Mit diesem Band wurde dies nun realisiert.

Endnote

1 Laut Al Bielek, Überlebender des Philadelphia-Experiments, traf 1933 Präsident Franklin D. Roosevelt plejadische Stellvertreter auf der *USS Missouri* inmitten des Pazifik. Bielek behauptete, dieses Treffen sei von Nikola Tesla arrangiert gewesen.

TEIL EINS

VORWORT

Vor der Präsentation der Geschichte von Serpo ist es notwendig, einige vorausgehende Informationen über wichtige Ereignisse zu vermitteln, die sich vor der Reise zugetragen haben. Die Kenntnis dieser Ereignisse formt für den Leser das notwendige historische Hintergrundwissen, um zu verstehen, warum MJ-12, der Präsident und das Pentagon 1965 bereitwillig zwölf Astronauten der amerikanischen Luftwaffe in einem außerirdischen Raumschiff zu einem fernen Sternensystem sendeten. Die Ereignisse in Deutschland und in der Antarktis in den 1930er und 1940er Jahren mögen zwar weit entfernt von weltraumbezogenen Entscheidungen der amerikanischen Nachkriegsregierung erscheinen, doch es besteht eine entscheidende Verbindung. Nach dem Krieg war das US-Militär verständlicherweise beunruhigt über die Nazi-Entwicklung von Antischwerkraft-Kampfschiffen in ihrer abgesicherten, durch Eis blockierten Schanze in Neuschwabenland in der Antarktis. Dank der 1947 durch Admiral Richard Byrd bei der Operation Highjump erlangten Einsichten wusste das Pentagon, dass die USA bei einer Invasion durch ein solches Schiff leicht angreifbar und im Grunde wehrlos wäre. Amerikanische Kampfjets konnten unmöglich gegen Luftfahrzeuge, die die Fähigkeit hatten zu schweben, Überschall zu fliegen und in einem Moment die Richtung zu ändern, erfolgreich sein. Durch britische Informationen war auch bekannt, dass in Neuschwabenland große Unterseeboote und eine beträchtliche Armee untergebracht waren, was bedeutet, dass die Deutschen ebenso mit einer effektiven Landoffensive auf einen verheerenden Luftangriff reagieren konnten. Demnach war es schlicht unmöglich abzulehnen, als die freundlich gesinnten Eben-Außerirdischen aus Zeta Reticuli zu einem diplomatischen Austauschprogramm einluden, das Informationen über ihre Technologie offenbaren würde – weitaus mehr als die Deutschen besaßen. Aufgrund der Nazi-Kolonie in Neuschwabenland und der Weltraumtechnologie, die bekanntlich dort entwickelt wurde, als auch der Möglichkeit, dass Hitler selbst ihre Truppen weiteranführen würde, war der Zweite Weltkrieg noch nicht beendet und das amerikanische Militär musste sich an die interplanetaren Gegebenheiten rasch anpassen, um zu gewinnen. Da Eben-Wissenschaftler bereits hier waren und uns bei der Entwicklung der Antigravitationstechnologie unterstützten, machte es absolut Sinn, ihren Planeten zu besuchen und so viel wie nur möglich über diese bemerkenswerte Zivilisation zu lernen, die unseren Aufenthaltsort im Milchstraßensystem teilte.

1

DEUTSCHLAND

Der Roswell-Zwischenfall vom Juli 1947 (siehe Kapitel 3) wird allgemein als unsere erste Begegnung mit Antigravitationsscheiben oder „fliegenden Untertassen" angenommen, doch dies ist nicht der Fall. Das US-Militär besaß seit dem Zweiten Weltkrieg Wissen über und Erfahrung mit diesen Schiffen und war dadurch sehr vertraut mit dem Phänomen. Diese Erfahrungen müssen eingehend abgehandelt werden, um den Bewusstseinszustand im US-Militär zur Zeit des Roswell-Absturzes vollständig begreifen zu können.

Es ist nicht weithin bekannt, dass deutsche Luftfahrttechniker seit 1933 an Antigravitationsscheiben arbeiteten und bis 1945 ein kreisförmiges Schiff auf einem hohen Stand der Technik entwickelten, das durch elektromagnetische Antriebstechnik in sehr großen Höhen und mit unglaublicher Geschwindigkeit fliegen konnte. Hätte der Krieg nur ein paar Monate länger gedauert, hätten die Deutschen einen Weg gefunden, diese Schiffe für den Luftkrieg anzupassen und die Luftherrschaft für sich zu beanspruchen. Die USA hätten damit den Krieg verloren, denn die Kontrolle über den Luftraum war ihr größter Vorteil. Obwohl diese Forschung und Entwicklung SS-intern und demzufolge höchst geheim war, erreichten im Verlauf des Krieges Berichte über diese Flugkörper durch alliierte Spione, die tief verwurzelt in den Nazi-Rängen saßen, sowohl Großbritannien als auch die Vereinigten Staaten. General Eisenhower war in vollem Umfang informiert, als auch Winston Churchill. Es war daher unbedingt erforderlich, den Krieg so schnell wie möglich zu beenden. Es erwies sich als äußerst günstig für die Alliierten, dass Hitler sich entschied, an zwei Fronten zu kämpfen, was einen schnellen Sieg ermöglichte. Als er am 11. Dezember 1941 den Vereinigten Staaten den Krieg erklärte, hatten seine Armeen im Osten noch keine Erfahrungen mit dem russischen Winter gemacht und noch war er sich einer schnellen Eroberung der Sowjets sicher. Dies trat nicht ein, hauptsächlich aufgrund der amerikanischen und britischen Kriegsmächte, die durch Murmansk nach Russland einströmten, sowie der heroischen sowjetischen Verteidigung Stalingrads, und auch aufgrund der eisigen Temperaturen. Die zuvor unbesiegbaren deutschen Truppen erlagen einem enormen Zangenangriff der Alliierten im Anschluss an den D-Day, und die Niederlage folgte prompt.

1. DEUTSCHLAND

KARL HAUSHOFER

Die zentrale Figur beim Erwerb der Antigravitationstechnologie für die Nazis war ein gefeierter Veteran des Ersten Weltkriegs, der trotz der Tatsache, dass die Deutschen den Krieg verloren, mit glänzendem Ruf aus diesem Konflikt hervorging. Karl Ernst Haushofer wurde 1887 im Alter von 18 Jahren Berufssoldat und absolvierte die Artillerieschule und das Offizierstraining der Kriegsakademie des Königreiches Bayern. 1896 heiratete er Martha Mayer-Doss, deren Vater Jude war. Daraufhin rückte er durch die Ränge der deutschen Kaiserarmee auf, bis er 1903 im Alter von 34 Jahren Lehrer an der Kriegsakademie wurde. Während dieser Zeit genoss das deutsch-preußische Militär auswärtig ein hohes Prestige infolge des Siegs über die Franzosen im Deutsch-Französischen Krieg 1871. Nach fünf Jahren als Lehrer an der Kriegsakademie wurde er 1908 nach Japan entsendet. In Tokyo sollte er japanische Militärpraktiken studieren und als Artillerieausbilder für die japanische Armee tätig sein. Japans kaiserliche Armee, zu Beginn der Meiji-Ära 1871 unter dem Kaiser zentralisiert, wurde nach dem Vorbild der preußischen Armee gebildet und hatte in der Anfangsphase bereits französische, italienische und deutsche Berater hinzugezogen.

Eine Information auf Wikipedia ohne bestätigte Quelle besagt:

> 1890 war die Kaiserlich Japanische Armee bereits zur modernsten Armee in Asien herangewachsen, gut ausgebildet und gut ausgerüstet, mit einer positiven Moral. Allerdings war sie im Grunde genommen eine Infanteriemacht mit unzureichender Kavallerie und Artillerie, im Vergleich mit den europäischen Pendants zu der Zeit. Geschütze, die aus Amerika und verschiedenen europäischen Nationen eingekauft wurden, wiesen zwei Probleme auf. Einerseits waren sie Mangelware und zum anderen waren die wenigen, die zur Verfügung standen, von mehreren verschiedenen Kalibern, was zu Problemen bei der Munitionsversorgung führte.

Haushofer wurde folglich aufgrund seiner Artilleriekompetenz und seinen allgemeinen Erfahrungen mit der preußischen Militärdisziplin 1909 nach Japan gebracht. Er wurde bei seiner Ankunft vom Kaiser empfangen und genoss während seines Aufenthalts mit seiner Familie in Japan einen hoch privilegierten Sozialstatus. Nachdem er bereits Russisch, Französisch und Englisch flüssig beherrschte, fügte er noch Japanisch und Koreanisch zu seinem Sprachrepertoire hinzu, und wurde infolgedessen in den höchsten Schichten der japanischen Gesellschaft akzeptiert und pflegte den Umgang mit den Machthabern im kaiserlichen Kreis. Hier begegnete Haushofer der Geheimgesellschaft an der Basis der politischen Macht Japans, die den Kaiser als Galionsfigur umfasste. Es war dies die Kokuryu-Kai, besser bekannt als die Black Dragon Society. Die Black Dragons, ultranationalistisch, militaristisch und faschistisch, kontrollierten Japan und infiltrierten darüber hinaus die Machtzentren aller Länder Ostasiens und erstreckten sich sogar bis in die Vereinigten Staaten. Sie schreckten nicht vor Attentaten oder Propaganda zurück, um ihrem Ziel japanischer Weltvorherrschaft näher zu kommen.

Karl Haushofer

SCHWARZE UND GRÜNE DRACHEN

Im innersten Kern der Black Dragon Society befand sich die Green Dragon Society. Hier löste sich die politische und wirtschaftliche Macht in okkulte und schwarze Magie auf. Vordergründig waren die Green Dragons eine kleine buddhistische Mönchssekte, obwohl die Mönche auch schintoistische Zeremonien begingen. Im 16. Jahrhundert wählten sie Kyoto als ihren zentralen Ort. Im 19. Jahrhundert wurde bekannt, dass die Green Dragons eine enge Verbindung mit einer mysteriösen Gruppe namens Society of Green Men aufrechterhielten, die in einem abgelegenen Kloster und einer Untergrundgemeinschaft in Tibet lebten und ausschließlich auf Astralebene mit den Green Dragons kommunizierten. Die Green Men waren zu gewaltigen psychischen und okkulten Kräften imstande und kontrollierten mit Leichtigkeit die Green Dragons, die die Verbindung als vorteilhaft betrachteten, ohne sich bewusst zu sein, wer wen kontrollierte.

Ryohei Uchida, Gründer der Black Dragon Society

Die Green Men, mit Einblick in die Zeit und der Fähigkeit durch sie hindurch zu reisen, hatten weitreichende Pläne bis in das Jahr 5000. Sie waren vom deutsch-preußischen Militarismus beeindruckt und kamen zu dem Entschluss, dass ihnen ein Bündnis mit Deutschland dabei helfen würde, ihre Ziele für das 50. Jahrhundert zu erreichen. Folglich überzeugten sie die Green Dragons, Haushofer in ihre Gesellschaft einzuladen und ihn teilweise in ihre Geheimnisse einzuweihen. Indem sie ihm Mächte gaben, die nur sie übermitteln konnten, hofften sie, ihn als Auslöser eines unbesiegbaren faschistischen deutschen Staates[1] zu verwenden, der eine Allianz mit Japan bilden würde. Gemeinsam würden sie dann Russland erobern und die massive eurasische Landmasse beherrschen und sich somit in einer Position befinden, um die westeuropäischen und anglo-amerikanischen Allianzen zu konfrontieren. Japan hatte Russland bereits im Russisch-Japanischen Krieg von 1904–1906 besiegt, im Wesentlichen eine Seeschlacht, die ihnen aber Kontroller über den strategisch höchst vorteilhaften Port Arthur gab, daraufhin japanischer Stützpunkt in der russisch besetzten Mandschurei. Die Black Dragons waren also davon überzeugt, dass sie mit Deutschlands Hilfe Russland erobern könnten, indem sie von zwei Seiten aus angriffen.

Haushofer war gerade einmal der dritte Westländer, der jemals in die Green Dragon Society eingeweiht wurde. 1911 kehrte er nach Deutschland zurück. Mit 42 Jahren war er nun ein anderer Mensch. Er war im Wesentlichen eine geheime Waffe, die die Dugpas, die Schwarzmagier der tibetischen Untergrundkultur, auf ein ahnungsloses Deutschland losließen, um ihre visionäre globale Strategie für den Aufbau eines 50.-Jahrhundert-Weltreichs voranzutreiben. Er war in der Tat ein Geschoss, das auf das Herzstück der europäischen Politik abzielte, wenngleich es sehr wahrscheinlich ist, dass er selbst sich der wahren Beschaffenheit seiner Mission nicht bewusst war. Mehr als wahrscheinlich wurde er von den Mönchen der Green Dragons hypnotisiert und einer Gehirnwäsche unterzogen, so dass er an das glaubte, was er tat. Nach seiner Rückkehr nach Deutschland litt Haushofer an mehreren Krankheiten und war drei Jahre lang arbeitsunfähig. Er war allerdings ausreichend gesund, um während dieser Zeit sein Doktorat in Geopolitik an der Universität München zu erwerben. Seine Doktorarbeit über „Groß-Japans Wehrkraft, Weltstellung und Zukunft" zeugt von seiner andauernden Fixierung auf Japan. 1914 trat er als General in den Ersten Weltkrieg ein und wurde mit einer Truppe an der westlichen Front beauftragt. Seine Kriegserfolge wurden weit bekannt, als er Bombardements und Manöver der Alliierten präzise vorhersagen und dementsprechend zeitgerecht Gegenmaßnahmen einleiten konnte, ein klarer Beweis für die Macht der Voraussicht, die ihm durch die Green Dragons übertragen wurde. Infolgedessen trat er als Held im Rang eines Hauptgenerals aus dem Krieg hervor und genoss im Nachkriegsdeutschland hohen Respekt.

SCHLANGENWELT

Der exakte Ort des tibetischen Klosters der Society of Green Men ist nicht bekannt und es ist unwahrscheinlich, dass Haushofer ihn kannte. Die Mönche kommunizierten mit den Green Dragons über den Astralbereich, so dass sie nie ihren Aufenthaltsort offenbaren mussten. Im Nachhinein wurde klar, dass die Green Men mit einem riesigen Untergrundreich der Reptiloiden aus Alpha Draconis verbunden waren, das sich vom südwestlichen Tibet über den indischen Subkontinent bis Benares in Indien erstrecken soll. Dieses Reich nennt sich Patala, oder „Schlangenwelt" in der hinduistischen Mythologie, und soll der Sitz der geschichtenumwobenen Nagas sein, der Schlangenrasse, die in Indien seit jeher von den einen verehrt und von den anderen als Dämonen gefürchtet werden. Es soll ein massiver Komplex an riesigen Höhlen und Tunneln mit sieben Ebenen tief unter der Erde sein. Es wird angenommen, dass sich das Schlagenvolk dort hauptsächlich in der Hauptstadt Bhogawati aufhält. Bekanntlich gibt es mindestens zwei Eingänge in die Welt der Nagas. Einer davon befindet sich an der Quelle von Sheshna in Benares und der andere in den Bergen am schönen See Manasarovar etwa 800 Kilometer westlich von Lhasa. Mit einer Höhe über dem Meeresspiegel von 4.580 Metern ist dies der höchstgelegene Süßwassersee der Welt und soll der von Buddha bevorzugte meditative Besinnungsort gewesen sein. Bruce Alan Walton, auch bekannt als „Branton" (inzwischen verstorben), entwickelte sich im Internet zu einer der maßgebendsten Persönlichkeiten hinsichtlich Außerirdischenkolonien auf der Erde. Er behauptet, Ortsansässige am See hätten angeblich die Reptiloiden in der Region gesehen und sie sollen ihre flügellosen Flugkörper bei der Landung und beim Abflug in den Bergen gesichtet haben. Wie heute bekannt, sind die Reptiloiden eng mit den sogenannten Greys,

Gebirge am See Manasarovar in Tibet

ursprünglich aus Zeta Reticuli, verbunden. Es wäre demnach sehr wahrscheinlich, dass eine Grey-Kolonie auch in Patala existierte.

DER NAZI-PATE

In den Jahren zwischen dem Waffenstillstand und 1933 suchte Haushofer aktiv denjenigen, der Deutschland führen und in eine faschistische Militärmacht umwandeln würde, eine Macht, die sich mit Japan verbünden und Russland übernehmen könnte, durch Allianz oder Eroberung, um somit die gesamte eurasische Landmasse zu beherrschen. Er war bereits sehr angesehen und renommiert, als er 1919 außerordentlicher Professor für Geopolitik an der Universität München wurde, wodurch er sich in einer einmaligen Position befand, um die auserwählte Führungsperson bezüglich dieser Gebietspläne der Green Dragons zu beraten. Es erscheint höchst unwahrscheinlich, dass er als bescheidener Akademiker eine solch ambitionierte politische Rolle auf sich genommen hätte, wenn er nicht für die Geheimgesellschaften Japans agiert hätte. Und anhand der Resultate dieses Unterfangens zeigte sich mehr als deutlich, dass er von seinen Mentoren der Black und Green Dragons aktiv unterstützt und beraten wurde. In Vorbereitung darauf, den neuen deutschen Diktator zu bestimmen, war Haushofer maßgeblich an der Gründung zweier geheimer Organisationen mit Verbindungen zu den Dragons beteiligt. Neben Rudolf von Sebottendorf half er 1918 in München, die okkult-basierte Thule-Gesellschaft zu gründen. Zu ihrem Höhepunkt besaß diese Organisation in Bayern etwa 1.500 Mitglieder, wovon viele wohlhabend und in der deutschen Industrie und rechten Politik einflussreich waren. Letztendlich formte sich aus den Thulisten die NSDAP. Haushofer hatte damit also den Weg für die Unterstützung des neuen Führers bereitet. Er gründete außerdem die Vril-Gesellschaft mit Verbindungen zu den tibetischen Mönchen. Hier im streng geheimen innersten Kern der Thule wurden die ersten deutschen Flugscheiben entwickelt. Die Antigravitationstechnologie wurde eindeutig aus Patala, wo die Reptiloiden diese Schiffe bekanntlich verwendeten, über die Green Men der Vril-Gesellschaft zugeführt. Haushofer veranlasste, dass eine Gruppe von Mönchen der Green Dragons und der Society of Green Men nach Berlin gebracht wurde, um eine wissenschaftliche Beratergruppe einzurichten.[2]

1923 wohnte Haushofer, bestärkt durch Rudolf Hess, Adolf Hitlers Hochverrats-Prozess in München bei. Haushofer war derart beeindruckt von Hitlers mitreißender Rede beim Prozess, dass er Hitler als den Auserwählten bestimmte. Mittels Hess, der Hitler nahestand, begann Haushofer einen Prozess der Indoktrination und Ausbildung Hitlers in seiner Zelle im Gefängnis Landsberg. 1924 besuchte er Hitler dort jeden Tag und schrieb alle Abschnitte über Geopolitik in „Mein Kampf". Mithilfe seiner Thule-Verbindungen konnte Haushofer schließlich deutsche Industrielle zu beeinflusen, den Machtaufstieg Hitlers und der NSDAP zu finanzieren. Als Gründer des Instituts für Geopolitik 1922 in München begann Haushofer bereits 1926, jährliche Reisen nach Tibet für seine Studenten und Mitläufer zu organisieren, die er offensichtlich mit seinen Verbindungen zu den Dragons verknüpfte. Als Hitler 1933 an die Macht kam, veranlasste Haushofer mittels der Green Men ein Abkommen zwischen Hitler und den Reptiloiden aus Patala. An diesem Punkt wurde die Vril-Gesellschaft zum technischen Betrieb der SS und die Entwicklung von Antigravitationsscheiben zu einer SS-Operation.

Karl Ernst Haushofer war ohne Frage der Pate Nazi-Deutschlands. Er war es, der Hitler davon überzeugte, dass die Deutschen ein Herrenvolk seien, das von den arischen Überlebenden der atlantischen Flut abstammte. Er war es, der den Begriff „Lebensraum" einführte, um Deutschlands gewissenlose Übernahme von angrenzendem Land „minderwertiger" Länder zu rechtfertigen. Japans kaiserliche Marine von Weltrang würde auf See herrschen, um diese Landgewinne zu beschützen. Die Green Dragons versorgten Hitler sogar mit einer Kernarmee von einer Million Klonkriegern, einer furchtlosen, unerschrockenen Wehrmacht.[3] Der Plan schien absolut sicher. Die Details waren alle von den Black Dragons sorgfältig ausgearbeitet worden und Karl Haushofer führte seine Mission mit Perfektion aus. Es gab allerdings ein unvorhersehbares Element, das, wie sich herausstellte, die gesamte Operation zunichte machen würde. Sie waren nicht in der Lage, Adolf Hitler zu kontrollieren, der sich schlicht weigerte, brav als Marionette zu handeln, und sich letztendlich als Verrückter herausstellte. Als er darauf bestand, militärischer Oberbefehlshaber zu werden, und sich zeitgleich mit der Durchführung eines gewaltigen Völkermordprogramms dazu verpflichtete, zwei mächtige Kontrahenten an zwei Fronten zu bekämpfen, wurde ein Götterdämmerungsende unvermeidbar. Hitler richtete sich schließlich gegen seinen Mentor und schickte Haushofer und seine Familie in ein Konzentrationslager. Letzten Endes – Deutschland lag in Trümmern – erkannte Haushofer, der ironischerweise vom Nürnberger Gerichtshof von seiner Schuld bereits freigesprochen wurde, dass er den falschen Mann ausgewählt hatte, und entschied sich für die einzig korrekte Art für einen gescheiterten Green Dragon, seinem Leben ein Ende zu setzen. Er und seine Frau begingen Anfang 1946 Selbstmord. Als Westländer fühlten sie sich nicht zur japanischen Harakiri-Methode, dem brutalen Aufschlitzen der Bauchregion, verpflichtet, sondern nahmen stattdessen Gift. Seine Frau erhängte sich überdies, offensichtlich um ihren Tod sicherzustellen.

DIE DEUTSCHEN FLUGSCHEIBEN

1944 entzog Reichsführer SS Heinrich Himmler Geheimtechnologie und Waffenentwicklung vollständig der Kontrolle Hermann Goerings und relegierte sie an Bauingenieur SS-General Hans Kammler. Dann erfolgte die Verlegung in das gewaltige Skoda Munitionswerk nahe Pilsen in der Tschechoslowakei. Mit dieser Maßnahme wurde Kammler zum drittmächtigsten Mann in Nazi-Deutschland. Das Skoda-Werk produzierte zu Kriegsbeginn die deutschen Panzer und besaß die Kapazität für großformatige Metallgüsse, die für den Bau der Flugscheiben notwendig waren. Die wissenschaftlichen und technologischen Grundlagen für die Nazi-Flugscheibenentwicklung kamen aus Patala und wurden durch die Society of Green Men, die eine Beraterkolonie in Berlin eingerichtet hatte, den SS-Wissenschaftlern zugespielt. Es existieren Beweise, dass die Deutschen bis zu 25 betriebsfähige Modelle

Nazi-General Hans Kammler

des Typs Haunebu hergestellt haben. Dies war das charakteristisch glockenförmige Schiff mit einem eher einfachen Elektrogravitations-Motorantrieb, dem Kohler-Umwandler, der von Kapitän Hans Kohler, basierend auf der Tesla-Spule, entwickelt wurde. Dieser Motor wandelte die Gravitationsenergie der Erde in elektromagnetische Kraft um, konnte aber auch Energie aus dem Umgebungsvakuum im Weltraum extrahieren. Das Modell Haunebu I in dieser Serie war ein kleines Zweimann-Schiff, während die Haunebu II viel größer und fortgeschrittener war. Es soll einen Durchmesser von etwa 23 Metern gehabt haben und besaß die Kapazität für eine vollständige Mannschaft. Die deutschen SS-Pläne für dieses Schiff, datiert vom 7. November 1943, sind im Internet einsehbar. Fotos der Haunebu während dem Flug sind ebenso verfügbar. Das auf den Seiten und Trägergurten gemalte deutsche Kreuz ist dabei klar erkenntlich, wie auch ein auf einem Drehturm angebrachtes 7,5-mm-Panzerabwehrgeschütz, das scheinbar identisch mit dem Geschütz ist, das zu der Zeit auf deutschen Panzern verwendet wurde.[4]

Weitere bedeutsame Forschung zu Antigravitationswaffen wurde in der Nähe von Prag, vermutlich bei Skoda, hauptsächlich von Viktor Schauberger und Richard Miethe verfolgt. Miethe entwickelte in Kooperation mit den Italienern das große heliumbetriebene V-7-Modell und das kleine Einsitzer-Vril-Modell mit einer Geschwindigkeit bei Flugtests von 2.900 km/h. In einem Brief, geschrieben von Schauberger an einen Freund, gibt dieser Auskunft über seine direkten Erfahrungen. Er sagt:

> Die fliegende Untertasse, die am 19. Februar 1945 in der Nähe von Prag fluggetestet wurde, erreichte in drei Minuten eine Höhe von 15.000 Metern und eine horizontale Geschwindigkeit von 2.200 km/h. Sie wurde nach einem Modell I konstruiert, das im KZ Mauthausen unter Zusammenarbeit mit den erstklassigen Ingenieuren und Statikern gebaut wurde, die mir von den Häftlingen dort zugewiesen wurden. Erst nach dem Krieg erfuhr ich … dass weitere intensive Entwicklungen vorangingen … im Werk von Prag.

In „Die deutschen Waffen und Geheimwaffen des 2. Weltkrieges und ihre Weiterentwicklung" sagt Rudolf Lusar: „Die Entwicklung … die Millionen kostete, war zu Kriegsende fast abgeschlossen." Der renommierte ungarische Physikforscher Vladimir Terziski sagt, dass die deutschen Techniker zu dieser Zeit bereits eine riesige Version der Haunebu mit einem Durchmesser von etwa 70 Metern gebaut hätten. Dieses „Schlachtschiff", die Haunebu IV (siehe Farbtafel 1), wurde von einer vollständig freiwilligen deutsch-japanischen Mannschaft gesteuert und auf eine „Selbstmordmission" zum Mars entsendet. Laut Terziski machte die Flugscheibe im Januar 1946 nach einem schwierigen achtmonatigen Flug eine Bruchlandung auf dem Mars. Dies bedeutet, dass sie ziemlich genau zur Zeit von Hitlers Selbstmord und der deutschen Kapitulation die Erde verlassen hat, was wiederum heißt, dass der Abflug nicht in Deutschland gewesen sein konnte. Terziski meint, dass die Mission von der gemeinsamen Basis von Nazis und Außerirdischen in Neuschwabenland in der Antarktis aus startete (siehe nächstes Kapitel). Die Green Men starben in den letzten Tagen, als Berlin durch die Bombardements und fortschreitenden Alliiertenarmeen so gut wie zerstört war. Ihre Leichen wurden von den Russen in einer kreisförmigen Anordnung in den Trümmern gefunden. Sie trugen deutsche Uniformen.

> Im April 1945 schrieb ein in der Schweiz wohnhafter französischer Diplomat den folgenden Bericht: „Der kreisrunde deutsche Kampfflieger ohne Flügel oder Ruder überholte

1. DEUTSCHLAND

plötzlich den Viermotor-Liberator und durchkreuzte mit äußerst hoher Geschwindigkeit dessen Flugbahn. Als er vor die Formation gelangte, stieß er mehrere kleine bläuliche Rauchwolken aus. Einen Moment später gingen die amerikanischen Bomber auf mysteriöse Weise in Flammen auf und explodierten in der Luft, während die deutsche Rakete bereits hinter dem Horizont verschwunden war."

Der kreisrunde Kampfflieger war das Endprodukt der langjährigen Nazi-Forschung und Experimentierens in acht verschiedenen Bereichen: direkte Kreiselstabilisierung, fernsehkontrollierter Flug, vertikaler Start und Landung, störungsfreie Radiokontrolle kombiniert mit Radarblendung, Infrarotsuchaugen, elektrostatische Waffenzündung, höchst brennbares Gas kombiniert mit einer Gesamtreaktionsturbine und Antigravitations-Flugtechnologie. Dies war der unglaubliche Kugelblitz. Wäre er nur sechs Monate früher zum Vorschein gekommen, hätte der Krieg auf vollkommen andere Weise ausgehen können. Es war das letzte Keuchen des Dritten Reiches, aber auch ein ominöser Vorbote dessen, was noch passieren würde.

KAMMLER VERSCHWINDET

Als sich Mitte April 1945 General George S. Pattons 3. Armee auf einer östlichen Direktroute zusehends Berlin näherte, ordnete General Eisenhower an, haltzumachen und die Richtung zu ändern. Er wurde nach Südosten in Richtung Prag in der Tschechoslowakei gesendet und sollte dann bei Pilsen, dem Sitz des Skoda-Werks, anhalten. Patton gehorchte diesen Befehlen mit großem Widerwillen, da er bereits erpicht darauf war, die Russen nach Berlin zu treiben. Eisenhower wurde offensichtlich vom Office of Strategic Services über die dortige Geheimwaffenentwicklung unter Kammler informiert. Patton erreichte Skoda sechs Tage vor den Russen, aber Kammler war verschwunden. Am 23. Februar 1945, als der neueste Kugelblitz-Motor bereits ausgeliefert war, kam es zur Explosion. Zwei Tage später wurde die Untergrundanlage bei Kahla in Deutschland geschlossen und alle Sklavenarbeiter wurden in Übereinstimmung mit dem grässlichen Nazi-Credo, dass Tote nicht mehr reden, zur Vergasung und Einäscherung nach Buchenwald gesendet. Kammler war für die Evakuierung zuständig. Er wurde nie gefasst. Die verschiedenen Geheimdienste der Alliierten erhielten all die Spionageberichte und waren sich nur allzu gut bewusst, was in Hitlers alpinen Untergrundeinrichtungen vor sich ging. Die einfallenden Armeen wussten demnach ganz genau, wonach sie zu suchen hatten. Laut dem italienischen Autor Renato Vesco in seinem Buch „Intercept UFO" „strömten aus Tausenden unwahrscheinlicher Verstecke Unmengen an Entwürfen, Firmenpapieren, Wissenschaftlerlisten, Labormodellen, Berichten und Notizen, die alle Sektoren der Kriegsindustrie abdeckten." Daraus können wir mit größter Sicherheit ableiten, dass ein Großteil der Antigravitationsinformationen in alliierte Hände fiel. Es ist äußerst unwahrscheinlich, dass sich die Alliierten zu diesem Zeitpunkt bewusst waren, wo die Antigravitationstechnologie ihren Ursprung hatte. Die Entdeckung der Leichen der Green Men in Berlin mag vielleicht ein Hinweis gewesen sein, aber es gab ansonsten keinen Beweis für ihren Ursprung in Tibet. Zweifelsohne glaubten sie, dass sie von deutschen Wissenschaftlern entwickelt worden sei.

FLUGSCHEIBENTECHNOLOGIE IN WRIGHT-PATTERSON

Viktor Schauberger, der österreichische Wissenschaftler, der die im KZ Mauthausen gebaute Flugscheibe entworfen hatte, wurde unmittelbar nach dem Krieg von US-Geheimagenten festgenommen und neun Monate lang in Haft gehalten. Die Agenten nahmen all seine Dokumente, Notizen und Prototypen in Beschlag und unterzogen ihn einem intensiven Verhör. Daraufhin wurde er in die USA gesendet, um die Arbeit an seiner innovativen Antigravitationsscheibe fortzusetzen.

Sonderbarerweise und vielleicht zufälligerweise unterrichtete zu der Zeit Dr. Eric Wang, ebenso Wiener Lufttechniker, an der Universität von Cincinnati. Wang machte seinen Abschluss 1935 an der Technischen Universität Wien. Wenig bis nichts ist über seine anschließenden Handlungen bekannt, bis er 1943 unter dem Personal der Universität zu finden war, wo er Technik und Mathematik unterrichtete. Vermutlich wanderte er vor dem Krieg, wie auch Albert Einstein und viele andere deutsche und österreichische Wissenschaftler, in die USA aus. 1949 wurde er von der Air Force rekrutiert, um an der Wright-Patterson Air Force Base im Office of Foreign Technology zu arbeiten. Dies ist der Ort, wo die abgestürzten Außerirdischenscheiben aus New Mexico zur Analyse und Nachkonstruktion hingebracht wurden. Wang sagte bekanntlich, dass sich die Flugscheibentechnologie, an der er für die Air Force arbeitete, von der Schauberger-Technologie unterschied. Aus dieser Bemerkung können wir mir Gewissheit schließen, dass Wang mit Schauberger unter der Schirmherrschaft der Air Force arbeitete, als Schauberger in die USA gesendet wurde, selbst bevor Wang offiziell für die Air Force arbeitete. Dies wäre zwischen 1945 und 1949 gewesen. Es ist bekannt, dass sich Viktor Schauberger später Forschungsaktivitäten in der Flugscheibenentwicklung in Texas anschloss. Man geht davon aus, dass die Originalscheibe selbst gemeinsam mit Prototypen des Schriever-Habermohl-Miethe-Modells von den Deutschen zerstört wurde. Dies war das legendäre V-7-Modell. Klaus Habermohl wurde bekanntlich in die Sowjetunion gebracht und manche gehen davon aus, dass die Russen erfolgreich einen V-7-Prototyp erlangten, als sie bei Skoda ankamen. Miethe begann, für die Vereinigten Staaten und Kanada zu arbeiten. Wir können daraus also schließen, dass die Army Air Force (der Vorgänger der Air Force) – vermutlich bereits 1944 alles über die elektromagnetische Antigravitations-Scheibentechnologie wusste. Wie sich allerdings im nächsten Kapitel zeigen wird, lernte das Militär Anfang 1947, wie tödlich diese Scheiben im tatsächlichen Kampf nur sein konnten.

Viktor Schauberger

Endnoten

1. Die Philosophie des Faschismus basiert auf einer ethnisch homogenen Bevölkerung, die alle Angehörigen in einem einzelnen Organismus zusammenhält, so dass dem Staat die höchste Macht und den Einzelpersonen wenig bis keine Bedeutung zukommt. Dies scheint ein Versuch zu sein, in der menschlichen Politik die sogenannte „Bienenschwarm"-Mentalität der Aliens (Greys) zu reproduzieren, und ist ein klarer Beweis für die Rolle der Außerirdischen bei der Einflussnahme auf die Entwicklung des Faschismus in den Achsennationen. Da Einzelinitiativen vergebens sind, liegt die gesamte Last der Führung eines faschistischen Staates auf dem Diktator. Aus diesem Grund wird angenommen, dass es sich um die ideale Regierungsphilosophie bei der Kriegsführung handelt, da Unentschlossenheiten aufgrund politischen Gezänks eliminiert werden. Im Zweiten Weltkrieg stellte sich dies allerdings als Irrtum heraus, da sich Demokratien, die auf Vielfalt setzten, als findiger zeigten und vielfältigere Initiativen und Informationen in die Kriegsführung miteinbringen konnten.
2. Andere fortgeschrittene deutsche Waffen wurden ebenfalls mithilfe wissenschaftlicher Informationen entwickelt, die aus Patala über die Green Men nach Berlin geführt wurden, die sogenannten „Wunderwaffen".
3. Siehe *The Secret History of Extraterrestrials* vom gleichen Verfasser, Kapitel 23 (Inner Traditions, 2010).
4. Für Fotos, Illustrationen und vollständige Informationen siehe http://discaircraft.greyfalcon.us/HAUNEBU.htm.

2

ANTARKTIKA

Vor den 1930er Jahren zog der antarktische Kontinent als möglicher Ort für eine permanente Kolonie nur wenig Aufmerksamkeit auf sich. Es gab wirklich keinen Grund für eine zivilisierte Nation, solch frostiges, unfreundliches Land als einen Ort für menschliche Besiedlung in Erwägung zu ziehen. Dennoch wirkte es wie ein Magnet auf unerschrockene Forscher, sei es um nennenswerte Entdeckungen zu machen oder als Erste den Südpol zu erreichen. Die Anerkennung für die Entdeckung Antarktikas geht an den russischen Marineoffizier Fabian Bellingshausen, der am 28. Januar 1820 erstmals Land im Südlichen Ozean sichtete und den Kontinent zweimal umrundete. Im 19. Jahrhundert fanden mehrere Expeditionen durch Europäer, insbesondere Briten, Belgier und Norweger, statt. Zwischen 1839 und 1843 erfasste der wagemutige britische Marineoffizier James Clark Ross einen Großteil der Küstenlinie und entdeckte das Rossmeer, Viktorialand und die nach Expeditionsschiffen benannten Vulkane Mount Erebus und Mount Terror. Ross wurde nach seiner Rückkehr nach England zum Ritter geschlagen und erhielt überdies die französische Ehrenlegion.

DIE NAZIBASIS

Admiral Richard E. Byrd

Mit dem Beginn der Flugfahrt wurde es nun zu einer realen Möglichkeit, den Südpol per Luftweg zu erreichen, und am 28. November 1929 wurde dies durch den routinierten Piloten Richard Evelyn Byrd erzielt, was ihm die Goldmedaille der American Geographical Society einbrachte. Byrds Expedition errichtete ein Basiscamp am Ross-Schelfeis namens „Little America" und begann mit Schneeschuhen, Schneemobil, Hundeschlitten und Flugzeug den Kontinent zu erforschen. Byrds zweite antarktische Expedition von 1934 endete tragisch. Er verbrachte fünf Wintermonate allein in einer kleinen meteorologischen Station, wo er von Kohlenmonoxid aus einem kleinen Heizkörper überwältigt wurde, doch Teammitglieder aus dem Basiscamp retteten ihn rechtzeitig. Dieses grauenhafte Abenteuer wurde in seinem 1938 erstmals veröffentlichten Buch „Allein" beschrieben. In Anbetracht dieser dürftigen internationalen Geschichte an grober Forschung des Kontinents war es äußerst erstaunlich, dass sich die Deutschen 1938 in einer Kolonie in Antarktika niederlassen wollten. Zwei deutsche Expeditionen fanden zuvor statt, 1901 und 1911, wovon beide zwei Jahre lang dauerten, aber diese Reisen vor der NS-Zeit gaben keinerlei Hinweise darauf, dass die Deutschen tatsächlich dort leben wollten. Doch die Nazis nahmen dieses Projekt sehr ernst. Die Vorbereitungen für die deutsche antarktische Expedition von 1938 waren massiv und umfangreich. Die Nazis brachten sogar vor dem Expeditionsaufbruch Richard Byrd, den unübertroffenen und weltweit anerkannten Antarktika-Experten, zur Beratschlagung der Teammitglieder nach Hamburg. Sie baten ihn außerdem darum, die Expedition zu begleiten, doch Byrd lehnte ab.

Emblem der Deutschen Antarktischen Expedition 1938

Er war Zivilist zu der Zeit und sein Einverständnis, die Teammitglieder zu beraten, stellte in keiner Weise Zustimmung zum Nazi-Regime dar. Byrd musste sich natürlich der deutschen Expansionsabsichten bewusst geworden sein, da Hitler Österreich bereits übernommen hatte. Doch nach dem Münchner Abkommen im September 1938 verfiel die Welt dem Irrglauben, Hitler hätte keine weiteren Gebietsansprüche. Möglich war es auch, dass Byrd in einer US-Regierungsmission dort war, um im Geheimen Informationen über Deutschlands Antarktika-Pläne zu erhalten.

Die Deutschen nutzten für die Reise von 1938 das Katapultschiff *Schwabenland*. Der russische Ufologen Konstantin Ivanenko schreibt darüber:

> Die *Schwabenland* stand auf ihrem Weg nach Antarktika unter dem Kommando von Albert Richter [Ritscher], einem Veteranen von Kaltwettereinsätzen. Die Wissenschaftler der Expedition von Richter [Ritscher] verwendeten ihre großformatigen Dornier-Flugboote zur Erforschung der polaren Wildnis in ihrem Versuch, Admiral Richard E. Byrds Anstrengungen zehn Jahre zuvor nachzuahmen. Die deutschen Wissenschaftler entdeckten eisfreie Seen (durch unterirdische vulkanische Erscheinungen erhitzt) und konnten auf ihnen landen.[1] Es wird allgemein angenommen, dass die Schwabenland-Expedition stark darauf abzielte, eine geheime Ausgangsbasis auszukundschaften.

Die Flugboote ließen im gesamten Gebiet von Königin-Maud-Land Hakenkreuzfahnen fallen und steckten so ein weitreichendes deutsches Territorium von 600.000 Quadratkilometern ab. Daraufhin errichteten sie eine Basis im Mühlig-Hofmann-Gebirge nahe der Prinzessin-Astrid-Küste, die sie als Neuschwabenland bezeichneten, nach dem Herzogtum Schwaben, Teil des ursprünglichen deutschen Reichs.

NEUSCHWABENLAND

Die Mythen und Legenden über die Nazibasis sind umfangreich, wenn nicht überwältigend. Verschiedene Schreiber sagen aus, dass deutsche Schiffe 1938 damit begannen, Ausrüstung für die Entwicklung der Basis einzuführen. Im Omega-File steht:

1938 ... Die Nazis begannen unzählige Erkundungsmissionen in die Königin-Maud-Region Antarktikas auszusenden. Ein stetiger Strom an Expeditionen wurde angeblich vom [zu der Zeit] rechtsextremen Südafrika aus entsendet. Mehr als 60.000 Quadratkilometer des zugefrorenen Kontinents wurden von der Luft aus kartografisch erfasst und die Deutschen entdeckten ausgedehnte, überraschenderweise eisfreie Regionen sowie Warmwasserseen und Höhleneingänge. Eine riesige Eishöhle innerhalb des Gletschers erstreckte sich, wie sich angeblich herausstellte, über etwa 50 Kilometer bis zu einem großen geothermischen Heißwassersee tief darunter.

Im Oktober 1939, einen Monat nach dem Beginn des Zweiten Weltkriegs, wurde die *Schwabenland* der Luftwaffe übergeben, was bedeutete, dass Hermann Göring das Projekt übernahm. Am 17. Dezember 1939 brach das Schiff, mit Wissenschaftlern und Ausrüstung beladen, erneut von Hamburg in Richtung Antarktika auf. Diesmal würden sie eine permanente Basis aufbauen. Laut Omega File:

> Verschiedene wissenschaftliche Teams zogen in das Gebiet ein, darunter Jäger, Fallensteller, Sammler und Zoologen, Botaniker, Landwirte, Pflanzenexperten, Pilzkundler, Parasitologen, Meeresbiologen, Vogelkundler und viele andere. Unzählige Abteilungen der deutschen Regierung waren an diesem streng geheimen Projekt beteiligt.

Die Entwicklungsbemühungen setzten sich während des Krieges fort. Laut einem Artikel, der im Juni 1952 im Magazin *The Plain Truth* (US) veröffentlicht wurde, „... begannen die Nazis 1940, Traktoren, Flugzeuge, Schlitten, Gleiter und allerlei Maschinen und Materia-

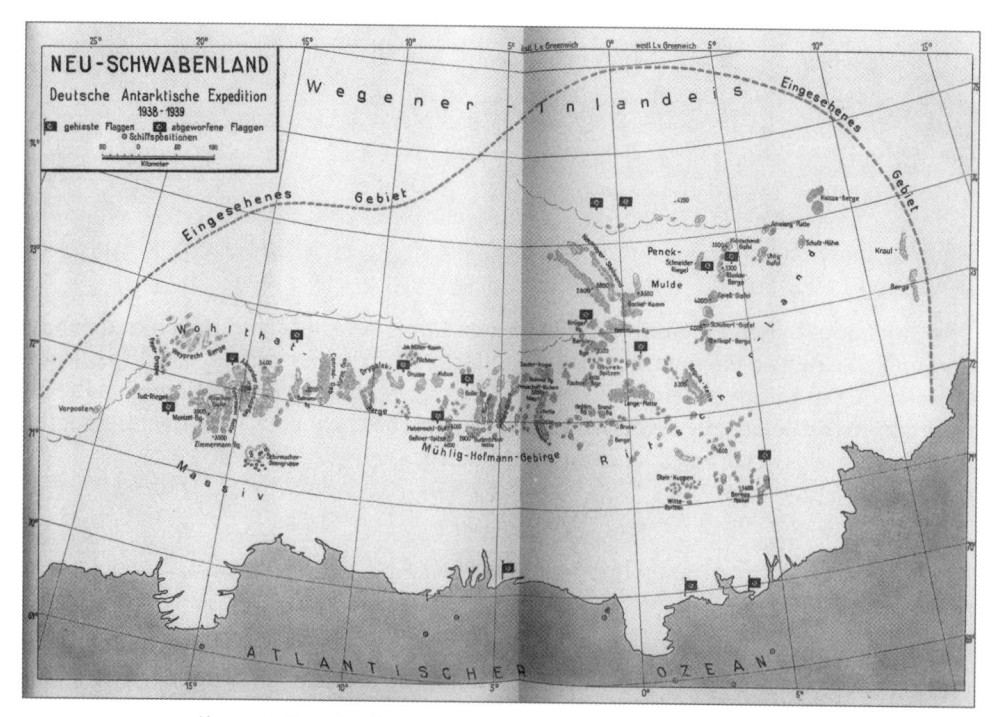

Karte von Neuschwabenland. Flaggen zeigen deutsche Kolonien auf.

lien in den südlichen Polarregionen anzuhäufen" und „... die nächsten vier Jahre bauten die Nazi-Techniker in ... der Antarktis das Shangri-La des Führers." Der Artikel besagt weiter, dass „sie einen ganzen Berg ausgruben und einen neuen vollständig getarnten Zufluchtsort bauten – ein magisches Bergversteck." Laut dem Magazin *Bonjour*, einer Pariser Publikation in den 1950er Jahren, errichteten 1940 die Nazi-Techniker Gebäude an dieser Basis, die Temperaturen von bis zu -50° Celsius standalten konnten. Es gibt viele Höhleneingänge in dieser Region, was einen relativ komfortablen Unterseezugang, ohne von Bord gehen zu müssen, ermöglichte. Techniker und Physiker Vladimir Terziski sagt, dass die Deutschen mit einer Gemeinschaft an Wissenschaftlern und Arbeitern eine Stadt unter dem Eis namens Neu Berlin besiedelten, wo sich bis Kriegsende etwa 40.000 Zivilpersonen aufhielten. Diese Stadt war nur ein kleiner Teil der riesigen Neuschwabenland-Kolonie unter Königin-Maud-Land. Vermutlich wurde die Bevölkerung über Händlerschiffe aus Argentinien und durch Hydrokulturanbau mit Lebensmitteln versorgt. Darüber hinaus war der Südliche Ozean natürlich rein an Fisch und anderen Meerestieren. Es ist außerdem möglich, dass die Deutschen in den Warmwasserseeregionen Antarktikas Landwirtschaftsprojekte aufnahmen.

DIE RUINEN VON KADATH

Wenn man bedenkt, dass Deutschland nur ein Jahr davon entfernt war, in Polen einzumarschieren und damit den Zweiten Weltkrieg zu beginnen, so ist es erstaunlich, dass die Deutschen der Entwicklung einer Basis auf einem zugefrorenen Ödland 8.000 Kilometer von der deutschen Küste entfernt derart Energie und Ressourcen widmeten. Wie wir bereits gesehen haben, unterzeichneten die Nazis 1933 ein Abkommen mit den in Patala lebenden Reptiloiden, woraufhin ein Transfer fortgeschrittener Technologie nach Deutschland erfolgte, darunter auch Antigravitationsscheiben. Mehrere andere Quellen behaupten, dass Antarktika zuvor eigentlich Atlantis war, das in Folge von prähistorischer Polverschiebung in die Südpolregion wanderte.[2] Da die Reptiloiden bekanntlich Atlantis bewohnten, ist es durchaus möglich, dass ihre Kolonie nach der Verschiebung im Untergrund blieb und sie noch unter Antarktika lebten. Ivanenko meint, dass Neu Berlin „an den prähistorischen Ruinen von Kadath liegt [im Stile der Geschichte von H. P. Lovecraft], die möglicherweise vor weit mehr als 100.000 Jahren von Siedlern des verlorenen Kontinents Atlantis erbaut wurden." Ein anderer ungenannter Forscher des Okkulten behauptete, dass es „in Neu Berlin ein Außerirdischenviertel gibt, wo Plejadier, Zeta Reticulaner, Reptiloiden, Männer in Schwarz, Aldebaraner und andere Besucher von den Sternen verweilten."

VERRÜCKTE FÜHRER

Es ist keineswegs auszuschließen, dass die Reptiloiden die Nazis zu einer angrenzenden Kolonisation anregten, möglicherweise als Zufluchtsort für den Fall eines ungünstigen Kriegsendes. Wahrscheinlicher ist allerdings, dass diese Kolonie als gemeinsame Basis für die wissenschaftliche und technologische Entwicklung interplanetarer Reisen und Eroberungen von Deutschen und Außerirdischen dienen sollte.[3] Dies würde erklären, warum – wie wir in Folge sehen werden – die Nazis letztendlich alle an der Entwicklung von Antigravitationsscheiben beteiligten Luftfahrttechniker und -wissenschaftler als auch die Prototypen selbst nach Neuschwabenland verlegten. Zu diesem frühen Zeitpunkt waren die Nazis absolut davon überzeugt, den Krieg zu gewinnen, und dachten wohl kaum über einen Zufluchtsort nach. Es lässt sich daher schlussfolgern, dass dies der wahre – und einzige – Grund war, warum die Nazis die Mühen auf sich nahmen, auf der anderen Seite der Welt drei Kilometer unter dem Eis nicht nur eine Basis, sondern eine Stadt zu errichten. Sie malten sich immerhin die Eroberung der gesamten eurasischen Landmasse aus, also waren sie wohl kaum derart über einen Gebietsentzug besorgt, dass sie zum Südpol auswandern müssten, um als Nation zu überleben.

Wie es scheint, waren die Nazis bereits in dieser frühen Phase darauf vorbereitet, an der Seite der Reptiloiden zu anderen Planeten zu reisen. Es war die antarktische Basis, von der aus Mitte 1945 die deutsch-japanische Selbstmordmission zum Mars startete (siehe Kapitel 1). Die deutsche Bevölkerung wusste davon nichts. Es ist durchaus verständlich, dass die Nazi-Führung das Wissen über all diese fantastischen Pläne unter dem deutschen Volk vermeiden wollte. Man hätte sie gewiss für komplett verrückt erklärt! Doch der vielleicht wichtigste Grund für die Geheimhaltung war die Tatsache, dass die Nazi-Oberherren nicht beabsichtigten, die gesamte Bevölkerung Deutschlands nach Neuschwabenland zu übersiedeln. Diese Kolonie sollte nur den reinsten Exemplaren der arischen Rasse vorbehalten sein.

ANTARKTISCHE SIEDLUNGSFRAUEN

Mitte 1943 wurden die Alliierten auf starken Unterseeverkehr im Südatlantik aufmerksam und vermuteten erstmals, dass etwas Ungewöhnliches vor sich ging. Die Errichtung und Besiedlung der Basis in Neuschwabenland wurden der Kontrolle des gescheiterten Oberbefehlshabers der Luftwaffe Hermann Göring entzogen und standen nun unter der Leitung Heinrich Himmlers, der die großen, „Milchkühe" genannten Versorgungs-U-Boote verwendete, um Personal und Ausrüstung in die antarktische Kolonie zu transportieren. Diese speziellen U-Boote der Klasse XXI, von atlantischer Kriegsführung abgezweigt, waren fast so groß wie Trampdampfer und konnten dank eines neu entwickelten Schnorchels die gesamte Reise unter Wasser unternehmen. Laut Ivanenko wählte Himmler aus der halben Million Frauen deutscher Volkszugehörigkeit, die aus Russland ausgewiesen wurden, 10.000 der „reinrassigsten" Ukrainerinnen und sendete sie in den U-Booten nach Neu Berlin. Sie waren alle blond, blauäugig und zwischen 17 und 24 Jahren. Sie waren Himmlers antarktische Siedlungsfrauen. Er sendete außerdem 2.500 kampferprobte Soldaten der Waffen-SS, die zuvor an der russischen Front kämpften. Mit vier Frauen pro Soldat sollten sie die arische Bevölkerung der neuen Kultur unter dem antarktischen Eis vermehren.

Da sich der europäische Krieg 1944 als verloren erwies, beförderten die riesigen U-Boote nun auch die Prototypen der Antigravitationsscheiben, gemeinsam mit den entscheidenden Luftfahrttechnikern und -wissenschaftlern (siehe Farbtafel 2). 1945 wurden mit gro-

2. ANTARKTIKA

ßer Wahrscheinlichkeit Hans Kammler, der Himmler unterstellt war, und all seine wichtigen Arbeiter und Techniker gemeinsam mit Entwürfen und Rohmaterialien für die neuen Antigravitationsflugzeugen nach Neuschwabenland gebracht. Darüber hinaus gibt es überzeugende Beweise, dass Hitler selbst möglicherweise dort hingebracht wurde, während ein Double im Berliner Untergrundbunker hingerichtet wurde, was daraufhin als Selbstmord hingestellt wurde.[4] Deutsche Kriegsschiffe patrouillierten während dieser Zeit den Südatlantik und versenkten jegliche Händlerschiffe, die ihnen in der Umgebung von Tierra del Fuego in Argentinien, dem Tor zu Antarktika, begegneten. Das tödliche Panzerschiff *Graf Spee* war im Südatlantik stationiert und versenkte zu Kriegsbeginn zehn Händlerschiffe aus verschiedenen Ländern. Die Deutschen waren scheinbar besorgt, Berichte über den zunehmenden Unterseeverkehr könnten den Alliierten zugespielt werden, was die antarktische Besiedlung gefährden könnte.

Laut dem beachteten Forscher und Schreiber zum Dritten Reich Rob Arndt, der auf seiner Website antarctica.greyfalcon.us schreibt, stellten die Alliierten nach dem Krieg fest, dass 54 U-Boote aus Nazi-Deutschland fehlten. Er merkt außerdem an, dass zwischen 142.000 und 250.000 Personen verschwunden waren, darunter der gesamte technische Zweig der SS, die komplette Vril- und Thule-Gesellschaft, 6.000 Wissenschaftler und Techniker und Zehntausende von Sklavenarbeitern.[5] Er behauptet, dass diese Information aus freigegebener hochrangiger Kommunikation zwischen Washington und London Ende 1945 und 1946 stammt. Dies stimmt mit anderen Informationen überein, in der Hinsicht, dass Neuschwabenland hauptsächlich eine technologische und wissenschaftliche Entwicklungskolonie war, die von einer nur kleinen auserwählten Gruppe an „reinrassigen Ariern" bewohnt werden sollte. Die restliche deutsche Bevölkerung wurde ihrem Ende durch die Angriffe der Alliierten überlassen. Diese Kernkolonie an Ariern sollte dann durch Fortpflanzung die neue Rasse hervorbringen. Mit ihren Superwaffen und außerirdischen Verbündeten würde sich die Kultur von Neuschwabenland daraufhin in einer idealen Position befinden, um das Vierte Reich zu gründen und die Macht über die „minderwertigen" Rassen des restlichen Planeten zu übernehmen und zu versklaven. Diese planetare Eroberung würde durch die nächste erwartete 90-Grad-Polverschiebung erleichtert werden, wodurch der Großteil der existierenden Bevölkerung eliminiert und Antarktika zurück in ein Temperaturklima nahe dem Äquator verschoben würde. In ihrer sicheren Schanze unter dem drei Kilometer dicken Eismantel würden sie in Sicherheit bleiben.

DREI U-BOOTE TAUCHEN AUF

Laut UFO-Forscher und -Autor Erich J. Choron nahmen zehn der vermissten deutschen U-Boote während der letzten Kriegstage an einer streng geheimen Mission teil. In seinem Artikel „How High Can You Jump?" in *The UFO Casebook* (Vol. 26, Nr. 4) sagt Choron:

> Die Tatsache, dass in den letzten Momenten des Zweiten Weltkriegs zehn in Oslofjord, Hamburg und Flensburg stationierte U-Boote für den Transport von Hunderten von deutschen Offizieren und Offiziellen nach Argentinien freigegeben wurde, um ein neues Reich zu gründen, wird allgemein anerkannt. Diese Offiziere, die hauptsächlich an geheimen Projekten beteiligt waren, darunter viele Mitglieder der SS und der Kriegsmarine,

versuchten der „Rache" der Alliierten zu entkommen und ihre Arbeit außer Landes fortzusetzen. Die U-Boote waren gefüllt mit ihrem Gepäck, Dokumenten und höchst wahrscheinlich Goldbarren, um ihre Bemühungen zu finanzieren … Sieben der zehn U-Boote vom deutsch-dänischen Ufer brachen über das Kattegat und das Skagerrak nach Argentinien auf. Keines davon wurde je wieder gesehen … „offiziell".

Von dem, was wir bereits wissen, erscheint es offensichtlich, dass diese U-Boote nach Antarktika reisten, die auserwählte Heimat des Vierten Reichs, und nicht nach Argentinien. Argentinien trat im März 1945 den Alliierten bei und war Deutschland feindlich gesinnt. Choron sagt außerdem, dass viele der vermissten U-Boote vom fortgeschrittenen Typ XXI und Typ XXIII waren, die spät während des Krieges hergestellt wurden. Sie konnten sich wesentlich schneller fortbewegen als die Vorgängermodelle und besaßen einen Schnorchel, der eine Transatlantikreise vollständig unter Wasser ermöglichte. Alliierten Kriegsschiffen im Südatlantik konnten sie mühelos aus dem Weg gehen.

Alle diese U-Boote verließen ihre Heimathäfen bekanntlich zwischen dem 3. und 8. Mai 1945. Der Seekrieg endete am 5. Mai 1945, als Admiral Karl Dönitz die Kapitulation aller U-Boote anordnete, wenngleich sich die offizielle deutsche Kapitulation am 8. Mai ereignete. Drei der Schiffe tauchten letztendlich wieder auf. *U 530* unter dem Kommando von Oberleutnant Otto Wermuth und *U 977* unter Oberleutnant Heinz Schäffer ergaben sich jeweils am 10. Juli und 17. August 1945 der argentinischen Marine bei Mar del Plata. *U 1238* wurde von der Besatzung bei Nordpatagonien an der Spitze Südamerikas versenkt, höchst wahrscheinlich auf dem Weg zu oder von Antarktika. Wermuth und Schäffer wurden sowohl von den Vereinigten Staaten als auch Großbritannien intensiv befragt, bevor sie als Zivilisten freigelassen wurden. Die in diesen Befragungen erhaltenen Informationen lösten mit großer Wahrscheinlichkeit die beiden Operationen Tabarin und Highjump aus, obwohl die Briten bereits zuvor belastende Informationen besaßen, die sie nicht mit den Vereinigten Staaten teilten.

OPERATION TABARIN

Laut James Robert, britischer Staatsbeamter und Historiker auf dem Gebiet des Zweiten Weltkriegs, in einem Artikel im Nexus Magazine vom August 2005 (Vol. 12, Nr. 5) errichteten die Deutschen erfolgreich eine Untergrundbasis in der massiven Eishöhle, wobei sie die zuvor entdeckten Eingänge verwendeten. Er behauptet, britische Soldaten von der geheimen antarktischen Station Maudheim hätten Ende 1945 den Eingang gefunden und wären

> dem Tunnel meilenweit gefolgt, bis sie schließlich eine riesige, außergewöhnlich warme Untergrundhöhle erreichten. Manche der Wissenschaftler glaubten, dass sie geothermisch erwärmt wurde. In der riesigen Höhle waren Untergrundseen, doch die künstliche Beleuchtung war ein noch größeres Rätsel. Die Höhle erwies sich als derart ausgedehnt, dass sie sich aufteilen mussten, woraufhin die wahren Entdeckungen gemacht wurden. Die Nazis hatten eine riesige Basis innerhalb der Höhlen errichtet und sogar Docks für U-Boote gebaut, wovon eines angeblich identifiziert wurde. Doch je weiter und tiefer sie gingen, desto seltsamer wurde das, was sie sahen. Der Überlebende berichtete, dass

"Hangars für seltsame Flugzeuge und Ausgrabungen im Überfluss" dokumentiert wurden.

Der *Nexus*-Artikel beinhaltete ein lang gehütetes Geheimnis, einen Bericht aus erster Hand über die sogenannte Operation Tabarin II[6] vom Oktober 1945 von einem ehemaligen Kommandoangehörigen des britischen SAS (Special Air Service), der am Einfall beteiligt war und überlebte.[7] Während Großbritannien mehrere geheime Stationen in und um Antarktika herum besaß, war Maudheim die größte davon und streng geheim, da sie nur etwa 320 Kilometer vom Mühlig-Hofmann-Gebirge entfernt lag, und es war auch der Ort, von wo aus der Angriff gestartet wurde. Während des Trainings für die Operation wurde der Agent informiert, dass Antarktika Großbritanniens geheimer Krieg war. Die britischen Basen in Antarktika wurden in Hinblick auf eine mögliche Konfrontation eingerichtet, nachdem sie 1939 von der Errichtung der Nazi-Basis gehört hatten. Diese Information wurde von drei entscheidenden Nazis enthüllt, die von den Briten gefasst wurden – Rudolph Hess, Heinrich Himmler und Admiral Karl Dönitz, die alle die Details der geheimen Basis kannten – sowie von U-Boot-Kommandanten Otto Wermuth und Heinz Schäffer (siehe oben). Es ist sogar höchst wahrscheinlich, dass Dönitz genau deshalb zu Hitlers Nachfolger ernannt wurde, weil er als Kommandant der U-Boot-Flotte bestens positioniert war, um die antarktische Kolonie zu beschützen, die zukünftige Heimat des Vierten Reichs. Diese Wahl Hitlers kam für das gesamte deutsche Oberkommando als große Überraschung.

Britischer Zeitungsbericht über Dönitz' Ernennung zum Nachfolger des Führers

Nach einem Monat mühseligen Kaltwettertrainings wurde das Spezialkommandoteam informiert, dass der Tunnel zur Nazi-Basis während des vorausgehenden antarktischen Sommers entdeckt und von einem vorherigen SAS-Team erforscht worden war. Von diesem 30-Mann-Team von der Station Maudheim gab es nur einen Überlebenden, der es irgendwie mental stabil durch den antarktischen Winter schaffte. Er berichtete dem neuen Team von ihren Entdeckungen und wie die anderen starben. Das neue Team richtete eine Ausgangsbasis am Tunneleingang ein und wurde angewiesen, dem Tunnel zu folgen, den ganzen Weg „bis zum Führer, wenn nötig". Zwei Männer blieben mit Funk und anderer Ausrüstung zurück, während acht Kommandos unter der Leitung eines Majors und mit einer riesigen Menge an Sprengstoffen in den Tunnel gingen. Nach fünf Stunden erreichten sie eine enorme Höhle, die durch künstliches Licht beleuchtet wurde. Der SAS-Agent berichtete weiter:

> „Als wir das gesamte Höhlennetzwerk überblickten, waren wir überwältigt von der Menge an Personal, das wie Ameisen umherhuschte, aber noch beeindruckender waren die riesigen Konstruktionen, die hier erbaut wurden. So wie es aussah, waren die Nazis sehr lange in der Antarktis."

Er berichtete, dass er von der fortgeschrittenen Nazi-Technologie sehr beeindruckt war. Das Team wurde entdeckt und kämpfte ein heroisches Gefecht, wobei sie die Minen vor ihre Verfolger legten. Nur drei Männer überlebten die Begegnung, aber sie brachten den Tunneleingang erfolgreich zur Explosion, wodurch er verschlossen wurde und kein weiterer Eingang übrigblieb. Nach ihrer Evakuierung zu den Falklandinseln, wurde den drei Überlebenden angeordnet, ihre Mission streng geheim zu halten. Der SAS-Agent berichtet: „Als wir Südgeorgien erreichten, erhielten wir ... die Anweisung, nichts von dem zu enthüllen, was wir gesehen, gehört oder angetroffen haben."

OPERATION HIGHJUMP

Offensichtlich haben die Vereinigten Staaten von Operation Tabarin erfahren, entweder durch Geheimdienstoperationen oder durch bewusste Informationsteilung durch die Briten. Letzteres scheint wahrscheinlicher, denn vermutlich erwarteten sich die Briten, die von ihrem Misserfolg bei der Zerstörung der Basis überzeugt waren, eine Fertigstellung des Jobs durch die USA. Außerdem besaß das Office of Strategic Services bereits sehr viele Informationen durch die Befragungen Wermuths und Schäffers. Die Planung der Operation Highjump wurde am 7. August 1946 durch Marineminister James V. Forrestal in die Wege geleitet, weniger als ein Jahr nach der Beendigung der Operation Tabarin. Operation Highjump wurde auf Anordnung des „Committee of Three" sanktioniert, bestehend aus Außenminister, Kriegsminister und Marineminister. Das Kabinett wurde vermutlich von mehreren Geheimdiensten beraten und hatte bereits die Zustimmung von Harry S. Truman gefunden. Es sollte eine gewaltige Marineoperation mit einer Flotte von 13 Schiffen sein, darunter einem kommunikationstechnikbeladenen Flaggschiff, zwei Eisbrechern, zwei Zerstörern, zwei Mutterschiffen mit jeweils drei PBM-Flugbooten (Patrol Bomber Mariner), zwei Tankern, zwei Versorgungsschiffen, einem U-Boot, zwei Helikoptern und dem

Flugzeugträger *USS Philippine Sea* mit sechs zweimotorigen DC-3-Flugzeugen an Bord, die sowohl mit Rad- als auch Skifahrwerk ausgerüstet waren. Das Flaggschiff *USS Mount Olympus* war darüber hinaus mit 4.700 Marinesoldaten beladen.

Kriegsheld Fleet Admiral Chester W. Nimitz, der zu der Zeit auch Chef der US-Marineoperationen war, ernannte Rear Admiral Richard E. Byrd zum Leiter der Mission. Außerdem bestimmte er den ausgezeichneten Veteranen von Polaroperationen Richard H. Cruzen zum Einsatzkommandoleiter. In öffentlichen Bekanntmachungen lagen die Absichten der Operation in der Forschung und Wissenschaft. Mit der Beteiligung von Amerikas bestem Marinemessing als auch einer Marinekampfeinheit handelte es sich eindeutig nicht um eine wissenschaftliche Expedition. Der Marinekorps der USA, in dessen Rängen sich noch viele Veteranen der brutalen Kampagne der pazifischen Inseln von nur einem Jahr zuvor befanden, galt zu der Zeit als die weltweit härteste Militärorganisation. Es handelte sich demnach nicht um ein symbolisches Anfängermilitär zur Begleitung einer wissenschaftlichen Expedition.

Ungeachtet der öffentlichen Aufmerksamkeit wurde von oben eindeutig die militärische Natur der Operation dargelegt. Laut dem „Committee of Three" war der Hauptzweck der Expedition, „die US-Herrschaft über antarktische Gebiete zu festigen und auszuweiten, mögliche Basisstandorte zu ermitteln und generell wissenschaftliches Wissen zu erweitern". Laut Admiral Marc Mitscher, Kommandeur der Atlantikflotte, war das Hauptziel, die US-Herrschaft „über das größtmögliche Gebiet des antarktischen Kontinents" zu erweitern. Der Auftritt mit einer solch eindrucksvollen Streitkraft deutete wohl darauf hin, dass diese Herrschaft eventuell durch militärisches Vorgehen gewonnen werden müsste. Das machte allerdings wenig Sinn, da es keinen identifizierten potentiellen Feind gab. Dies war also eindeutig ein Scheinhintergrund, während die wahre Absicht der Mission darin lag, die Nazibasis im Geheimen zu zerstören. Und damit keine Zweifel bestehen bleiben, erklärte Admiral Byrd: „Die grundlegenden Ziele waren jedoch nicht diplomatischer, wissenschaftlicher oder wirtschaftlicher Natur – sie waren militärisch." Es ist durchaus möglich, dass Byrd selbst die gesamte Operation in die Wege geleitet und das Kabinett von der Notwendigkeit der Mission überzeugt hatte, aufgrund der Erkenntnisse von 1938 in Hamburg. Gemeinsam mit den Berichten von Operation Tabarin und den Befragungen der U-Boot-Kommandeure reichte dies aus, um die „die größte antarktische Expedition, die je organisiert wurde" zu starten.[8]

DIE SCHLACHT IM WEDDELL-MEER

Die Operation, die gemeinsam von Admiral Nimitz und Byrd geplant war, sah eine dreifache Annäherung vor, ähnlich einem Einfallszenario und typisch für militärische Attacken. Die zentrale Gruppe, die zwei Eisbrecher, den Flugzeugträger, zwei Frachtschiffe, das U-Boot und das Flaggschiff umfasste, würde die frühere Basis Little America III wiederherstellen, nun unter dem Namen Little America IV. Die sechs DC-3s würden im Südlichen Ozean vom Träger aus starten und über das Ross-Schelfeis zur Basis fliegen, wo eine Landebahn für die Flugzeuge gebaut würde. Sie würden dann Aufklärungsflüge über dem Binnenland unter dem Einsatz von Bodenradar durchführen. Die östliche und die westliche

Gruppe, die jeweils ein Mutterschiff mit PBM-Flugbooten, einen Tanker und einen Zerstörer umfassten, würden dann, wenn angriffsbereit, den Kontinent aus zwei verschiedenen Richtungen in die Zange nehmen und im Weddell-Meer bei Königin-Maud-Land zusammentreffen. Vier DC-3s mit Sprengstoffen an Bord – eines davon von Admiral Byrd gesteuert – würden dann von Little America nach Königin-Maud-Land über den Südpol fliegen, während die PBM-Flugboote von den Mutterschiffen aus starten würden. Die PBMs (Flugboote) trugen eine große Menge an Bomben und konnten Schiffe aus der Luft versenken. Während des Krieges hatten sie zehn deutsche U-Boote versenkt.

Beschreibungen der Expedition erwähnen nie die Stellung der Marinesoldaten. Höchst wahrscheinlich sollten sie in zwei Gruppen geteilt und an Bord der Mutterschiffe und Zerstörer befördert werden, von welchen aus sie nahe des Tunnelmunds aus zwei verschiedenen Richtungen von Bord gehen könnten. Das Vorhandensein der Zerstörer und der PBMs signalisiert eindeutig die militärische Natur der Operation. Alle drei Gruppen würden also in Königin-Maud-Land zusammenkommen. Durch die Briten wussten die Truppen der Expedition vermutlich den exakten Standort des Tunneleingangs, der zur Nazibasis führte, und durch die DC-3-Aufklärungsflüge besaßen sie nun aktuellere Informationen.

Eines der PBM-Flugboote, das vom Flugzeugmutterschiff *USS Currituck* der Westgruppe aus startete entdeckte die eisfreie Zone und die Warmwasser-Regenbogenseen in Zentralantarktika. Das Flugboot landete auf einem der Seen und ermittelte eine Wassertemperatur von etwa -1 Grad Celsius. Die Ostgruppe stieß auf Schwierigkeiten. Das PBM-Flugboot *George One*, das vom Flugzeugmutterschiff *USS Pine Island* aus startete, explodierte plötzlich mitten in der Luft. Drei Seemänner starben bei dem Vorfall. Es gab keine offizielle

Flugzeugmutterschiff USS Currituck der Westgruppe

Erklärung für die Explosion. Die restlichen sechs Männer der Crew überlebten mithilfe der Flugzeugvorräte in den Trümmern und wurden 13 Tage später vom Flugboot *George Two* gerettet. Noch rätselhafter war das Schicksal des Mutterschiffs selbst. Laut Erich J. Choron in seinem Artikel „How High Can You Jump?" (siehe oben): „Die *USS Pine Island* wurde an einem unbekannten Datum vom Marineregister gestrichen … Die Verfügungsgewalt wurde für die Stilllegung in der National Defense Reserve Fleet der Seebehörde übertragen … an einem unbekannten Datum … und … die letzte Stellung des Schiffs ist unbekannt … Also, wie geht man mit dem „Verlust" eines bedeutenden Überwasserschiffs um …"

Laut der offiziellen Aufzeichnungen der Operation Highjump trafen alle Schiffe der Ostgruppe am 14. Februar 1947 bei der Peter-I.-Insel in der Bellingshausensee zusammen und trafen Vorbereitungen für die gemeinsame Fahrt um die antarktische Halbinsel zum Weddell-Meer. Wie es scheint, hätten die östliche und die westliche Gruppe dort an der Küste von Königin-Maud-Land zusammentreffen sollen, um einen gemeinsamen Angriff mit den DC-3s durchzuführen. Es gibt keine weiteren Aufzeichnungen über die Aktivitäten der Schiffe bis zum 3. März 1947, als die Operation unvermittelt vorzeitig abgebrochen und die Anweisung zur Rückkehr nach Rio de Janeiro erteilt wurde. Laut eines russischen Dokumentarberichts auf YouTube stieß die Flotte auf mehrere Flugscheiben, die aus dem Wasser auftauchten und die Schiffe in einem 20-minütigen Gefecht angriffen. Dies musste sich zu der Zeit im Weddell-Meer zugetragen haben. Offenbar beschützten die Scheiben den Tunneleingang. In der Videoaufnahme sind die Scheiben dabei erkennbar, wie sie über einem Schiff umherfliegen. Es wird behauptet, dass 68 Männer bei dieser Aktion getötet wurden. Wenn die *Pine Island* tatsächlich sank, dann geschah dies höchst wahrscheinlich während dieser Schlacht, und viele der 68 Toten waren vermutlich Marinesoldaten.

Was es auch war, das sich im Weddell-Meer ereignete, veranlasste Admiral Byrd zum Abbruch der gesamten Operation am 3. März 1947. Dies geschah nur zwei Monate nach dem Beginn der Mission, die ursprünglich für sechs Monate durch den antarktischen Summer und Herbst geplant war. Auf dem Weg zurück nach Washington, D.C. legte Byrds Flaggschiff, die *USS Mount Olympus* kurzfristig in Valparaiso in Chile an, wo er am 4. März 1947 zu einem Interview mit Lee Van Atta einwilligte, einem Berichterstatter der chilenischen Zeitung *El Mercurio*. Der Bericht auf Grundlage dieses Interviews erschien am folgenden Tag in der Zeitung. Van Atta schrieb:

> Admiral Richard Byrd machte heute darauf aufmerksam, dass die Vereinigten Staaten Maßnahmen zu ergreifen hätten, um sich gegen einen möglichen Landeseinfall mit feindlichen Luftfahrzeugen aus den Polarregionen zu schützen … Der Admiral äußerte: „Es ist nicht meine Absicht Angst zu verbreiten, aber die bittere Realität ist, dass die Vereinigten Staaten im Falle eines neuen Krieges von Luftfahrzeugen von einem oder beiden Polen aus angegriffen werden … Die fantastische Geschwindigkeit, mit der sich die Welt entwickelt" – erklärte der Admiral – „ist eine der Lehren, die wir aus der kürzlich durchgeführten Antarktika-Erkundung gezogen haben … Mehr als eine nachdrückliche Warnung an meine Landsleute steht nicht in meiner Macht, in dem Sinn, dass die Zeit bereits vorüber ist, in der wir in der Abgeschiedenheit Zuflucht finden und darauf vertrauen können, dass die Ozeane und die Pole unsere Sicherheit garantieren." Der Admiral wiederholte mehrmals die Notwendigkeit, aufmerksam und wachsam zu bleiben sowie die letzten Verteidigungsschanzen gegen einen Einfall zu erbauen.

NEU GEMISCHTE KARTEN

Die Fähigkeiten der Nazi-Flugscheiben müssen den Admiral tief beeindruckt haben, dass er der mächtigsten Nation der Erde eine solche unheilverkündende Warnung ausgab. Byrd kam am 14. April 1947 zurück in Washington an, wo er der Marineaufklärung und anderen Regierungsbeamten eingehend Bericht erstattete. Während seiner Aussage vor dem Präsidenten und den Vereinigten Generalstabschefs geriet Byrd in Zorn und „empfahl" eindringlich, Antarktika zu einem thermonuklearen Testgelände zu machen. Nach dieser Darstellung wurde Byrd hospitalisiert und es war ihm nicht erlaubt, weitere Interviews oder Berichterstattungen zu geben. Nun mit der Gewissheit, dass das Dritte Reich in Antarktika überlebt und die Flugscheiben perfektioniert hatte, waren Beunruhigung und sogar Panik im Pentagon wahrscheinlich. Das Entwicklungsprogramm von Antigravitationsscheiben in Wright-Patterson hatte noch keinen Prototypen hervorgebracht. Falls sich die Nazis, wie von Byrd gewarnt, zu einem Einfall entschieden, wäre Amerika nicht in der Lage, sich zu verteidigen. Es ist durchaus möglich, dass der Präsident und das Militär die von Byrd vorgeschlagene Nuklearoption in Betracht zogen. Allerdings könnte dies ein Loch in der Ozonschicht über dem Südpol verursachen, was sich wiederum verheerend auf die Umwelt auswirken könnte. Doch weniger als drei Monate später, während die verschiedenen Alternativen noch bewertet wurden, stürzte wie vom Himmel ein außerirdisches Schiff in der Wüste nahe des Militärflugfelds von Roswell in New Mexico ab und die Karten waren neu gemischt.

Endnoten

1 Die Warmwasserseen sind aufgrund der Algenfarben als die „Regenbogenseen" bekannt.

2 Siehe *Atlantis Beneath the Ice: The Fate of the Lost Continent* von Rand Flem-Ath (Bear & Co., 2012).

3 Laut „Branton", Autor von *The Omega File*, hatten die Draco-Reptiloiden gemeinsam mit Außerirdischen aus Orion bereits Zivilisationen in 21 Sternensystemen eines nahegelegenen Bereichs der Galaxie erobert und versklavt. Die südpolare Kolonie diente vermutlich als Ausgangspunkt für ihre Missionen in dieser Gegend der Galaxis, die sie eventuell aufgrund der Abgelegenheit und der Menschenleere wählten. Für Forscher wird es zunehmend deutlich, dass Hitler von Anfang an mit Außerirdischen verbündet war, was auch seine Überzeugung, er sei unbesiegbar, erklärt.

4 Sowjetführer Josef Stalin berichtete dem US-Präsidenten Harry S. Truman und dem britischen Ministerpräsidenten Winston Churchill bei der Potsdamer Konferenz vom Juli 1945, dass Hitler am Leben war. Er soll angeblich gesagt haben, dass „Hitler geflohen war und keine Spuren von ihm zu finden waren."

5 Die Sklavenarbeiter wurden höchst wahrscheinlich nicht nach Neuschwabenland gebracht, sondern in Buchenwald vergast und eingeäschert, um ihr Stillschweigen bezüglich der fortgeschrittener Waffentechnologie zu gewähren.

6 Operation Tabarin I fand 1943 statt.

7 Der SAS war eine britisch-kanadische Elite-Kommandoorganisation, hauptsächlich Fallschirmjäger. Diese waren bestausgebildete Krieger ähnlich den Navy SEALs, die für Spezialoperationen aufgesucht wurden. Für die meisten Missionen sprangen sie hinter den feindlichen Linien mit dem Fallschirm ab. Sie spielten eine wichtige Rolle im Zweiten Weltkrieg, indem sie deutsche Einrichtungen mit schwer bewaffneten Jeeps hinter den Fronten drangsalierten, während leichte Artillerie ebenfalls hinter den Linien abgesprungen kam.

8 Siehe www.south-pole.com.

3

ROSWELL

Roswell war nicht der erste Vorfall. Wie wir heute wissen, sind vor Juli 1947 mindestens zwei weitere außerirdische Flugobjekte in oder nahe den Vereinigten Staaten abgestürzt. Die US-Marine barg 1941 eine Flugscheibe im Pazifik westlich von San Diego. Besser bekannt war der spektakuläre Absturz am 31. Mai 1947 in den Prärien von St. Augustin südwestlich von Socorro in New Mexico. Das Raumschiff lag verkehrt herum und rauchte noch, als das Militär eintraf. Vier Außerirdische lagen am Boden – drei am Leben und einer tot. Bob Shell, ehemaliger Herausgeber des Magazins *Shutterbug* und militärischer Kameramann, der die Szene filmen sollte, berichtete, dass die lebenden Außerirdischen unter schrillem Gekreische jeweils eine Box fest umklammerten. Wie „Zirkusfreaks" hätten sie ausgesehen. Zwei der drei überlebenden Aliens waren verletzt und starben innerhalb von drei Wochen, woraufhin dem Kameramann befohlen wurde, in Fort Worth in Texas die Autopsie einer der Kreaturen zu filmen. Dies war der berühmte „Santilli-Film". Wie im Film ersichtlich, erschienen die Außerirdischen fast menschlich, wenngleich sie kleiner waren und sechs Finger und Zehen hatten. Das außerirdische Raumschiff und die Leichen wurden in die Wright-Patterson Air Force Base bei Dayton in Ohio gebracht.

Das Militär hatte also bereits vor Roswell Erfahrungen mit dieser Art von Ereignis gemacht. In Anbetracht dieser Erfahrungen können wir guten Gewissens davon ausgehen, dass die Armeeprozesse bei Abstürzen außerirdischer Flugobjekte bereits vor Roswell festgeschrieben wurden, und dass das Pentagon festlegt hatte, Ereignisse dieser Art mit militärischen Konsequenzen der Presse nicht mitzuteilen. Dieser spezielle Absturzort war ausreichend weit von militärischen Einrichtungen entfernt, um nicht unbedingt Verdacht auf außerirdische Überwachung zu erregen. Doch nachdem der Staat das Herzstück des militärisch-industriellen Komplexes repräsentierte, war jegliche Präsenz von Aliens in New Mexico verdächtig. Das Schiff stürzte nicht weit vom Trinity-Testort am nördlichen Ende vom White Sands Proving Ground (Mitte der 60er Jahre zu „White Sands Missile Range" umbenannt), wo amerikanische und deutsche Wissenschaftler an Raketentechnologien arbeiteten, und wo am 16. Juli 1945 die erste Atombombe getestet wurde. Nur etwas weiter nördlich bei Santa Fe befanden sich die Los Alamos Laboratories, wo die besten Nuklearwissenschaftler weiterhin an verbesserten Atombomben arbeiteten. Nicht weit davon, in Albuquerque, befand sich die Kirtland Air Force Base, wo Trägersysteme von Kernwaffen entwickelt und getestet wurden. Die „Z"-Division, oder Sandia Base, wo Wissenschaftler und Techniker fieberhaft an Nuklearwaffenkomponenten arbeiteten, war ebenso in der

Nähe von Albuquerque. Da dieser Vorfall streng geheim blieb, können wir davon ausgehen, dass Präsident Truman und das Pentagon ihn als für die Verteidigung relevant einstuften.

Aber der Roswell-Vorfall hätte schwerwiegende Beunruhigung verbreitet, dass Außerirdische ins Land einfallen könnten. Immerhin schien das Raumschiff die heikelste militärische Einrichtung auszuspionieren, die 509. Bombardierungseinheit des Roswell Militärflugfelds bei Roswell, New Mexico. Dies war der Heimatstandort der Staffel B-29, die zwei Jahre zuvor Atombomben über zwei japanischen Städten abgeworfen hatten, und die für alle darauffolgenden Missionen mit Atomwaffen verantwortlich war. Diese Art der Überwachung war äußerst verdächtig und mit einem möglichen geplanten Übergriff auf unseren Planeten durch eine außerirdische Zivilisation vereinbar. Als Sieger des Zweiten Weltkriegs und als die einzige Nation mit Atomwaffen zu der Zeit, stellten die Vereinigten Staaten das größte Hindernis bei einer Planetenübernahme dar. Schätzungen zufolge besaßen die USA im Juli 1947 weniger als 50 Atombomben, wenngleich die Entwicklung eines Arsenals für 150 in Planung war. Manche davon wurden möglicherweise noch in Sandia entwickelt, doch die meisten waren vermutlich schon am Roswell Militärflugfeld, bereit für den Einsatz. Dies war eine äußerst dürftige Absicherung und bei einer Zerstörung des Atombombenarsenals von Roswell wäre letztendlich der gesamte Planet praktisch wehrlos gegen die vermutlich fortgeschrittenen Waffen der Außerirdischen. Die USA zeigten keine Angst vor irdischen Mächten, aber sie hätten sich nicht gegen einen Feind verteidigen können, von dem sie nichts wussten, und der die Antriebstechnologie für Weltraumfahrten besaß. Diese Angst wurde verstärkt, als sich herausstellte, dass sich menschliche Körperteile auf dem außerirdischen Raumschiff befanden. Nachdem der Zweite Weltkrieg gerate erst in den Geschichtsbüchern auftauchte, zeigte sich nun eine potentiell katastrophale Konfrontation, die die Achsenkämpfe im Vergleich wie ein Kinderspiel aussehen lassen würde. Es war ein schreckliches Szenario. Die USA hätten vielleicht die Sowjetunion um Unterstützung aufgesucht, um in kurzer Zeit fortgeschrittene Technologie und Waffen für die Abwehr eines Angriffs zu entwickeln. Sie hätten nicht gezögert, die besten Wissenschaftler ihres ehemaligen Todfeindes, der Nazis, anzuwerben. Es wäre ein massiver Aufwand gewesen.

In der Einführung seines Buchs „The Day after Roswell", mitverfasst von William J. Birnes, schlägt Colonel Philip J. Corso Alarm. Er schreibt:

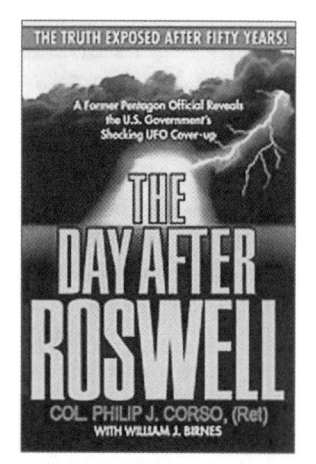

Umschlagseite von „The Day after Roswell" (Pocket Books, 1997)

> In diesen verwirrenden Stunden nach der Entdeckung des abgestürzten Raumschiffs in Roswell, erklärte die Army, dass es sich mangels anderer Informationen um Außerirdische handeln musste. Schlimmer noch, die Tatsache, dass dieses Schiff wie auch andere fliegende Untertassen unsere Verteidigungseinrichtungen überwachten, und sogar eine Technologie bescheinigten, die wir auch bei den Nazis beobachteten, veranlasste das Militär zur Annahme, dass diese fliegenden Untertassen feindliche Absichten hatten und vielleicht sogar während des Krieges in die Vorgänge der Menschen eingriffen. Wir wussten nicht, was die Bewohner dieser Raumschiffe wollten, doch aufgrund ihres Verhaltens, vor allem ihrer Einmischungen in das Leben der Menschen und der berichteten Viehverstümmelungen, mussten wir davon ausgehen, dass sie

3. ROSWELL

potentielle Feinde sein könnten. Das bedeutete, dass wir uns einer weit überlegenen Macht mit Waffen, die uns alle auslöschen könnten, gegenüber sahen.

Doch einer der Außerirdischen überlebte. Und das änderte alles.

1962 wurde Oberst Corso damit beauftragt, die amerikanische Industrie mit den in der Roswell-Flugscheibe gefundenen Objekten zu versorgen. Der Auftrag kam von seinem Vorgesetzten, General Arthur Trudeau. Zu diesem Zeitpunkt konnte er nichts von den Ereignissen ahnen, die sich in den 15 Jahren seit dem Absturz zugetragen hatten. Diese Informationen waren so geheim und aufgegliedert, dass selbst Präsident Eisenhower nicht die vollständigen Begebenheiten kannte. Nur MJ-12, das von Präsident Truman zusammengestellte streng geheime Beraterkomitee, kannte alle Details. Corso wusste lediglich, dass die faszinierenden Ausrüstungsteile vom Absturzort eine Technologie aufwiesen, die weit fortgeschrittener war als alles, was wir kannten. Seine Aufgabe war es, diese Technologie, ohne Aufsehen zu erregen, denjenigen Wissenschaftlern und Unternehmen zu übergeben, die sich in der besten Position befanden, um sie zu verstehen und sie davon ausgehend vielleicht zu kopieren und weiterzuentwickeln. In dieser Rolle war er ein „bewaffneter Alleingänger". Die Informationen über die Ereignisse seit 1947 wurden ihm nicht zugänglich gemacht. Er konnte also nur einen zivilartigen Aspekt annehmen, die Objekte der amerikanischen Forschung und Entwicklung zustecken und daraufhin verschwinden. Es ist daher nicht überraschend, das er 1997 in seinem Buch von seiner Überzeugung schrieb, dass die als „Ebens" bekannten Außerirdischen feindlich gesinnt waren und für die Vereinigten Staaten und den gesamten Planeten eine Bedrohung darstellten. Es ist ein sagenhafter Beleg dafür, wie effektiv die Aufgliederung und geheime Maschinerie funktionierten, dass selbst 15 Jahre später ein Armeegeneral und Oberst keine Ahnung davon hatte, dass in den Los Alamos Laboratories und in der Area 51 diese Außerirdischen untergebracht waren und bereits erfolgreich eine Eben-Flugscheibe nachgebaut worden war!

US-Armeeoberst Philip J. Corso

DIE REAGAN-BESPRECHUNGEN

Präsident Ronald Reagan wurde zwischen dem 6. und 8. März 1981 über die Erfahrungen mit abgestürzten UFOs und Außerirdischen informiert und ein weiteres Mal zwischen dem 9. und 12. Oktober 1981. Beide Besprechungen fanden in der präsidialen Erholungsanlage Camp David in Maryland statt. Sie wurden auf 54 Audiokassetten aufgenommen. Die Aufnahmen blieben im Besitz der Defense Intelligence Agency (DIA), da ein Teil der Informationen eine potentiell feindliche Alienrasse behandelte, die möglicherweise eine Bedrohung für die nationale Sicherheit darstellte. Es war daher richtig, die Kassetten im Verteidigungsministerium aufzubewahren. Nach der für geheime Regierungsdokumente vorgeschriebenen Geheimhaltungsfrist von 25 Jahren, wurden die Aufnahmen 2007 freigegeben und der Öffentlichkeit zugänglich gemacht.

Die Abschrift einer dieser Sitzungen wurde von Viktor Martinez als „Release 27a" auf der Serpo-Website www.serpo.org veröffentlicht (E-Mails von Anonymous an Martinez über das Project Serpo wurden ursprünglich als „Postings" bezeichnet. Dies setzte sich von Posting 1 bis Posting 18 fort. Daraufhin wurden sie als „Releases" bezeichnet und sequentiell nach dem Eingangsdatum nummeriert, angefangen mit Release 19). Diese Sitzung wurde im Rahmen der Besprechungen vom März 1981 abgehalten, von jemanden, der sich selbst als „der Betreuer" bezeichnet.

Martinez stellt die folgende Erklärung den Aufzeichnungen voran:

Präsident Ronald Reagans UN-Rede von 1987, bei der er eine mögliche Alien-Invasion ansprach.

Diese Veröffentlichung wurde von und in den höchsten Ebenen der US-Regierung als Teil eines andauernden Programms zur Akklimatisierung der Öffentlichkeit genehmigt.

Andere bei den Besprechungen Anwesende waren William Casey, zu dem Zeitpunkt Direktor der CIA, drei Berater sowie eine Schreiberin der CIA. Verteidigungsminister Caspar Weinberger und Berater des Präsidenten Michael Deaver waren zu Beginn anwesend, doch zogen sich später zurück. Der folgende Ausschnitt der Besprechung betrifft den Roswell-Vorfall und sollte als der zuverlässigste Bericht dessen, was bei Roswell passierte, betrachtet werden.

Der BETREUER: Guten Morgen, Mr. President. Zunächst möchte ich Ihnen ein paar Informationen zu meinem Hintergrund geben. Aber vorher, bitte, wenn Sie während der Besprechung Fragen haben, unterbrechen Sie mich, Sir. Ich war die letzten 31 Jahre bei der CIA beschäftigt. 1960 habe ich die Betreuung dieses Projekts begonnen. Wir haben eine Spezialgruppe, die wir „Group 6" nennen, die sich um diese Informationen kümmert.

PRÄSIDENT: Guten Morgen. Ich hoffe, nun, ich vermute, ich werde Fragen stellen. Bill unterwies mich letzten Januar, aber ... Bill hat mir nicht alles erzählt, weil wir nur etwa eine Stunde hatten.

WM CASEY: Mr. President, ich habe mit Ihnen nur die Entscheidungsrichtlinien für nationale Sicherheit besprochen, die wir in die gesamten Handlungsanweisungen zu diesem Thema eingliedern wollen. BERATER #3, Caspar und ich haben wesentlich mehr Details, als das, was ich vor letztem Januar wusste. Die letzte Verwaltung war nicht sonderlich interessiert daran, uns all diese Dinge in den Besprechungen vom November und Dezember zugänglich zu machen.

PRÄSIDENT: Nun, ich wusste ein wenig über das Thema. 1970, Nixon hatte alle interessanten Informationen und wollte sie mit manchen seiner Freunde teilen. Nixon zeigte mir ein paar Dokumente. Ich bin nicht sicher, wer der Verfasser war, aber ... nun ja, etwas über New Mexico und andere Orte. Nixon war ziemlich ... fasziniert davon. Er zeigte mir etwas, ein Objekt oder Gerät, das aus einem ihrer Raumschiffe stammte. Etwas, das vom Absturzort in New Mexico genommen wurde. Ich weiß nicht, nun … wissen wir, was es war? Ich denke nicht, dass wir es wussten, aber jetzt nach elf Jahren, möglicherweise wissen wir es jetzt.

Der BETREUER: Mr. President. Ich kann diese Fragen teilweise beantworten. Möchten Sie, dass ich beginne?

PRÄSIDENT: Na ja, auf welcher Stufe war das? Ich meine, wie wurde sie genannt? Ich kann mich nicht erinnern, wie sie sie nannten.

WM CASEY: Mr. President, Codeword. Sie heißt Top Secret Codeword. Wie zuvor erwähnt, diese Information ist jenseits von Top Secret. Sie hat ihre eigene Klassifizierung. Sie ist stark aufgegliedert.

PRÄSIDENT: Nun, wohl nur das Minimum. Zeichnen wir das auf?

Der BETREUER: Mr. President, nein. Nur, wenn Sie es wünschen.

WM CASEY: Ja, [Schreiberin der CIA] übernimmt das. Ich denke schon, dass wir sollten. Ich möchte später keine Fehler diesbezüglich machen. BERATER #4 sollte auch bleiben, da er einer der Verwalter der Informationen ist.

PRÄSIDENT: Nun, ich möchte nicht, dass irgendjemand etwas davon durchsickern lässt. Nicht wissend, was wir gleich diskutieren werden … na ja, Bill, ich denke, das ist deine Entscheidung. BERATER #4 sollte bleiben. Er sollte … nun, du entscheidest, Bill.

WM CASEY: Okay, ich denke, BERATER #4 bleibt. Aber [Schreiberin der CIA] muss bleiben. Ich entscheide das.

PRÄSIDENT: Okay, ich nehme an, wir können unsere Angelegenheit zuerst angehen, geben Sie mir ein paar Minuten. Lasst uns zuerst etwas essen. Wie lange … etwa eine Stunde?

Der BETREUER: Mr. President, ich schätze, es wird etwa eine Stunde dauern, zumindest der erste Teil davon. Es ist ein sehr kompliziertes Besprechungsthema. Es ist möglich, aber die Fragen werden sich vielleicht darüber hinaus erstrecken.

PRÄSIDENT: Okay, ich verstehe. Machen wir eine Pause, bevor wir hier wieder zusammenkommen.

(Pause)

Der BETREUER: Okay, Mr. President, sind wir bereit?

PRÄSIDENT: Ja, sind wir. Lasst uns beginnen.

Der BETREUER: Mr. President, wie zuvor bereits erwähnt hat diese Besprechung die höchste Einstufung der US-Regierung. Ich werde mit einer Diapräsentation beginnen. Darauf habe ich den Großteil der Informationen, aber ich habe auch einen Überblick, den ich allen Anwesenden ausgeteilt habe.

… Die Vereinigten Staaten von Amerika haben seit 1947 außerirdische Besucher. Dafür haben wir Beweise. Wir haben allerdings auch Beweise, dass der Planet Erde seit TAUSENDEN VON JAHREN von verschiedenen außerirdischen Rassen besucht wird. Mr. President, ich werde diese Besuche von nun an als ETs bezeichnen. Im Juli 1947 passierte etwas Außergewöhnliches in New Mexico. Während eines Sturms stürzten zwei ET-Raumschiffe ab (siehe Farbtafel 3). Eines südwestlich von Corona, New Mexico und das andere bei Datil, New Mexico. Die US Army hat letztendlich beide Orte gefunden und die Trümmer sowie einen lebenden Alien geborgen. Ich werde diesen lebenden Alien von nun an als „Ebe1" bezeichnen.

PRÄSIDENT: Was bedeutet das? Haben wir Codes oder Spezialterminologie dafür?

Der BETREUER: Mr. President, EBE steht für „extraterrestrische biologische Entität". Es war ein Code, den die US Army der Kreatur zu der Zeit zuwies. Die Kreatur war nicht menschlich und wir brauchten eine Bezeichnung für sie. Wissenschaftler bezeichneten die Kreatur also als Ebe1 (siehe Farbtafeln 4 und 5). Wir nannten sie auch „Noah". Es gab zu der Zeit verschiedene Bezeichnungsweisen aus verschiedenen Perspektiven des US-Militärs und der Geheimdienstgemeinschaft.

PRÄSIDENT: Haben oder hatten wir andere? Die „1" scheint anzudeuten, dass es andere gab.

Der BETREUER: Ja, wir hatten andere. Anfangs war die Bezeichnung EBE und es war keine Nummer zugewiesen. Wir werden erklären, wie wir von den anderen erfahren haben.

PRÄSIDENT: Okay, tut mir leid, ich habe mich nur gewundert, aber ich vermute, die Besprechung wird das noch abdecken. Bitte machen Sie weiter.

Der BETREUER: Alle am Absturzort geborgenen Trümmer und EBEs wurden zum Roswell Militärflugfeld in Roswell, New Mexico gebracht. EBE wurde wegen ein paar leichter Verletzungen behandelt und dann in die Los Alamos Laboratories gebracht, was der sicherste Ort der Welt war. Es wurde eine spezielle Unterkunft für EBE eingerichtet. Die Trümmer wurden letztendlich nach Dayton, Ohio gebracht, Standort der Air Force Foreign Technology Division. Der zweite Absturzort wurde erst 1949 von ein paar Farmern entdeckt. Es waren keine lebenden Aliens an diesem Ort. All diese Trümmerstücke gingen an die Sandia Army Base in Albuquerque, New Mexico.

PRÄSIDENT: Okay, eine Frage zum ersten Absturzort. Wie viele Aliens waren in dem Raumschiff?

Der BETREUER: Fünf tote und ein lebender Alien. Die Alienleichen wurden ins Wright Field transportiert und in einem Tiefkühlzustand gehalten. Später wurden sie nach Los Alamos transportiert, wo Spezialcontainer angefertigt wurden, um die Verwesung der Leichen aufzuhalten. Am zweiten Absturzort gab es vier tote Aliens. Diese Leichen waren in einem fortgeschrittenen Zustand der Verwesung. Sie waren zwei Jahre lang in der Wüste. Tiere und Zeit hinterließen ihre Spuren. Die Überreste wurden in die Sandia Base transportiert und letztendlich weiter nach Las Alamos. Wir stellten fest, dass beide abgestürzten Raumschiffe eine ähnliche Konstruktion aufwiesen, und dass die Körper der Aliens alle identisch waren. Sie sahen vollkommen gleich aus. Sie hatten die gleiche Größe, das gleiche Gewicht und die gleichen Körpermerkmale. Hier sind die Fotos von den Aliens (Pause) [während der Präsident vermutlich die Fotos ansieht].

PRÄSIDENT: Können wir sie einordnen? Ich meine, können wir … sie mit irgendetwas Irdischem verbinden?

Der BETREUER: Nein, Mr. President. Sie haben keine Ähnlichkeiten mit einem Menschen mit Ausnahme ihrer Augen, Ohren und einem Mund. Ihre inneren Körperorgane sind anders. Ihr Blut war nicht rot und ihr Gehirn war vollkommen anders als das eines Menschen. Wir konnten keinen Teil der Aliens als menschlich klassifizieren. Sie hatten Blut und Haut, die aber wesentlich anders als menschliche Haut war. Ihre Augen hatten zwei verschiedene Augenlider. Vermutlich weil ihr Heimatplanet sehr hell war.

PRÄSIDENT: Möglicherweise greife ich vor, aber wissen wir, woher sie kamen? Mars, unserem System, oder woher?

Der BETREUER: Ja, Mr. President, wir wissen, wo sie her sind. Ich kann sogleich darauf eingehen oder im dafür vorgesehenen Teil der Besprechung.

PRÄSIDENT: Nein, nein, bitte, fahren Sie fort. Ich kann warten.

Der BETREUER: Danke, Mr. President. EBE blieb bis 1952 am Leben. Wir haben viel von EBE gelernt. EBE hatte zwar keine Stimmorgane wie de Menschen, konnte aber durch eine von Militärärzten durchgeführte Operation kommunizieren. EBE war extrem intelligent. Es lernte schnell Englisch, hauptsächlich indem es dem Militärpersonal zuhörte, das für EBEs Sicherheit und Betreuung zuständig war. EBE war in einem Spezialbereich in Los Alamos und der Sandia Base untergebracht. Viele verschiedene Militärärzte, Wissenschaftler und einige ausgewählte Zivilpersonen studierten EBE, aber es war nie aufgebracht oder wütend. EBE half uns dabei, von den an den zwei Absturzorten gefundenen Objekten zu lernen. EBE zeigte uns, wie manche der Objekte funktionierten, wie etwa ein Kommunikationsgerät. Es zeigte uns auch, wie verschiedene andere Geräte funktionierten.

PRÄSIDENT: Entschuldigung, aber Sie bezeichnen die Kreatur als ein ES. Hatte es ein Geschlecht?

Der BETREUER: Entschuldigen Sie, Mr. President, aber ja, es war männlich. EBEs Rasse umfasste männliche als auch weibliche Individuen.

PRÄSIDENT: Okay, danke. Bitte fahren Sie fort …

Der BETREUER: Das EBE-Raumschiff brauchte neun unserer Monate, um die 40 [38,42] Lichtjahre zurückzulegen. Nun, wie sie sehen, würde das bedeuten, dass das EBE-Raumschiff schneller als mit Lichtgeschwindigkeit fliegen könnte. Hier wird es technisch. Ihre Raumschiffe können durch eine Art „Raumtunnel" reisen, der sie schneller von Punkt A nach Punkt B bringt, ohne mit Lichtgeschwindigkeit fliegen zu müssen. Es ist für mich nicht vollkommen begreifbar, wie sie reisen, aber wir haben viele Spitzenwissenschaftler, die ihr Konzept verstehen.

Siehe Anhang 11 für die Teile der Reagan-Besprechungen vom März 1981, die sich mit Project Serpo befassen.

EINE NEUE PLANETARE ÄRA

Das Überleben von Ebe1, die von ihm und den abgestürzten Flugscheiben erworbenen Erkenntnisse und unsere darauffolgende Verbindung mit seinem Planeten eröffneten eine vollkommen neue Ära der Geschichte unseres Planeten. Es waren die ersten Schritte für den Planeten Erde auf der Bühne galaktischer Angelegenheiten und es bedeutende den Beginn eines andauernden Bündnisses zwischen den Vereinigten Staaten und einer Zivilisation auf einem fernen Planeten. Es war das Gegenmittel gegen die Bedrohung des Vierten Reichs in Antarktika und es kam zum perfekten Zeitpunkt. Roswell transformierte amerikanische Technologie, erweiterte unser kosmisches Sichtfeld und öffnete die Türen zum Raumzeitalter.

4

LOS ALAMOS

Erst eine Weile später schoss es mir plötzlich durch den Kopf, dass die Störungen, die ich beobachtet hatte, möglicherweise auf intelligente Steuerung zurückzuführen waren. Wenngleich ich ihre Bedeutung nicht entziffern konnte, war es mir unmöglich, sie als bloße Zufälligkeit hinzunehmen. Es überkommt mich mehr und mehr das Gefühl, dass ich der Erste war, der den Gruß von einem Planeten zu einem anderen mithörte.

Nikola Tesla, „Talking With the Planets",
Colliers Weekly (März 1901)

Auf den ersten Blick schien es seltsam und unzweckmäßig, den Außerirdischen, der lebend am Absturzort von Corona gefunden wurde, im Los Alamos National Laboratory bei Santa Fe, New Mexico unterzubringen. Das Los Alamos Laboratory war zum Zeitpunkt des Roswell-Absturzes im Juli 1947, weniger als zwei Jahre nach den zwei Atombombenabwürfen über Japan und vier Jahre nach dessen Gründung, noch relativ bescheiden. Es war ursprünglich die Los Alamos Ranch School, eine private Jungenschule mit Schwerpunkt auf Outdoor-Aktivitäten, die vom Leiter des Manhattan Project J. Robert Oppenheimer ausgewählt, von General Leslie Groves genehmigt und im November 1942 von der Army für die Planung und Entwicklung der Atombombe in Beschlag genommen wurde. Das heißt, dass die Einrichtung offiziell von der Regierung freigegeben wurde, damit das Grundstück für militärische Zwecke erworben werden konnte. Kriegsminister Henry Stimson willigte ein, bis zum 8. Februar 1943 mit der Besitznahme zu warten, so dass die Schüler das Herbstsemester beenden konnten.

Während des Krieges bestand das Personal hauptsächlich aus hochrangigen theoretischen Physikern aus mehreren verschiedenen Ländern. Unmittelbar nach dem Krieg, im Herbst 1945, waren die wissenschaftlichen Ränge reduziert, da sich die führenden Nuklearwissenschaftler wieder der akademischen Welt und der Unternehmensberatung widmeten, während die Arbeiter auf niedrigeren Rängen weiterführenden Studien nachgingen. Oppenheimer trat ein paar Wochen nach Kriegsende zurück, um Direktor des Institute for Advanced Study an Princeton zu werden, und Norris Bradbury trat im Oktober 1945 seine Nachfolge als Leiter an. Im Frühling 1946 waren nur noch 1.200 Mitarbeiter übrig, als Bradbury nun in enger Kooperation mit der entstehenden Atomenergiekommission versuchte, die neue Zivilrolle des Labors in der Nachkriegswelt zu definieren. Doch der exklusive Fokus des Labors in der neuen Ära lag weiterhin auf der Entwicklung von Atomwaffen. Die Website von Los Alamos berichtet:

In den späten 1940er Jahren gab es ausreichend finanzielle Mittel für einen Umbau des Haupttechnikbereichs sowie verbesserte Unterkünfte, während sich das Labor der Weiterentwicklung und dem Testen von Atomwaffen widmete und Schritt für Schritt das Forschungsprogramm für Wasserstoffbomben erweiterte. Zwei Testserien, Operationen CROSSROADS und SANDSTONE, wurden jeweils 1946 und 1948 durchgeführt. In den 1940ern wurden sechs Atomwaffentests durchgeführt, woraufhin der nationale Vorrat von zwei Bomben Ende 1945 auf 170 im Jahr 1949 anstieg.

Major Jesse Marcel, Basissicherheitsoffizier in Roswell, war interessanterweise Sicherheitsoffizier der Army bei der am Bikini-Atoll durchgeführten Operation CROSSROADS. Es gibt keine Beweise für die Durchführung anderer Forschung und Entwicklung im Labor zu der Zeit. In Anbetracht der beschränkten Ressourcen, die ihm in den späten 1940er Jahren zur Verfügung standen, scheint es äußerst unwahrscheinlich, dass es Bradbury finanziell möglich war, jegliche andere Forschung zu betreiben.

VON PARANOIA BEHERRSCHT

Der Hauptgrund für die Überlieferung des einzigen überlebenden Außerirdischen vom Roswell-Absturz nach Los Alamos 1947, war scheinbar auf dem Versuch begründet, so viel Wissen wie nur möglich über die fortgeschrittene Technologie, die Teil des außerirdischen Flugobjekts war, zu erlangen, als auch andere wissenschaftliche Informationen, die er ihnen geben konnte. Die theoretischen Physiker im Labor wären gewiss in der Lage gewesen, die Informationen zu verstehen und möglicherweise in nützliche menschliche Technologie umzuwandeln. In einer perfekten Welt hätte man einen unerwarteten Besucher von einem anderen Planeten vielleicht an eine Spitzenuniversität gesendet, wo Akademiker der Erdwissenschaften versucht hätten, etwas über seine Heimatwelt zu erfahren. Doch es waren erst zwei Jahre nach einem brutalen, verheerenden Krieg vergangen und das Militär rechnete mit einem weiteren. Fortgeschrittene Technologie, die sich in Waffen umsetzen ließ, war daher die Hauptsorge der US-Regierung. Paranoia trat an die Stelle kultivierter Neugierde.

Aber aus einem anderen Blickwinkel war diese Paranoia möglicherweise

Los Alamos Laboratories, heute

4. LOS ALAMOS

vollkommen gerechtfertigt, da wir nichts über die Beweggründe der Außerirdischen wussten. Immerhin erforschte ihr Flugschiff ganz offensichtlich die heikelste militärische Einrichtung der Welt. Würde eine außerirdische Zivilisation eine Invasion der Erde in Erwägung ziehen, würde sie gewiss zunächst die mächtigste Militäreinrichtung der mächtigsten Nation des Planeten auskundschaften. Es ist in höchstem Maße logisch, dass das Militär zu solch einem Schluss käme, und diese Möglichkeit allein rechtfertigt die Überlieferung des Außerirdischen nach Los Alamos. Nachdem mit der Zeit mehr und mehr geheime Informationen über den Roswell-Absturz ans Licht kamen, zeigte sich in der Tat, dass das außerirdische Schiff möglicherweise auf einer Spionagemission vor einer Art von Massenlandung war. Army Colonel Philip Corso ging offensichtlich davon aus, als er in seinem Buch „The Day after Roswell" schrieb:

> Die tatsächliche Wahrheit hinter der fünfzigjährigen Geschichte eines Krieges, der wie die endgültige Niederlage der Menschheit aussah ... kann nun endlich erzählt werden, denn wir setzten uns durch. Im Juli 1947 in den dunklen Stunden vor Sonnenaufgang zog die Army, die nur vage die potentielle bevorstehende Katastrophe erkannte, ein abgestürztes Raumschiff aus der Wüste und erbeutete dessen Einzelteile, genauso wie die Insassen des Fahrzeugs uns ausbeuten wollte.

Diese dramatische Annahme basierte offensichtlich auf einem streng geheimen Bericht, dass menschliche Körperteile auf einem der abgestürzten Alienschiffe gefunden wurden!

Und dann gab es natürlich noch Sicherheitsbedenken. Nachdem die Regierung unmittelbar nach dem Absturz entschied, die Angelegenheit streng geheim zu halten, musste der Unterbringungsort für den Außerirdischen extrem sicher sein, und es gab keine Einrichtung zu der Zeit, die sicherer war als der Sitz des Manhattan Project. Diese Voraussetzung allein sprach gegen eine Universität. Sogar das Pentagon selbst, das 1947 nur vier Jahre alt war, war in diesen frühen Jahren nicht auf dem Sicherheitsniveau von Los Alamos, da sich das Pentagon inmitten eines geschäftigen Bereichs von Nord-Virginia befand. Im Gegensatz dazu war der einzige Zugang zu Los Alamos über eine einzelne Gebirgsstraße, versteckt in einer Bergschlucht.

DIE ERSTEN NACHRICHTEN

Kommunikation stellte das größte Problem beim Umgang mit dem Außerirdischen dar. Und man ging offensichtlich davon aus, dass niemand mit dem ET kommunizieren konnte, wenn nicht einmal die besten Wissenschaftler des Landes es schafften. Wenn der Außerirdische erst einmal an einem sicheren Ort war, könnte außerdem nach Bedarf anderes, besser geeignetes Sprachpersonal hinzugezogen werden, um die Kommunikation und Interaktion zu unterstützen. Und dieses Personal würde natürlich nur nach sorgfältigen Recherchen und nach Ablegen eines Sicherheitseids Zutritt erlangen.

MJ-12 einigte sich auf die Bezeichnung „Ebens" für die Roswell-Aliens. Dabei handelte es sich lediglich um eine einfallslose Ableitung von EBE, was für „extraterrestrische biologische Entität" steht. Als der Außerirdische, der von MJ-12 die Bezeichnung Ebe1 erhielt, erst einmal sicher in Los Alamos untergebracht war, wirkte er bei den Versuchen, die Kommunikationsbarriere zu überwinden, bereitwillig mit. Doch die Sprachdifferenzen waren immens und erschienen unüberwindbar. Wie in Steven Spielbergs Film „Unheimliche Begegnung der dritten Art" von 1977 ersichtlich (siehe Kapitel 18), bestand die Eben-Sprache aus Tonvariationen und klang fast wie Musik. Ein Beitragender der Serpo-Website beschrieb sie als „schrillen Gesang". Manche Töne waren für die Amerikaner nicht einmal reproduzierbar. Während der fünf Jahre, die Ebe1 am Leben blieb, konnte er den Wissenschaftlern in Los Alamos nur etwa 30 Prozent der Eben-Sprache beibringen. Anonymous berichtete, dass „komplexe Sätze und Zahlen nicht erfasst werden konnten".

Ebe1 identifizierte einen Ausrüstungsgegenstand, der auf dem Alienschiff unversehrt sichergestellt werden konnte, als ein Kommunikationsgerät zum Austausch von Nachrichten mit seinem Heimatplaneten. Er zeigte den Wissenschaftlern, wie es zu verwenden war, doch sie konnten es nicht zum Laufen bringen. Für fünf Jahre war keine Kommunikation mit seinem Planeten möglich, bis einer der Wissenschaftler unmittelbar vor dem Tod des Außerirdischen im Sommer 1952 erkannte, dass das Gerät mit der Energiequelle auf dem Alienschiff angetrieben wurde. Als sie dies versuchten, funktionierte es. Das Überraschende daran ist, dass es ein Erdbewohner war, der dies herausfand, und nicht der Außerirdische. Ebe1 war wohl einfach nicht besonders klug. Durch Anonymous wissen wir, dass er ein Mechaniker war. Er war kein Wissenschaftler. Als die Verbindung hergestellt war, begann der Außerirdische, Nachrichten an seinen Planeten zu senden. Während des Sommers von 1952 sendete er sechs Nachrichten, die alle erfolgreich übermittelt wurden. Für die Wissenschaftler in Los Alamos übersetzte er die Nachrichten grob ins Englische. Nachricht #1 teilte seinem Planeten mit, dass er noch am Leben war. Nachricht #2 berichtete vom Absturz und vom Tod seiner Mannschaftsmitglieder beim Einschlag. In der dritten Nachricht bat er um ein Rettungsschiff, das ihn von der Erde abholen sollte. Auf Veranlassung der Wissenschaftler schlug die vierte Nachricht die Organisation eines formalen Treffens mit Erdoffiziellen vor, die natürlich Amerikaner wären. Und in Nachricht 5 beantragte die US-Regierung laut Anonymous ein Austauschprogramm. Die sechste Nachricht übermittelte schließlich die Landekoordination auf der Erde für zukünftige Besuche. Es ist rätselhaft, warum dies überhaupt versucht wurde, wenn man bedenkt, dass Ebe1 unsere Chronologie und unser Zahlensystem schlicht nicht begreifen konnte, und es von vornherein klar war, dass die Ebens diese Koordination wohl ohnehin nicht verstehen würden.

Ebe1 erhielt auch Antworten zu den Nachrichten, die aber nur er verstehen konnte. Seine Übersetzungsversuche waren verwirrend. Sein Planet war offenbar mit einem erneuten Besuch einverstanden, aber das angegebene Datum lag mehr als zehn Jahre entfernt! Man ging von einem Fehler aus, aber es konnte keine Klarstellung erreicht werden, bevor Ebe1 im Spätsommer 1952 starb.

In einer beiläufigen Bemerkung über den Austauschvorschlag in Nachricht 5 meint Anonymous:

Es ist NICHT belegt, aber man geht davon aus, dass der US-Militär-Betreuer von Ebe1 ihm die Einrichtung eines Austauschprogramm nahelegte,

Los Alamos

das es den Menschen ermöglichen würde, Besuche abzustatten, Kultur und wissenschaftliche Informationen auszutauschen und astronomische Daten zu sammeln während einer Raumfahrt eines amerikanischen Militärteams bzw. was letztendlich als die Teammitglieder bekannt werden würde.

Wie oben erwähnt, leitete Ebe1 diesen Vorschlag in der Tat weiter, doch scheinbar gab es keine Antwort zu dieser Nachricht. Der frühzeitige Vorschlag zu einem Austauschprogramm lag offensichtlich rein im Interesse an Informationen statt in Wohlwollen begründet, denn vor dem Hintergrund der offensichtlichen Spionagemission der Außerirdischen und der Entdeckung menschlicher Körperteile auf dem Raumschiff wurden die Ebens wahrscheinlich als potentielle Eindringlinge betrachtet, wenngleich bekannt war, dass sie kein menschliches Fleisch aßen! Dennoch weckte diese Entdeckung vermutlich ein Misstrauen und ein Interesse an Informationen über diese Rasse, die aus heiterem Himmel auf unseren Planeten fiel. Immerhin ertappten sie sie beim heimlichen Sammeln von Informationen über das Militär und nicht bei ihrer Bitte vor den Vereinten Nationen in Manhattan, den Vorsitzenden zu sehen. Darüber hinaus besaßen die Außerirdischen die Technologie, um unseren Planeten zu erreichen, und wir hätten selbstverständlich alles in unserer Macht Stehende getan, um diese Technologie in die Hände zu bekommen. Hätten wir also die Mittel und ihre Erlaubnis, ihren Planeten zu besuchen, so hätten wir dies auch getan! Die Tatsache, dass der Vorschlag ursprünglich von einem „militärischen Betreuer" kam, vermittelt stark den Eindruck, dass er auf militärischen Überlegungen beruhte.

WAS HAT LOS ALAMOS BEWIRKT?

Nach dem Tod von Ebe1 versuchten die Wissenschaftler von Los Alamos weiterhin, mit dem Planeten der Ebens Kontakt aufzunehmen. Sie stützten sich dabei auf das Lexikon der geschriebenen Eben-Sprache, das ihnen Ebe1 bereitstellte. Laut DIA-Informationen sendeten die Wissenschaftler 1953 mehrere Nachrichten, die unbeantwortet blieben. Nach 18 Monaten intensiver Bemühungen, ihre Syntax zu verbessern, sendeten sie 1955 zwei weitere Nachrichten und erhielten letztendlich auch eine Antwort. Dies war ein erstaunlicher Durchbruch für unseren Planeten und eine unglaubliche Leistung der Wissenschaftler. Ein Dialog mit einer außerirdischen Zivilisation quer durch einen riesigen Raumozean hatte begonnen. Dies war weitaus bedeutender als die Erfolge von Guglielmo Marconi und Alexander Graham Bell und hätte weltweit in allen großen Zeitungen für Schlagzeilen gesorgt, wäre es nicht solch ein geheimes Ereignis gewesen. Man kann sich die feierliche Stimmung im Laboratory vorstellen, als diese erste außerirdische Nachricht auf dem Kommunikationsgerät erschien. Nun bestand die Aufgabe darin, die Nachricht zu übersetzen. Ohne Hilfe konnten die Wissenschaftler nur etwa 30 Prozent der Nachricht verstehen. Doch mit der Unterstützung von Sprachexperten von Universitäten aus den USA und dem Ausland konnten sie den Großteil übersetzen.

Basierend auf der Annahme, dass die Ebens klüger sind als wir, entschlossen sich die Wissenschaftler, eine Antwort auf Englisch zu senden, in der Hoffnung, es sei für die Ebens einfacher, zu übersetzen. Vier Monate später erhielten sie eine Antwort in gebrochenem Englisch. Die Außerirdischen waren mit dem Konzept von Verben nicht vertraut und ihre

Nachricht bestand ausschließlich aus Substantiven und Adjektiven. Es dauerte mehrere Monate, ihre englische Nachricht zu entziffern. Es wurde deutlich, dass es mit ein paar grundlegenden Lektionen der englischen Sprache für die Außerirdischen eventuell möglich wäre, einen produktiven Dialog wesentlich schneller voranzutreiben, als wenn die Menschen weiterhin versuchten, ihre unglaublich kryptische Sprache zu entschlüsseln. Diese Lektionen wurden übermittelt und sechs Monate später erreichte Los Alamos erneut eine Nachricht auf Englisch, die diesmal wesentlich besser verständlich war. Sie begriffen schnell, aber laut Anonymous „verwechselten die Ebens mehrere verschiedene englische Wörter und scheiterten nach wie vor daran, einen vollständigen und korrekten Satz zu bilden." Es war ein vielversprechender Auftakt. Die Ebens besaßen nun die Grundlagen,

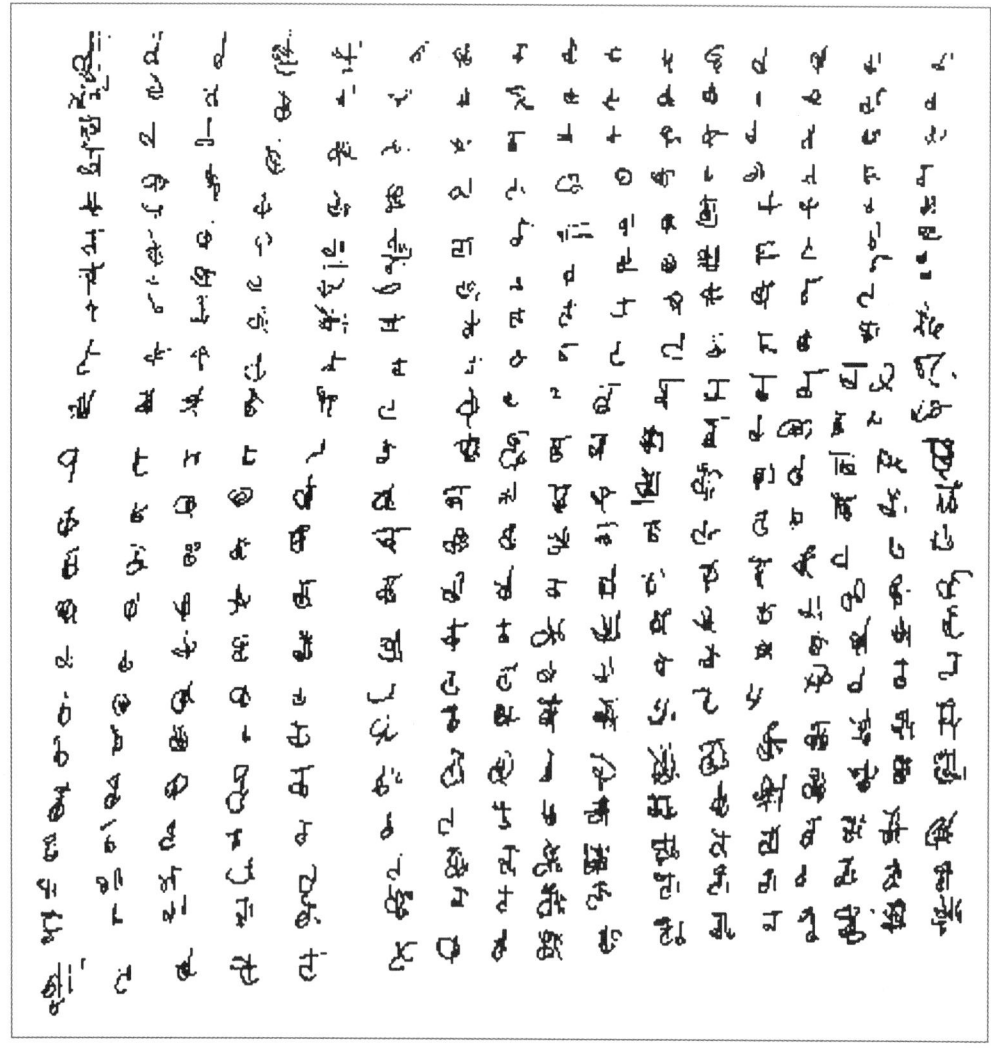

Das Eben-Alphabet

um auf Englisch zu kommunizieren. Mit der Fähigkeit, durch die Galaxie zu reisen und mit anderen Zivilisationen zu interagieren, konnten sie gewiss auch die Regeln einer Sprache entziffern, die ein menschlicher Fünftklässler routinemäßig beherrscht. Vernünftigerweise sendeten die Ebens ein Kompendium ihres Alphabets gemeinsam mit den entsprechenden englischen Buchstaben wie von ihnen angenommenen. Dieses wurde den Universitätslinguisten übergeben, die mit den Wissenschaftlern in Los Alamos arbeiteten. Die Sprachexperten hatten große Schwierigkeiten damit und es dauerte fünf weitere Jahre, bis sie ein grundlegendes Verständnis der Ebensprache erreichten, während die Ebens es schafften, auf einem einigermaßen hohen Niveau, wenn auch stockend, in Englisch zu kommunizieren.

EIN ERNEUTER BESUCH

Während dieser fünf Jahre, die auch die letzten Jahre der Eisenhower-Administration waren, versuchten die Wissenschaftler weiterhin einen erneuten Besuch der Ebens zur Erde zu arrangieren. Dieser Wunsch beruhte offenbar auf Gegenseitigkeit. Wie sich herausstellte, wollten beide Seiten diplomatische Beziehung aufbauen. Während wir und insbesondere unsere Wissenschaftler, wie zuvor bereits erwähnt, zweifelsohne von anspruchsvollen soziologischen und wissenschaftlichen Interessen motiviert waren, begegneten Regierungsoffizielle, das Militär und Geheimdienstbeamte den Absichten der Außerirdischen mit Misstrauen und beschäftigten sich mehr mit ihrer fortgeschrittenen Technologie, zumal sich diese auf Waffentechnik anwenden ließ. Es gab vermutlich immer noch die Hoffnung, dass ein erneuter Besuch zu einem Austauschprogramm führen würde. Es sei daran erinnert, dass Ebe1 dies auf unsere Veranlassung in seiner fünften Nachricht vorschlug, aber, sollte er darauf eine positive Antwort erhalten haben, so konnte er sie nicht für uns übersetzen. Die Außerirdischen hatten wohl die gleichen Ziele. Wir können mit hoher Wahrscheinlichkeit davon ausgehen, dass sie großes Interesse an unseren Atombomben hatten. Wie wir später auf ihrem Planeten herausfanden, hatten sie keine Atomenergie entwickelt, doch sie besaßen die mächtigeren Teilchenstrahlwaffen, die sie in Kriegen auch angewendet hatten.

Die Ebens wollten außerdem die Leichen ihrer toten Genossen bergen. Dies brachte Komplikationen mit sich. Die Leichenreste waren zwar in Los Alamos mithilfe hoch fortgeschrittener Kryonik-Technologie eingefroren, doch laut Anonymous wurden an vier der fünf toten Außerirdischen, die am Absturzort von Corona gefunden wurden, Autopsien durchgeführt. Dies wurde ihnen vermutlich erklärt, aber es hätte sie nicht überraschen oder schockieren sollen. Wahrscheinlich gingen sie sogar davon. Wie wir später auf Serpo herausfanden, hatten die Ebens ihren eigenen Forschungsbetrieb für Biotechnologie, der auf ziemlich grauenhafte Weise weit über einfache Autopsien hinausging.

Die Planung des nächsten Besuchs erwies sich als weitaus komplizierter als erwartet. Ihr Datums- und Zeitsystem war für uns nicht nachvollziehbar und unseres nicht für sie. Wir übermittelten ihnen alle Rotations- und Umlaufdetails unseres Planeten, wie wir Datum und Zeit kennzeichneten und wo wir uns in dem Moment befanden, als wir die Daten sendeten. Doch die Ebens waren nicht in der Lage, unser System zu begreifen. 1960 schafften wir es letztendlich, das ihrige zu durchschauen, und somit konnten wir ihnen Koordinaten in einer für sie vermutlich verständlichen Form senden, wenngleich wir uns nicht sicher sein konnten. Anfang 1962 kamen wir zu einem einfacheren Organisationsverfahren. Anonymous schreibt: „Wir beschlossen daraufhin, einfach Bilder von der Erde und ihren Orientierungspunkten sowie ein einfaches Nummernsystem für Zeitperioden zu senden." Sie überließen uns die Wahl eines Datums, woraufhin wir den 24. April 1964 wählten. Die Wahl des Landeorts erwies sich als noch komplexer. Die Militärplaner wollten eine Beeinträchtigung der Sicherheit unbedingt vermeiden, sowie Presse und Öffentlichkeit nicht den kleinsten Hinweis auf die Geschehnisse geben. Zuerst wurden abgelegene Inseln in Erwägung gezogen, doch ungewöhnliche Bewegungen von Marineschiffen würden Verdacht erregen. Man einigte sich, dass es zur Sicherstellung absoluter Verschwiegenheit ein vom Militär kontrollierter Ort sein musste. Letztendlich fiel die Wahl auf das südliche Ende der White Sands Missile Range bei der Holloman Air Force Base in New Mexico. Holloman war zuvor als Alamogordo Army Air Field bekannt, ein Trainingsort für Bomberbesatzungen der 8. US-Luftflotte während des Zweiten Weltkriegs. Es wurde zusätzlich ein anderer Ort auf der Basis selbst ausgewählt, um Interessen in die falsche Richtung zu leiten. Die Entscheidungen wurden im März 1962 getroffen und von den Ebens bestätigt. Es dauerte zehn Jahre nach dem Tod von Ebe1, um zu dieser historischen Übereinkunft zu kommen.

EINE UNVOLLSTÄNDIGE GESCHICHTE

Diese langfristige Planung ist etwas überraschend, da die Ebens wohl ein Mutterschiff in der Erdumlaufbahn hatten und in diesem Fall ohne Verzögerung Aufklärungsschiffe an die Oberfläche senden konnten. Das kleine Sechsmann-Schiff, das bei Roswell abstürzte, legte die 38 Lichtjahre vom Sternsystem Zeta Reticuli, das sich später als ihre Heimatkonstellation herausstellte, bis zur Erde gewiss nicht allein zurück. Und wenn ein Mutterschiff nach dem Roswell-Absturz in der Umlaufbahn unseres Planeten verblieb, warum konnten die Ebens dann nicht einfach ein weiteres Aufklärungsschiff an die Oberfläche schicken, um das formale Treffen direkt zu vereinbaren? MJ-12 und die Regierung mussten sich das auch gefragt haben und stellten diese Frage gewiss über das Kommunikationsgerät während der frühen Phase des interplanetaren Dialogs.

Das wirft die Möglichkeit auf, dass sich dies tatsächlich ereignete – dass möglicherweise so manche Verhandlungen ohne das nachträgliche Wissen der DIA stattfanden, der Behörde, die das Serpo-Material 2005 letztendlich veröffentlichte. Dies sollte nicht überraschen, da die DIA 1953 noch nicht existierte. Die Defense Intelligence Agency wurde im Oktober 1961 von Präsident John F. Kennedys Verteidigungsminister Robert S. McNamara gegründet. Was sich zwischen dem Roswell-Absturz im Juli 1947 und der Gründung der DIA 1961 ereignete, konnten sie demnach nur durch Informationen wissen, die sie nach ihrer Gründung von streng geheimen Informationsquellen der Army und der Air Force unter Präsident Eisenhower erhielten. Und es lässt sich davon ausgehen, dass diese militärischen Geheimdienste nicht sehr glücklich darüber waren, diese Informationen einem brandneuen Geheimdienst aushändigen zu müssen, der von einem neuen, jungen, demokratischen Präsidenten gegründet wurde, der all ihre Funktionen unter einer einzigen Dachorganisation kombinieren und sie damit ersetzen wollte. Vor diesem Hintergrund waren sie vermutlich nicht besonders kooperativ und stellten möglicherweise unvollständige oder vielleicht sogar bewusst falsche Informationen über die Zeit, als Eisenhower Präsident war, zur Verfügung. Mit großer Wahrscheinlichkeit überzeugten sie MJ-12, diese Informationen im Interesse der Bereichsaufgliederung nicht mit der DIA zu teilen. Wir wir in Kapitel 5 sehen werden, passierte wahrscheinlich genau das, da wir nun wissen, dass die Ebens in der Tat am 20. Mai 1953 ein weiteres Aufklärungsschiff zur Erde sendeten. Und das Schiff stürzte nicht ab – es landete. Die Nachrichten, die Anfang 1953 übermittelt wurden, wurden letztendlich offensichtlich doch beantwortet, aber die DIA wurde darüber nicht informiert, als sie 1962 dem Projekt beitrat.

Endnotes

1   Los Alamos hatte schon immer eines der leistungsstärksten Computersysteme der Welt. Das neueste davon wurde 2011 installiert und wird gemeinsam von Lawrence Livermore Laboratories und Sandia verwendet. Der Cielo, gebaut von Cray, kann mehr als eine Billiarde Gleitkommaoperationen pro Sekunde verarbeiten! Es besteht aus 96 Schaltschränken und 300 Terabytes an Speicher.

5

KINGMAN

Die Informationen über das außerirdische Schiff, das 1953 bei Kingman in Arizona abgestürzt sein soll, wurden, wie auch die Ereignisse von Roswell, fast 25 Jahre lang streng geheim gehalten. Und wäre nicht die äußerst umfassende Berichterstattung eines engagierten Forschers des NICAP (National Investigations Committee on Aerial Phenomena) gewesen, wären sie wahrscheinlich zehn weitere Jahre verborgen geblieben. Die beharrliche und unerschütterliche Aufdeckungsarbeit der NICAP-UFO-Teams in den 1950er und 1960er Jahren und ihre unbeugsamen Untersuchungsprotokolle und Berichte sind legendär. Ihre Fakten und Berichte erwiesen sich wieder und wieder als unanfechtbar. Und es war diese Professionalität, die die Zeitungen beeindruckte und dazu veranlasste, die UFO-Geschehnisse in den 1960ern in die Hauptberichterstattung mit aufzunehmen. In Folge dieser öffentlichen Aufmerksamkeit gründete die Regierung 1966 ihre eigene offizielle, staatliche UFO-Forschungsorganisation – das heute berüchtigte Condon Committee, das sich stark auf die Feldforschung und Berichterstattung von NICAP stützte. Der Autor und erfahrene NICAP-Forscher Raymond E. Fowler gab die Ereignisse von Kingman 1976 in einem Artikel im *UFO Magazine* erstmals bekannt. Dieser Artikel wurde dann in sein Buch „Casebook of a UFO Investigator: A Personal Memoir" integriert, das im März 1981 bei Prentice-Hall erschien. J. Allen Hynek, wissenschaftlicher Chefberater für das Projekt Bluebook der Air Force, sagte über Fowler, er sei „ein herausragender UFO-Forscher ... Ich weiß von niemandem, der engagierter, vertrauenswürdiger oder hartnäckiger wäre ... Fowlers akribische und detaillierte Forschungen ... gehen weit über die Bluebook-Forschungen hinaus." (www.crowdedskies.com/ray_fowler_bio.htm)

In seinem Artikel (und in seinem Buch) berichtet Fowler, dass er 1973 während seiner NICAP-Forschungen jemanden bezüglich einer abgestürzten Flugscheibe interviewte, die in Arizona gefunden worden war. Die interviewte Person entschied sich, in Fowlers Bericht anonym zu bleiben, war aber mit der Verwendung des Pseudonyms Fritz Werner einverstanden. Fowler, der beim Sammeln von Beweismaterial stets gründlich vorging, bat Werner um eine unterschriebene Stellungnahme mit allen Details seiner Erfahrung, zu der er einwilligte. In dieser Stellungnahme vom 7. Juni 1973 sagte Werner aus, dass er am 21. Mai 1953 „bei der Untersuchung eines abgestürzten unbekannten Objekts in der Umgebung von Kingman, Arizona mitwirkte" (siehe Farbtafel 6). In seiner Stellungnahme beschrieb Werner das Objekt als oval mit einem Durchmesser von etwa neun Metern. Es war „aus einem unbekannten Metall, das gebürstetem Aluminium ähnelte." Er berichtete weiter, dass das Schiff unbeschädigt war und nur etwa einen halben Meter tief in den Sand eindrang. Dies lässt vermuten, dass es mit einer sehr gemäßigten Geschwindigkeit herabstieg und es vielleicht gar kein Absturz war, sondern vielmehr eine Landung. Eine etwa ein Meter hohe Luke war offen, was ebenfalls auf einen Austritt nach einer planmäßigen Landung hindeutete. Die Höhe der Luke legte nahe, dass die Insassen des Schiffs etwa genauso groß gewesen sein mussten. Werner behauptete in seiner Stellungnahme außerdem, er habe einen toten Außerirdischen in einem Zelt nahe dem Schiff gesehen. Er berichtete, wie von Fowler wiedergegeben: „Ein bewaffneter Militärpolizist bewachte ein Zelt, das in der Nähe aufgeschlagen war. Ich konnte einen flüchtigen Blick hineinwerfen und sah den toten Körper einer menschenähnlichen Kreatur, etwas mehr als ein Meter groß, in einem silbernen, metallisch aussehenden Anzug. Die Hautfarbe im Gesicht war dunkelbraun." Seine Aussagen ab diesem Punkt sind etwas fragwürdig, denn in seiner Beschreibung erklärte er selbstbewusst, dass dieser Außerirdische „der einzige Insasse" gewesen sei. Der Zugang ins Schiff war ihm nicht erlaubt und nur durch Beobachtung konnte er nicht wissen, wie viele Insassen drinnen waren. Demnach musste ihm dies einer der Zuständigen mitgeteilt haben. Dieser Fehler legt nahe, dass eventuell die gesamte Stellungnahme auf falschen Informationen beruhte. Es lässt sich vermuten, dass man ihm absichtlich einen Blick auf den toten Außerirdischen erlaubte und ihm daraufhin erklärte, es sei der einzige Insasse gewesen.

Werner berichtete Fowler, dass er einer von etwa 15 Technikern und Wissenschaftlern gewesen sei, die am 21. Mai 1953 in einem Bus mit geschwärzten Fenstern vom Flughafen Phoenix Sky Harbor an den Absturzort gebracht wurden. Er arbeitete davor für die Atomenergiekommission am Testgelände von Nevada, um den Schaden an verschiedenen Strukturen durch atomare Testexplosionen zu beurteilen. Er wurde von der Air Force Base Indian Springs, Nevada nach Sky Harbor eingeflogen. Angesichts dieses speziellen Expertenwissens sollte er am Kingman-Gelände die Aufschlaggeschwindigkeit des Flugobjekts anhand der Bodeneingrabung einschätzen. Er kam letztendlich zum Schluss, dass es sich mit etwa 100 Knoten (185 km/h) fortbewegte. Für ein Antigravitationsschiff konnte das fast als Landegeschwindigkeit erachtet werden. Fowler kannte Werners echten Namen, Arthur G. Stancil wie heute bekannt, und nahm ihn sorgfältig unter die Lupe. Er fand heraus, dass Stancil als Projekttechniker der Air Force 1953 in der Tat bei der Atomenergiekommission unter Vertrag gewesen war. Zuvor arbeitete er in der Abteilung für fremde Technologie der Wright-Patterson Air Force Base. Fowler kam zum Schluss, dass Stancils Vorgeschichte und Referenzen authentisch waren, und dass es keinen Grund für ihn gab, Falschmeldungen zu verbreiten.

Militärpolizisten geleiteten die Experten einzeln vom Bus zur schwer bewachten, hell erleuchteten Landestelle und wiesen sie an, sich nur auf ihre jeweilige spezifische Aufgabe zu konzentrieren. Es war ihnen außerdem verboten, sich zusammenzuschließen und ihre Erkenntnisse zu diskutieren. Werner missachtete also genau genommen die Vorschriften, als er in das Zelt schielte. In Anbetracht

UFO-Forscher Raymond E. Fowler

der strengen Sicherheitsmaßnahmen, die die gesamte Prozedur bestimmten, ist es sehr unwahrscheinlich, dass die Militärpolizei es versäumte, das Zeltinnere vor Werners Blick zu schützen. Wahrscheinlicher ist, dass man ihm absichtlich einen Blick auf den Außerirdischen ermöglichte und ihn glauben ließ, er hätte einen heimlichen Blick ergattert, woraufhin man ihm erklärte, dass dieser tote Außerirdische der einzige Insasse war. Diese Inszenierung spielte sich vermutlich nicht bloß für Werner. Mit großer Wahrscheinlichkeit wurde allen 15 Forschern die gleiche Möglichkeit geboten.

Die Geheimhaltungsgelübde wurden sehr zwanglos gehandhabt. Ein Oberst der Air Force betrat den Bus und ließ die Beteiligten die Geheimverordnung unterschreiben. Daraufhin forderte er sie auf, die rechte Hand zu heben und zu schwören, ihre Erfahrungen niemals offenzulegen. Dies unterschied sich stark von den Horrorgeschichten, die von anderen berichtet wurden, wo furchterregende Einschüchterungen und Todesdrohungen üblich waren. Die Air Force wollte scheinbar erreichen, dass diese Personen sehr wohl über das Ereignis und den Zeltinhalt berichteten, damit sich die Version des „einzigen toten Insassen" verbreitete. Im Folgenden werden wir herausfinden, warum diese heikle Manipulation möglicherweise durchgeführt wurde, und warum sie so bedeutend war.

EINE ANDERE VERSION

Die Website mit den ursprünglichen Offenlegungen über das Project Serpo, www.serpo.org, forderte Militär, Geheimdienste und andere Regierungsmitglieder, die direktes Wissen zu Serpo hatten, dazu auf, ihre Kenntnisse und Erfahrungen zur Veröffentlichung auf der Website einzusenden. Einer dieser Beiträge, der im August 2006 auf der Seite veröffentlicht wurde, wirft neues Licht auf die tatsächlichen Ereignisse von Kingman. Es ist eine Fotografie einer zweiseitigen Geheimnachricht, die offenbar als Informationsdokument für eine andere Gruppe von Regierungsvertretern geschrieben wurde. Sie ist auf den 24. März 1995 datiert. Es ist interessant, dass der Absender offensichtlich verstand oder zumindest vermutete, dass es zwischen dem Ereignis von Kingman und Project Serpo eine Verbindung gab. Das Dokument wurde von einem Wissenschaftler eingesendet, der zwar seinen Namen mitteilte, aber im Posting ungenannt blieb. In der getippten Kopie wird Bezug auf ein „Schiff, dass in Arizona abstürzte" genommen. Im oberen Bereich steht handgeschrieben „1953 Kingman Cerbat-Gebirge nördlich der Kingman Army Air Base." An Stelle der Luftwaffenbasis befindet sich heute der Flughafen von Kingman. Das Cerbat-Gebirge liegt etwa 16 Kilometer nordwestlich des Flughafens.

Das Dokument bietet faszinierende Insiderdetails über den Kingman-Absturz, die die Entwicklung des langfristigen Verhältnisses mit den Ebens und den Beginn des Nachkonstruktionsprogramms miterklären. Zunächst bestätigt es Stancils Bericht, dass ein außerirdisches Schiff 1953 bei Kingman einstürzte. Die größten Abweichungen zu seinem Bericht betrafen die Anzahl der Insassen und deren Zustand. Das Dokument besagt, dass es vier waren, alle lebend, und behauptet, „Das Schiff ... beinhaltete 4 Einheiten, 2 waren versehrt und 2 einigermaßen wohlauf, aber etwas verwirrt." Der Schreiber des Dokuments behauptet zu wissen, dass ein anderes außerirdisches Schiff die Durchsuchung aktiv beobachtete, auch wenn sich zu der Zeit niemand dessen bewusst war. Er schreibt: „Die Regierung ahnte nicht, dass die Durchsuchungsoperationen von den Besuchern beobachtet wurden ... die Besucher wussten durchaus von dem Missgeschick eines ihrer Schiffe, doch das Militär erreichte den Absturzort zuerst." Die Wortwahl ist in diesem Kontext äußerst interessant. Sie vermittelt den Eindruck, dass nicht so sehr der Absturz des Schiffs das Problem war, sondern vielmehr, dass der Landeplatz nicht der beabsichtigte war. Es wird angedeutet, dass das Schiff seinen Zielort verfehlte. Wenn man bedenkt, dass das geborgene Flugobjekt letztendlich zum Testgelände von Nevada gebracht wurde, kann man davon ausgehen, dass dies der ursprüngliche Zielort war, der auf direktem Luftweg in Richtung Nordwesten nur etwa 320 Kilometer entfernt lag.

Die Wahrscheinlichkeit, dass dieses Treffen geplant war, erklärt das schnelle Eintreffen der militärischen Bergungstruppen. Die militärische Reaktion musste blitzschnell sein, um vor dem außerirdischen Überschallschiff einzutreffen. In Erwartung eines solchen „Missgeschicks" standen Bergungsteams offenbar im ganzen Gebiet von Arizona-Nevada in Bereitschaft. Noch erstaunlicher hinsichtlich dieser prompten Reaktion ist die Tatsache, dass dieses Vorgehen nur das Ergebnis von Kommunikation sein konnte. Es handelte sich nicht um einen Zivilbericht an die Polizei, die daraufhin das Militär kontaktierte. Das hätte Stunden, vielleicht Tage gedauert. Es musste eine direkte Nachricht gewesen sein, die die geografischen Koordinaten des Absturzes mitteilte, da es sich in einem entfernt gelegenen gebirgigen Gebiet abspielte. Dies deutet auf eine direkte Kommunikation des Militärs mit den Außerirdischen hin. Da wir bereits wissen, dass die Wissenschaftler in Los Alamos eine direkte Verbindung zum Planeten der Außerirdischen hatten, musste die Ereignisfolge eine Berichterstattung der gestrandeten Besatzung zurück nach Serpo, gefolgt von einer Nachricht nach Los Alamos von Serpo, gefolgt von einer sofortigen Nachricht von Los Alamos zum Bergungsteam umfasst haben.

Der Nachricht zufolge wurde später festgestellt, dass die Außerirdischen im Beobachtungsschiff äußerst

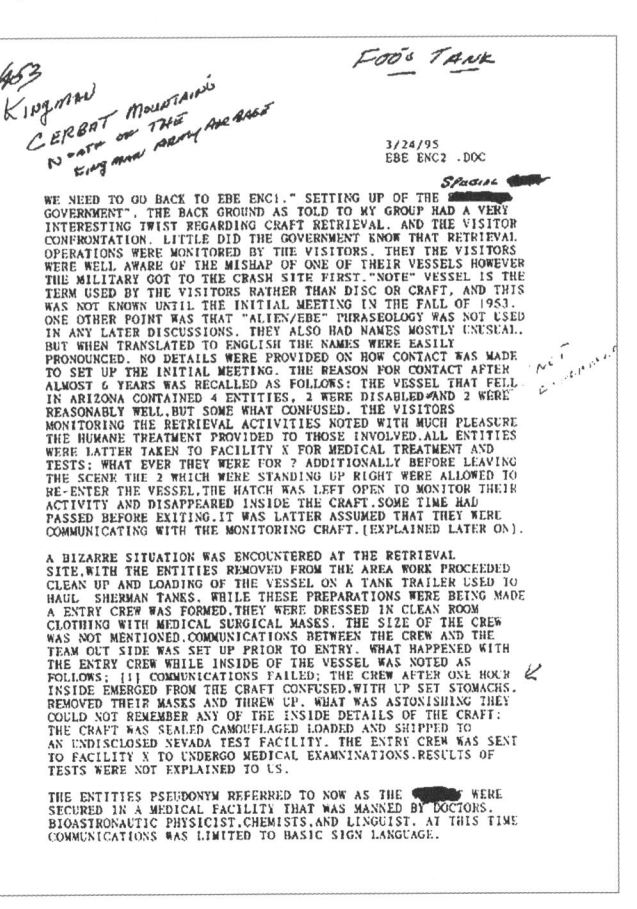

Mitteilung, die an die Website des Project Serpo gesendete wurde

zufrieden mit der humanen Behandlung waren, die der Besatzung des abgestürzten Schiffs gewährt wurde. Das bedeutet, dass die Beziehungen mit diesen ETs nach der Landung offensichtlich freundschaftlicher Natur waren. Andernfalls wäre ein solches Feedback nicht möglich gewesen. In der Nachricht steht, die Außerirdischen „hatten sich um ihre eigenen Angelegenheiten zu kümmern. Sie waren beschäftigt mit ihren eigenen Analysen von Gegenständen, die im aufgebauten Quarantänebereich zur Verfügung standen. Diese umfassten: Nahrungsmittel, Gerätschaften und uns. Es scheint zunehmend so, als hielten sie uns gefangen und nicht umgekehrt." Die zwei unverletzten Außerirdischen baten darum, das Schiff erneut betreten zu dürfen. Dies wurde ihnen erlaubt, aber die Luke blieb offen, um sie beobachten zu können. Man fand später heraus, dass sie wahrscheinlich mit dem Beobachtungsschiff kommunizierten. Nachdem sie das Schiff wieder verließen, wurden die vier Außerirdischen in eine spezielle Unterkunft gebracht, die in Los Alamos Laboratories bereits für sie vorbereitet war, wo medizinische Behandlungen und Tests an ihnen vorgenommen wurden. Der Mitteilung zufolge waren sie „sicher untergebracht in einer medizinischen Einrichtung mit Ärzten, Bioastronautikphysiker[n], Chemikern und Linguist[en]. Die Kommunikation beschränkte sich zu der Zeit auf einfache Zeichensprache." Dieses hohe Maß an Vorbereitung demonstriert deutlich, dass die gesamte Operation im Vorhinein arrangiert war. Die Unterkunft in Los Alamos war offensichtlich die, die für Ebe1 vor seinem Tod ein Jahr zuvor geschaffen wurde. Aus der Tatsache, dass die Außerirdischen von Kingman in die gleiche Einrichtung gebracht wurden, geht eindeutig hervor, dass diese ebenfalls Ebens waren.

Cerbat-Gebirge bei Kingman, Arizona

EIN RAKETENSCHIFF ZUR HÖLLE

In der Mitteilung erfahren wir von einem interessanten Vorfall, der sich ereignete, nachdem die Außerirdischen nach Los Alamos gebracht wurden. Das militärische Bergungsteam beschloss, das Schiff zu betreten. Was darauf folgte, war unerwartet und bizarr. Der Mitteilung zufolge wurde „eine Crew zum Betreten des Schiffs gebildet. Sie trugen Reinraumbekleidung und chirurgische Gesichtsmasken. Die Größe der Crew wurde nicht erwähnt. Die Kommunikation mit dem draußen bleibenden Team wurde vor Eintritt eingerichtet. Was mit der Crew im Schiff passierte, wurde wie folgt aufgezeichnet: Kommu-

5. KINGMAN

nikation gescheitert; nach einer Stunde kamen die verwirrten Crewmitglieder mit Bauchschmerzen zurück und erbrachen. Das Erstaunliche war, dass sie sich an keine Einzelheiten vom Inneren des Schiffs erinnern konnten. Als ein Mitglied dieser ursprünglichen Crew, ein Kampfpilot, sechs Monate später gefragt wurde, ob er sich einer neuen Eintrittscrew anschließen wolle, antwortete er, er stiege eher in ein Raketenschiff zur Hölle als in dieses Schiff." Dieses Erlebnis stellt eindeutig eine Verbindung zwischen dem Schiff von Kingman und dem außerirdischen Schiff, das die Astronauten nach Serpo brachte, her. Mehrere Mitglieder dieses Teams zeigten die gleiche Reaktion, als sie erstmals das Eben-Schiff betraten.

Auffällig ist bei dieser Operation, dass das Militärteam laut der Mitteilung derart ausgerüstet eintraf. Sie hatten einen Tankanhänger, der zum Transport von Sherman-Panzern verwendet wurde. Das bedeutet, dass sie im Vorhinein die ungefähre Größe des außerirdischen Schiffs wissen mussten, das einen Durchmesser von neun Metern hatte. Der Zweck des gesamten Vorfalls lag also eindeutig darin, uns das Flugobjekt zu geben. Die Außerirdischen waren offensichtlich auf dem Weg zum Testgelände von Nevada, um es dort zu landen und dann mit dem Bus nach Los Alamos gebracht zu werden. Als sie verfrüht bei Kingman landeten, schickten wir den Panzer-Tieflader hin. Der Kran auf dem Tieflader konnte das Flugobjekt leicht heben und aufladen. Allerdings bereitete der Überhang Sorgen, der eventuell zu breit für die städtischen Straßen wäre. Es erwies sich als unmöglich, das Schiff zu neigen. Der Mitteilung zufolge entschied man sich also letztendlich für „die Methode von Hausbeförderungen unter Verwendung militärisch abgesicherter Straßensperren." Das außerirdische Schiff wurde auf diese Weise zum Nevada-Testgelände gebracht.

Das Problem des Wiedereintritts frustrierte die Wissenschaftler am Testgelände. Sie hatten außerdem Schwierigkeiten, sich zu konzentrieren, aufgrund eines tiefen Brummgeräuschs, das kontinuierlich aus dem Inneren des Schiffs kam, und da sie es nicht betreten konnten, konnten sie auch nicht die Ursache feststellen. Die nächsten sechs Monate machten sie daraufhin keine Fortschritte bei der Analyse des Schiffs. Da die vier Ebens in Los Alamos zu ihrem Schiff zurückkehren wollten, wurde also beschlossen, sie zum Testgelände von Nevada zu bringen. Zu diesem Zeitpunkt hatten der größte Außerirdische und der Bioastronautikingenieur eine rudimentäre Form der Kommunikation entwickelt. Die vier Außerirdischen betraten das Schiff und nach ein paar Minuten hörte das Brummgeräusch auf. Der große Außerirdische trat heraus und bat den Bioastronautikingenieur mit hinein. Dies wurde genehmigt. In der Nach-

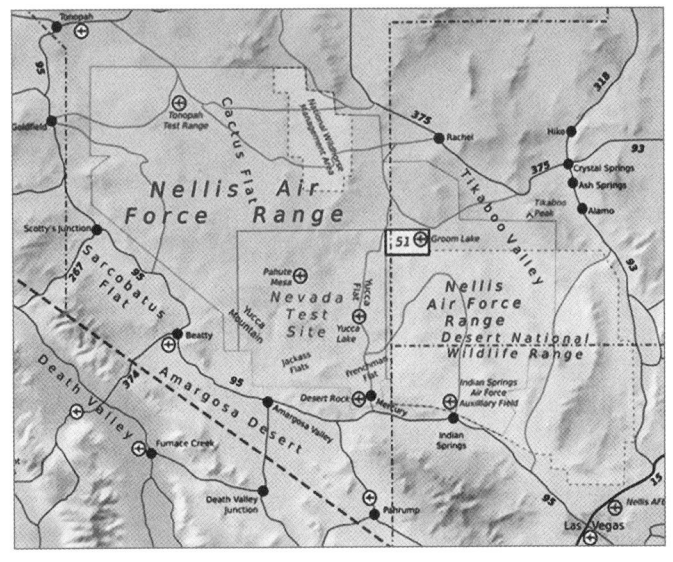

Karte mit dem Testgelände von Nevada; man beachte die Nähe zur Area 51

richt steht: „Nach einer Weile kamen beide wieder heraus. Der Ingenieur wirkte wohlauf und lächelte." Nach diesem Ereignis wurden die Vorlieben der Ebens anerkannt. Man gewährte ihnen eine Unterkunft am Testgelände in der Nähe des Schiffs und die von ihnen erbetenen zusätzlichen Materialien, Gerätschaften und Literatur. So begann eine neue Phase menschlich-außerirdischer Kooperation, die den richtigen Beginn des Nachkonstruktionsprogramms ermöglichte. Dies ereignete sich um November 1953 herum.

Versucht man, die Ereignisfolge nach der Landung des außerirdischen Schiffs bei Kingman zu rekonstruieren, wird durch Zusammenführen der beiden Version klar, dass sich die Inszenierung für die Forscher ereignet haben muss, nachdem die vier lebenden Außerirdischen nach Los Alamos gebracht wurden. Der tote Eben, den Stancil sah, könnte leicht einer der zehn sein, die in Los Alamos konserviert waren, und auf Trockeneis hergebracht worden sein, nur um als Teil der ganzen Inszenierung von den 15 Forschern gesehen zu werden – eine raffinierte Bühnenkunst, die uns durch die Ad-hoc-Theatergruppe der US-Luftwaffe dargeboten wurde!

Siehe Anhang 10 für eine persönliche Stellungnahme von Bill Uhouse, einem amerikanischen Ingenieur, der an der Reproduktion des außerirdischen Schiffs von Kingman und am Bau eines Schiffsimulators zum Pilotentraining mitwirkte.

6

KENNEDY

Vor vielen Jahren wurde der große britische Entdecker George Mallory, der später auf dem Mount Everest den Tod finden sollte, gefragt, warum er ihn besteigen wolle. Daraufhin sagte er: „Weil er da ist." Nun, auch der Weltraum ist da, und wir haben vor, ihn zu besteigen, und auch der Mond und die Planeten sind da, und neue Hoffnungen auf Wissen und Frieden sind da. Und daher erbitten wir Gottes Segen, während wir die Segel setzen und aufbrechen in das riskanteste und gefährlichste und größte Abenteuer, zu dem sich jemals ein Mensch aufgemacht hat.

John F. Kennedy, Rede an der Rice University, 12. September 1962

Präsident Kennedy wurde im ersten Jahr seiner Amtszeit mit mehreren weltbewegenden Ereignissen konfrontiert. Am Bedeutsamsten war möglicherweise Wostok 1, die erfolgreiche Erdumkreisung des sowjetischen Kosmonauten Juri Gagarin am 12. April 1961 (siehe Farbtafel 7). Auch wenn Gagarin nur für die kurze Dauer von 108 Minuten im Weltraum war und die Erde ein einziges Mal umkreiste, stellte dies einen Warnschuss für die USA dar, die selbst mit Wernher von Braun im NASA-Team nicht einmal annähernd mit einem derartigen Erfolg mithalten konnten. Dieses Ereignis veranlasste Kennedy zum Handeln. Acht Tage später ließ er Vizepräsident Lyndon B. Johnson, den er als Vorsitzenden des Weltraumrats einsetzte, eine Mitteilung zukommen, in der er fragte:

> „Haben wir eine Chance, die Sowjets zu übertreffen, indem wir ein Labor im Weltraum errichten, oder mit einer Reise rund um den Mond oder mit einer Raketenlandung auf dem Mond oder mit einer bemannten Rakete zum Mond und zurück? Gibt es irgendein anderes Weltraumprogramm, das dramatische Ergebnisse verspricht, mit dem wir gewinnen könnten?"

Kennedy engagierte sich stark in seiner Initiative „New Frontier", wobei der Weltraum die neue Front darstellte. Weltraumfahrt war sein oberster Programmpunkt und er hatte nicht vor, sich mit dem zweiten Platz nach den Sow-

Metaphorische Illustration der Folgen des Schweinebucht-Debakels für Kennedy

jets zufriedenzugeben. Es wird deutlich, wie wichtig Kennedy dieses Thema war, wenn man bedenkt, dass die Mitteilung an Johnson nur drei Tage nach der gescheiterten Invasion in der Schweinebucht auf Kuba gesendet wurde. Man könnte meinen, dieses brisante Thema beschäftigte ihn mehr als alles andere. Erst am Vortag waren mehrere Mitglieder der Invasionsstreitkräfte durch das Castro-Regime hingerichtet worden.

Wir wissen heute aus mehreren Quellen, unter anderem von Jacqueline Kennedy, wie sehr das Schweinebucht-Debakel Kennedy erschütterte. Und dennoch hielt er nur einen Monat später, am 25. Mai 2961, vor dem Kongress seine berühmte Mann-auf-den-Mond-Rede, wo er erneut sein starkes Engagement für amerikanische Weltraumtriumphe deutlich machte. Kennedys Überzeugung, vor Ende des Jahrzehnts einen Mann auf den Mond bringen zu können, basierte auf von Brauns Analyse, um die ihn Vizepräsident Johnson gebeten hatte. Am 29. April antwortete von Braun auf Vizepräsident Johnsons Anfrage:

> „Wir haben hervorragende Chancen auf die erste Landung einer Crew auf dem Mond, noch vor den Sowjets (natürlich mit Rückkehrmöglichkeit) … Mit einem umfassenden Finanzierungsprogramm könnten wir dieses Ziel vermutlich 1967/68 erreichen."

Präsident Kennedy und Wernher von Braun beim Marshall Space Flight Center auf dem Redstone Arsenal in Huntsville, Alabama, 1963

Von Braun besprach in seiner Mitteilung außerdem die Entwicklungsförderung einer Atomrakete als Langzeitziel, um den Weltraum auch jenseits des Mondes zu erkunden. In seiner Rede vor dem Kongress bat Kennedy um Genehmigung für die Entwicklung der Rover-Atomrakete. Er sagte:

> „Dies verspricht uns eines Tages die Mittel für eine Weltraumerforschung, die noch spannender und noch ehrgeiziger ist, die bis jenseits des Mondes reicht, vielleicht bis zum äußersten Ende des Sonnensystems selbst."

DIE BETEILIGUNG DER DIA

Die Revierkämpfe zwischen den Geheimdiensten in den frühen 1960ern waren intensiv. Selbst bevor die Defense Intelligence Agency gegründet wurde, gingen die anderen Organisationen bereits sehr sorgsam mit ihren Quellen und Informationen um und teilten Macht und Einfluss nur ungern untereinander. 1947 gründete Truman Majestic 12 (MJ-12), die Central Intelligence Agency (CIA) und das National Security Council (NSC). 1952, unmittelbar vor seinem Ausscheiden aus dem Amt, gründete Truman schließlich die National Security Agency (NSA) als Unterabteilung des Verteidigungsministeriums. Als im Januar 1961 Präsident Kennedy das Amt übernahm, hatten die verschiedenen Organisationen bereits ihre jeweiligen Territorien abgesteckt und begegneten Einmischungen in ihre Angelegenheiten

Hauptsitz der DIA in Washington, D.C.

Emblem der DIA

mit Unmut. Darüber hinaus hatte jeder militärische Zweig seinen eigenen Nachrichtendienst. Das ehrwürdige Office of Naval Intelligence (ONI), 1882 gegründet, war höchst einflussreich und mächtig und übertrumpfte wohl zu jener Zeit, wie auch das Federal Bureau of Investigation (FBI), die junge CIA.

Die Praxis der Aufgliederung verkomplizierte diesen Buchstabensalat noch weiter. Die jeweiligen Agenturen als auch die verschiedenen Ebenen innerhalb der Organisationen behielten geheime Informationen für sich. Dementsprechend war es höchst unwahrscheinlich, dass die eine hochrangige Person wusste, was die anderen Personen wussten. Die Wege der Nachrichtendienste trafen nur auf der Ebene von MJ-12 zusammen, das mehr als streng geheime, unantastbare Komitee, das alle Fäden in der Hand hielt.

Mitte 1961 schob die CIA die Schuld für die gescheiterte Schweinebucht-Operation auf Kennedy, da er eine Luftunterstützung abgelehnt hatte. General Charles Cabell von der US-Luftwaffe, zu der Zeit stellvertretender Direktor der CIA, machte diese Schuldzuweisung am deutlichsten, auch wenn die „Fußsoldaten" der CIA, die beim Angriff mitwirkten, genauso fühlten. Kennedy wiederum beschuldigte die CIA für die verpfuschte Operation und feuerte daraufhin Allen Dulles, den langjährigen Direktor der CIA, als auch Cabell und versprach, die CIA in tausend Stücke zu zerschlagen. In Folge dessen begegnete die CIA Kennedy mit unverschleiertem Hass und dies war vermutlich auch der wichtigste Motivationsfaktor für Kennedy, im Oktober 1961 die Defense Intelligence Agency (DIA) zu gründen. Kennedy hoffte einerseits, die Rivalitäten militärischer Nachrichtendienste durch deren Kombination zu eliminieren. Doch angesichts der Fehde mit der CIA scheint es rückblickend wahrscheinlich, dass er im Verlauf der Zeit die CIA durch die DIA ersetzen wollte. Ironischerweise gelang ihm genau das Gegenteil, indem er lediglich eine weitere Rivalität hervorbrachte. Die CIA war wohl nicht so leicht von ihrem Amt abzusetzen. Wie bei J. Edgar Hoover wussten sie, „wo die Leichen vergraben waren."

In Anbetracht dieser Rivalitäten, lässt sich guten Gewissens davon ausgehen, dass jegliche Informationen, die die DIA über Ereignisse vor ihrer Gründung von anderen Nachrichtendiensten erhielt, vermutlich nur mit Widerwillen herausgegeben wurden. Dementsprechend waren die Informationen, die sie bezüglich außerirdischer Interaktionen zwischen 1947 und 1961 erlangte, zweifellos unvollständig und unzuverlässig und umfassten möglicherweise sogar Falschinformationen. Die Agenten der DIA waren für diese Informationen hauptsächlich auf MJ-12 angewiesen. Wenn diese sich also entschlossen, im Sinne der Informationsaufgliederung ihr Wissen für sich zu behalten, oder Anti-Kennedy-Tendenzen verbreiteten, dann würde die DIA vollkommen uninformiert bleiben und wäre gezwungen, 1962 einen neuen Anfang zu machen. Und genau das scheint passiert zu sein.

KENNEDYS VERORDNUNG

Laut Anonymous erfolgte Präsident Kennedys Anordnung für das Eben-Austauschprogramm sechs Monate nachdem die Planungen für den erneuten Besuch der Außerirdischen begonnen worden waren. Das wäre demnach um den September 1962 herum gewesen. Demzufolge informierte ihn MJ-12 vermutlich zu dieser Zeit über die Kommunikationsgeschichte zwischen den Ebens und Los Alamos. Wie zuvor angemerkt, wurde ein Austauschprogramm erstmals 1952 in der fünften Nachricht von Ebe1 nach Serpo vorgeschlagen, nachdem er von seinen militärischen Betreuern, aber letztendlich wahrscheinlich durch Präsident Eisenhower selbst dazu gedrängt worden war. Diese Idee kam also ursprünglich nicht von Kennedy. In Wahrheit wurde er vielleicht sogar von MJ-12 dazu gebracht, den Programmpunkt voranzutreiben. Und das erklärt, wie die DIA in die Operation verwickelt wurde. Kennedy hätte bestimmt seinen neu gegründeten Geheimdienst in der Leitung einer solch bedeutsamen und riskanten Operation gewollt, unter der strikten Kontrolle seiner selbst und Robert McNamaras. Es ist durchaus verständlich, dass er seine alten Schweinebucht-Gegner bei der CIA umgehen wollte, um diese Kontrolle zu erlangen, wenngleich er den Direktor Allen Dulles und dessen Stellvertreter General Charles Cabell bereits ein Jahr zuvor entlassen hatte. Aber möglicherweise gab es noch einen anderen äußerst wichtigen, doch weniger offensichtlichen Grund. Es existieren Anzeichen dafür, dass Kennedys Misstrauen gegenüber der CIA tiefere Wurzeln hatte – dass er davon überzeugt war, dass sie nicht unbedingt den Interessen einer bestimmten Administration dienten, sondern vielmehr ein unabhängiges Programm verfolgten, da sie die Amtsperioden individueller Präsidenten überdauerten. Auch wenn sie dem Kongress gegenüber Rechenschaft ablegten, so hatten sie doch eine solch breite, internationale Übersicht und so viele tief vergrabene Geheimnisse, dass sie in Wirklichkeit mächtig genug waren, um zu tun, was immer sie wollten. Da die DIA neu und zur Gänze Kennedys Schöpfung war, konnte sich der Präsident sicher sein, dass die erstaunlichen Ereignisse in der Weltraumforschung nicht einem unabhängigen Programm dienten, sondern letztendlich dem amerikanischen Volk weitergegeben würden, das ein Recht auf diese Informationen hatten.

Ausgehend von dem, was er wusste, betrachtete Kennedy die Ebens zu diesem Zeitpunkt aber vielleicht auch als potentielle Feinde. Eine Beteiligung der DIA wäre in dem Fall logisch. Immerhin war sie damit beauftragt, feindliche Informationen zu erlangen, sei es auf diesem Planeten oder anderswo. Und es könnte durchaus ihre Empfehlung gewesen sein, die Kennedy von dem Austauschprogramm überzeugte, so viel Information wie nur möglich über die Waffen und Motive der Ebens zu sammeln. Wenn Kennedy tatsächlich solch ein Misstrauen hegte, so bestätigt dies abermals, dass er nicht über den „Absturz" von Kingman 1953 und die folgenden Interaktionen mit den Ebens unter Eisenhower informiert wurde. Das würde auch erklären, warum keine dieser Informationen der DIA bekannt war oder 2005 von Anonymous mit dem Serpo-Material veröffentlicht wurde. Der DIA-Teil der Begebenheiten beginnt 1963 mit dem Training des Serpo-Teams. Zu diesem Zeitpunkt war die Organisation zwei Jahre alt und wurde offensichtlich gerade erst durch McNamara und Kennedy in die Operation einbezogen, weshalb sie nur die Aufzeichnungen in deren Archiven haben konnten.

Trifft diese Vermutung zu, dann wäre Kennedy im Glauben gelassen worden, der erneute Besuch und die Planung des Austauschprogramms, nun unter der Leitung der DIA, seien der vollständige Plan mit den Ebens, während in Wahrheit ihre Vertreter bereits in Los Alamos, Area 51 und am Nevada-Testgelände unter der Aufsicht der CIA, dem Air Force Office of Special Investigations, dem Office of Naval Intelligence und wahrscheinlich der National Security Agency (NSA) an der Nachkonstruktion ihres Schiffs mitwirkten. Wie es scheint, gab MJ-12 wohl den Wünschen des Militärs und der CIA nach, das Programm von der DIA fern zu halten. Sie wussten, dass, wenn Kennedy davon erfuhr, hätte er mit fast absoluter Sicherheit durch Einbringen „seiner" Nachrichtenorganisation die Dinge verkompliziert und versucht, eine Operation zu übernehmen, die bereits über neun Jahre hinweg ausgereift und weit fortgeschritten war. So begann eine Ära begrenzten Zugriffs auf streng geheime Angelegenheiten für den Präsidenten. Ab diesem Zeitpunkt kontrollierte MJ-12 alle Interaktionen mit den Außerirdischen und übermittelte dem Präsidenten nur die Informationen, die er ihrer Einschätzung nach wissen sollte. Präsident Eisenhower war der letzte Präsident, der über die Beziehungen mit Außerirdischen vollständig informiert wurde, und es gibt Gründe anzunehmen, dass selbst ihm nicht alles mitgeteilt wurde.

Während der Vorfall von Kingman nicht Teil der Serpo-Geschichte war, die 2005 von Anonymous veröffentlicht wurde, gehört er dennoch in diesen Bericht, da er vollständig erklärt, warum die Air Force keine Zurückhaltung zeigte, zwölf Amerikaner für eine Dauer von zehn Jahren zu einem weit entfernten Planeten zu schicken. Sie waren sich des Erfolgs der Mission sicher, da 1962, als Präsident Kennedy das Austauschprogramm anordnete, sich das Militär im Geheimen bereits neun Jahre lang hier auf der Erde direkt mit den Ebens an einem Nachkonstruktionsprogramm zum Kopieren ihres Antigravitationsschiffs beschäftigt hatte. 1962 besaßen die CIA und die NSA bereits eine Menge an Informationen über die Ebens. Sie wussten alles über ihre Geschichte und ihren Charakter und hatten bereits eine funktionierende diplomatische Beziehung mit ihrer Zivilisation aufgebaut. Darüber hinaus standen ihre guten Absichten außer Frage, nachdem sie als Geschenk ein Antigravitationsschiff zur Verwendung als Prototyp hinterließen, wobei Eben-Wissenschaftler bei der Implementierung des Nachkonstruktionsprogramms Unterstützung leisteten. Ohne diese neun Jahre direkter Interaktion nur auf Basis von ein paar fragwürdigen Nachrichten, die quer über den Weltraum geschickt wurden, Astronauten in einem außerirdischen Raumschiff auf eine Reise von 38 Lichtjahren zu schicken, wäre in der Tat ein äußerst riskantes, wenn nicht leichtsinniges Unterfangen.

In Anbetracht dieser Erfahrung überließen die CIA und die NSA Kennedy und der DIA bereitwillig die Führung des Austauschprogramms mit allen möglichen Risiken. Ein Besuch ihres Planeten war der nächste logische Schritt beim Aufbau einer stabilen exopolitischen Beziehung mit den Ebens. Sie wussten, Kennedy könnte sich niemals einen solch großartigen Weltraumtriumph selbst zuschreiben und den Missionserfolg der Öffentlichkeit vorführen, da er bei der Rückkehr der Astronauten, die 1975 erwartet wurde, nicht mehr in seinem Amt wäre. Dies erklärt vielleicht sogar, warum die Astronauten auf eine solch außergewöhnlich lange Mission nach Serpo geschickt wurden. Wie es scheint, war dies möglicherweise so geplant, damit Kennedy selbst bei zwei Amtsperioden nicht mehr Präsident wäre, wenn die Astronauten zurückkehrten. Sie hatten ihn regelrecht in einer Zwangsjacke. Kennedys Stille bezüglich des Serpo-Unternehmens war entscheidend. Eine Offenlegung der Tatsachen vor der Öffentlichkeit hätte möglicherweise die Büchse der Pandora mit allen Geheimnissen hinsichtlich der Beziehungen zu den Ebens im Rahmen des Nachkonstruktionsprogramm geöffnet. Sie wussten, wie sehr er sich einen weltraumbezogenen Erfolg wünschte. Selbstverständlich wäre er also für das Austauschprogramm. Doch er musste es während der Durchführung verschweigen, denn es hätte zu einer Katastrophe führen können, und diese Katastrophe würde natürlich zu seiner Hinterlassenschaft als Ex-Präsident werden, wäre bekannt gewesen, dass er derjenige war, der die Astronauten nach Serpo sendete. Man würde über ihn sagen, dass er einen monumentalen Fehler beging, als er die Leben von zwölf Amerikanern aufs Spiel setzte, ohne über die Einsichten zu verfügen, die für ein solch fantastisches und gefährliches Unternehmen notwendig sind. Diese Einsichten konnte er nicht haben, da sie von der CIA und der NSA nicht geteilt wurden. Kennedy wusste nichts von ihren Erkenntnissen während der neun Jahre nach dem Vorfall von Kingman. Aufgrund seiner Leidenschaft für seine neue Weltraumfront war er dennoch für dieses Abenteuer bereit, auch wenn es für ihn ein hohes Risiko darstellte.

MJ-12 bekam also alles, was sie wollten. Sie erhielten grünes Licht für das Austauschprogramm von einem neuen, unerfahrenen Präsidenten, der sich für Raumfahrten engagierte. Und da sie ihn nicht in ihren ungezwungenen Umgang mit den Ebens einweihten, war er davon überzeugt, dass es sich um eine äußerst gefährliche Operation handelte, und dass er die katastrophale Erschütterung seiner Hinterlassenschaft als Ex-Präsident nicht riskieren konnte, sollten die zwölf Astronauten niemals zur Erde zurückkehren. Und so erhielten sie sein Stillschweigen. Sie waren davon überzeugt, Präsident Kennedy perfekt manipuliert zu haben. Doch ein Faktor wurde nicht berücksichtigt. Durch Übergabe der Operation an die DIA stellte Kennedy sicher, dass die vollständigen Begebenheiten letztendlich öffentlich gemacht würden. Er vergewisserte sich, dass die Organisation sein Engagement für Regierungstransparenz grundsätzlich teilte. Kennedy lehnte geheime Gesellschaften und Regierungsgeheimnisse komplett ab.[1] Er wusste, dass diese unglaubliche Geschichte von der Reise der Menschheit zu einem anderen Sternsystem früher oder später, wenn auch nicht notwendigerweise zu seinen Lebzeiten, der Öffentlichkeit offenbart werden würde, woraufhin wir erstmals unseren Platz in der galaktischen Gesellschaft erkennen würden. Und so geschah es, 42 Jahre nach seinem Tod.

Siehe Anhang 8 für mehr Informationen zur DIA.

Endnotes

1 Präsident Kennedy in seiner Rede am 27. April 1961 vor der American Newspaper Publishers Association: „Allein das Wort Geheimhaltung ist mit einer freien und offenen Gesellschaft unvereinbar und wir als Volk sind von Natur aus und historisch Gegner von Geheimgesellschaften, geheimen Eiden und geheimen Beratungen. Wir entschieden schon vor langer Zeit, dass die Gefahren exzessiver, ungerechtfertigter Geheimhaltung sachdienlicher Fakten die Gefahren bei weitem überwiegen, mit denen die Geheimhaltung gerechtfertigt wird."

TEIL ZWEI

PROJECT CRYSTAL KNIGHT

Dieser Teil des Buchs beruht weitgehend auf dem Tagebuch des Mannschaftskommandanten, der uns auch als „102" bekannt ist (siehe Seite 76). Wir können uns glücklich schätzen, auf seine persönlichen Notizen, die während dieser unglaublichen Reise aufgezeichnet wurden, zurückgreifen zu können. In diesem Tagebuch befinden sich wesentlich mehr als nur einfache Informationen und Beobachtungen. Es ist uns außerdem möglich, all seine Ängste, seine Zweifel und seine Eindrücke zu verstehen. Wenn er sagt, er träumte von der Erde, und dann sein Zuhause in Colorado beschreibt, verspüren wir eine Welle des Mitgefühls für diesen Mann, der sich freiwillig zu einer Reise von mehr als 380 Billionen Kilometern von der Erde meldete, während wir selbst mit Mühe zu begreifen versuchen, wie es wohl sein mag, sich auf solch eine Reise zu begeben. Wir werden außerdem zu Betrachtern dessen, was er sieht und hört, und wir erfahren von seinen Gedanken über seine Abenteuer. Dank geht an Anonymous, der Zugang zu diesem Tagebuch hatte, das er in mühevoller Arbeit wortgetreu transkribierte und der Serpo-Website zusendete. Beim Senden dieser Tagebucheinträge fügte Anonymous eine Bitte an den Moderator der Website, Victor Martinez, hinzu. Er schreibt:

> „Anbei befinden sich vier Seiten des Tagebuchs des Mannschaftskommandanten für deine UFO-Diskussionsliste. Das Tagebuch umfasst viele Seiten, alle handgeschrieben. Es dauerte mehrere Tage, die beigefügten vier Seiten des Tagebuchs vorzubereiten. Es handelt sich um das tatsächliche, wortwörtliche Tagebuch des Kommandanten. Es wurde am Morgen der Abreise begonnen. Es gab Codenamen für Kontrollpersonal und eine dreistellige Nummer für jedes Teammitglied. Es gibt weitere Codes und Abkürzungen für verschiedene Dinge, die nicht erklärt werden.
>
> Ich habe den Wortlaut, Formulierungen und Abkürzungen EXAKT abgetippt. Nichts wurde verändert. Und ich bitte dich, ebenso nichts zu verändern oder zu korrigieren, so wie du es häufig mit meinen Texten tust, um sie grammatikalisch zu verbessern. Dies umfasst auch die Verwendung von Großbuchstaben, um Dinge, die ich geschrieben habe, hervorzuheben. Ich bitte dich, Victor, dies mit diesen Tagebucheinträgen nicht zu tun."

Mit dieser Bitte teilt Anonymous Martinez mit, wie wichtig es ist, den exakten Wortlaut des Kommandanten zu erhalten und genauso wie in den ursprünglichen Aufzeichnungen mitsamt aller Rechtschreib- und Grammatikfehler und Inkonsistenzen zu reproduzieren.

Er war sich bewusst, dass dieses Tagebuch mit all seinen Fehlern und Mängeln der Nachwelt überliefert werden musste. Er wusste, dass eines Tages Schulkinder auf der ganzen Welt diese Worte in ihren Geschichtsbüchern lesen und die Ereignisse durch die Augen des Kommandanten direkt mit ihm miterleben würden! In den Tagebuchauszügen in diesem Abschnitt wird daher versucht, die Authentizität in hohem Maße zu bewahren, und die Texte möglichst so wiederzugeben, wie sie der Website zugesendet wurden. Wir bitten die Leser um Nachsicht beim Lesen der Tagebucheinträge, die mit Flüchtigkeitsfehlern und anderen Fehlern übersät sind, teilweise ohne Rücksicht auf grammatikalische Richtigkeit. In manchen Fällen, wenn absolut notwendig, wird der korrekte Text in Klammern hinzugefügt. Die Absichten des Kommandanten sollten in jedem Fall leicht nachzuvollziehen sein.

Je mehr wir über 102 erfahren, desto bewundernswerter wird er. Nachdem er das Risiko auf sich nimmt, die Galaxie zu durchqueren, muss er nun seine Mannschaft über 13 Jahre hinweg durch eine unvorstellbar schwierige Existenz führen. Sie müssen extreme Hitze, fremdartige Nahrung, konstantes Sonnenlicht durch zwei Sonnen am Himmel, übermäßige Strahlenbelastung und wenig bis keine Erholung ertragen. Während dieser ganzen Zeit muss er seiner Mission nachgehen, um alles nur Mögliche über diese Zivilisation zu lernen. An manchen Stellen ist er leicht mit Captain Kirk von Star Trek zu verwechseln, etwa wenn er den außerirdischen Arzt konfrontiert, der die Kannibalisierung seines toten Kameraden für ein Klonexperiment autorisiert (siehe Seiten 111-113). Interessanterweise erreichte die Mannschaft Serpo innerhalb weniger Monate, nachdem Captain Kirk 1966 erstmals auf unseren Fernsehbildschirmen auftauchte. Offenbar war es für beide der richtige Augenblick. Es ist verblüffend, wie Realität und Fiktion manchmal zusammenfließen.

7

AUSWAHL UND TRAINING

Präsident Kennedy ordnete das Eben-Austauschprogramm offiziell an. Die Landung der Außerirdischen wurde zuvor auf den 24. April 1964 festgelegt und der Ort sollte an der westlichen Grenze der Holloman Air Force Base beim südlichen Eingang zur White Sands Missile Range in New Mexico sein. Es sollte ursprünglich nur ein diplomatischer Besuch sein, während dem die Außerirdischen auch die Leichen der neun Opfer der zwei Abstürze in New Mexico als auch die Leiche von Ebe1 mitnehmen sollten. Aber Präsident Kennedy beschloss, stattdessen um ein Austauschprogramm zu bitten. Diese Bitte wurde an den Eben-Heimatplaneten weitergegeben und um September 1962 herum akzeptiert. Wie zuvor angemerkt, wurde die Idee eines Austauschprogramms ursprünglich von Ebe1 in seiner fünften Nachricht von 1952 vorgeschlagen. In einer Antwort direkt an ihn willigten die Ebens zu einem erneuten Besuch ein, erwähnten aber kein Ausrauschprogramm. Sie schlugen ein Datum zehn Jahre in der Zukunft vor. Diese Antwort wurde möglicherweise durch die Übersetzung von Ebe1 verfälscht und die militärischen Betreuer gingen zunächst von einem Fehler aus. Doch Ebe1 starb, bevor sie eine Berichtigung erlangen konnten, und so stand jenes Datum (1962) fest, bis das neue (1964) durch Kommunikation zwischen Menschen und Ebens 1955 festgelegt werden konnte. Wie sich herausstellte lag das neue Datum in der Tat zwölf Jahre in der Zukunft, als Ebe1 die Antwort erhielt. 1962, nachdem sich die Kommunikation wesentlich verbessert hatte, erkannte Kennedy, dass die Austauschanfrage nun vielleicht Zustimmung finden würde, und so war es auch. Man einigte sich darauf, zwölf amerikanische Astronauten zum Planeten der Außerirdischen zu schicken, während die Ebens zehn Jahre lang einen Botschafter auf der Erde lassen würden. Nachdem das geplante Datum nicht einfach zu ändern war, hatten die Regierungsplaner nur etwa 18 Monate für Auswahl und Training des Botschafterteams. Es war ein sehr enger Zeitrahmen für ein solch neuartiges und kompliziertes Programm. Allein der Auswahlprozess konnte leicht sechs Monate in Anspruch nehmen. Präsident Kennedy hatte zwar das Programm vollständig in die Hände der Defense Intelligence Agency gelegt, doch das schloss nicht die Untervergabe an zivile Subagenturen aus. Man einigte sich allerdings früh darauf, dass die Air Force als führende Behörde dieser historischen Mission für die Auswahl der zwölf Freiwilligen verantwortlich sein sollte.

Die Air Force zog als Unterstützung bei der Personalauswahl und Missionsplanung zivile Berater hinzu. Die NASA, die am 1. Oktober 1958 ihre Tätigkeiten begann, war an der Mission interessanterweise nicht beteiligt. Gemäß dem National Aeronautics and Space Act vom 29. Juli 1958 sollte die NASA die für die Weltraumerforschung offiziell verantwortliche Regierungsbehörde sein. Und da sie das National Advisory Committee for Aeronautics

(NACA) vollständig übernommen hatte, konnte sie bereits auf eine 46 Jahre lange Weltraumforschung zurückgreifen, die ihnen bei der Programmplanung und den Vorbereitungen gewiss hilfreich sein würde. Doch die NASA war vertraglich als nicht-militärisch festgelegt. Während also die DIA zwar mit zivilen Agenturen Verträge abschließen konnte, war es nicht möglich, die NASA in ein DIA-Programm zu involvieren. Wie wir im Verlauf allerdings erfahren werden, war die NASA dennoch am Training des Teams beteiligt.

EIN GEWALTIGES UNTERNEHMEN

Das militärisch-zivile Auswahlkomitee debattierte monatelang über die notwendigen Kriterien bei der Auswahl der Mannschaftsmitglieder. Kostbare Zeit ging so verloren. Man einigte sich schlussendlich darauf, dass alle Kandidaten einen militärischen Hintergrund haben mussten, aber nicht notwendigerweise durch die Air Force. Es sollten sich keine zivilen Mitglieder in der Mannschaft befinden. Sie mussten eine militärische Karriere gewählt und einen Dienst von mindestens vier Jahren abgeleistet haben. Diese Entscheidung machte durchaus Sinn. Die Mission erforderte ein äußerst hohes Niveau an persönlicher und Teamdisziplin, damit die Mannschaft die Herausforderungen, die sich ihnen unter harten Umständen stellen würden, bewältigen könnte. Darüber hinaus konnten sich Kennedy und die DIA, wie zuvor bereits angesprochen, nicht absolut sicher sein, dass ihnen die Ebens freundlich gesinnt waren, weshalb sie nach Personal suchten, das sich verteidigen und falls notwendig vielleicht sogar gewaltsam einen Weg zurück zur Erde finden konnte. Das Komitee würde entsprechend der jeweiligen Funktion in der Mission nach Personen mit speziellen Kompetenzen suchen, die auch über zusätzliche Ausbildung in anderen erforderlichen Bereichen verfügten. Es sollte außerdem nachweisbar sein, dass jedes Teammitglied die Fähigkeit besaß, stellvertretend die Aufgaben eines anderen Mitglieds durchzuführen, falls notwendig.

Die Mannschaftsmitglieder mussten gegenwärtig unverheiratet sein. Diese Voraussetzung schloss jene, die zuvor verheiratet waren, vermutlich nicht aus, doch sie durften keine Kinder haben. Es wurden Personen bevorzugt, die selbst Waisen waren. Ziel war es, Kandidaten mit so wenig Familienbanden wie möglich auszuwählen. Offenbar wollte man damit vermeiden, dass Familienmitglieder von dem Programm erfuhren und ihre Sicherheitsbedenken mit der Öffentlichkeit teilten. Darüber hinaus schätzte das Komitee eine Rückkehr der Mannschaft zur Erde scheinbar als sehr unwahrscheinlich ein und so sollte der Kummer der Angehörigen in Grenzen gehalten werden. Mit anderen Worten betrachtete man das Unternehmen als eine Selbstmordmission. Die zwölf Freiwilligen würden sich vollständig in die Hände einer anderen Zivilisation auf einem Planeten in einem fernen Sternensystem begeben, während die Regierung wenig bis keinen Einfluss auf ihre Sicherheit nehmen könnte. Sollten sie alle ums Leben kommen, ließe sich für uns nicht eruieren, ob die Ursache ein Unfall war, und so könnte man an dem auf der Erde verbliebenen Eben keine Vergeltung üben. Und man würde schließlich auch nicht eine außerirdische Rasse verärgern wollen, deren Technologie eine Invasion der Erde ermöglichte! Es war eine heikle Gratwanderung, aber wir hatten genug Erfahrung mit den Ebens, um dem Überleben und der sicheren Rückkehr der Mannschaft mit Zuversicht entgegenblicken zu können. Wir hatten gelernt, ihnen zu vertrauen, doch es wäre die erste Reise eines Menschen in den

Weltraum jenseits der Erdumlaufbahn. Es war ein gewaltiges Unternehmen, das viel mehr an Science-Fiction erinnerte als an die Realität. Aber es war das Risiko wert. Wenn alle oder auch nur manche von ihnen sicher zur Erde zurückkehrten, so besäßen wir sämtliche Details über eine Zivilisation auf einem fernen Planeten – einen Blick in das Universum von unschätzbarem Wert.

Der Aufruf an Freiwillige erfolgte in militärischen Publikationen. Nach ein paar Monaten standen die endgültigen zwölf Mitglieder – zehn Männer und zwei Frauen – schließlich fest. Es waren acht Einberufene der Air Force, zwei der Army und zwei der Navy. Zusätzlich wurden vier Ersatzpersonen ausgewählt, die das gleiche Training wie die primär Ausgewählten durchlaufen würden, sollte eines der Mitglieder ausgeschlossen werden oder von sich aus aussteigen. Es waren die 16 besten und vielversprechendsten Personen, um die Mission erfolgreich abzuschließen.

Die im Folgenden zitierte Information stammt von jemanden in England, der behauptet, Teil des britischen Nachrichtendienstes MI6 gewesen zu sein, und der am Programm beteiligt war. Sie wurde der Website zugesendet und von Anonymous nicht in Frage gestellt.

> Die Ausschreibung rief alle Interessierten dazu auf, sich als Freiwillige für ein Weltraumprogramm zu bewerben. Es war eine halb-geheime Bekanntmachung. Laut der getarnten Ausschreibung setzte die USAF [United States Air Force] ein Spezialteam für eine Mondreise zusammen und die ausgewählten Personen mussten sich einem Spezialtraining und einem speziellen Auswahlprozess unterziehen. Keiner der Militärangehörigen, der sich für das Team bewarb, kannte die wahre Mission. Etwa 500 Personen bewarben sich, die nach einer Vorauswahl auf etwa 160 begrenzt wurden. Doch es gab ein Problem. Es fehlten manche der Spezialisten, die für die Mission notwendig waren. Abgesehen davon gehörte es zu den Voraussetzungen für jedes Mitglied, dass sie ledig und nie verheiratet waren, keine Kinder hatten und wenn möglich selbst Waisen waren. Die USAF musste sich auf die Suche nach zwei Medizinern und mehreren anderen Spezialisten machen.

DESINFIZIERT

Das Auswahlkomitee beschloss, die Identitäten aller Mannschaftsmitglieder vollständig aufzulösen und ihnen jeweils eine dreistellige Nummer als neue Identität zuzuweisen. Alle bestehenden Verbindungen der Mitglieder zur Erde sollten getrennt werden, ausgenommen jener mit dem Missionspersonal, und das bedeutete, alle verfolgbaren Identitäten zu zerstören. Sie erhielten alle ein „Desinfektionsbad". Der Artikel „The CIA's Secret Army" von Douglas Waller, der am 3. Februar 2003 im *Time*-Magazin veröffentlicht wurde, berichtete:

> Wenn ein Soldat mit hochgeheimen Aufgaben beauftragt wird, werden seine Unterlagen verändert, so dass es aussieht, als sei er es aus dem Militär ausgetreten oder als hätte er zivilen Status erlangt. Der Prozess wird mit einem Desinfektionsbad verglichen, dem Schafe vor dem Scheren unterzogen werden."

Diese Metapher ist etwas ungenau. Es ist eigentlich das Scheren und nicht das Baden, das hier am besten vergleichbar ist. Identitäten werden wie Wolle von einem Schaf abgeschoren. Einer der Vorschläge war, sie alle für tot zu erklären. Dies wurde debattiert und verworfen. Letztendlich einigte man sich darauf, sie in ihren militärischen Akten als vermisst einzustufen. Diese Entscheidung ist etwas sonderbar, da die Vermisstenkategorie eigentlich nur zu Kriegszeiten verwendet wurde, als tausende Militärangehörige als „im Einsatz vermisst" eingestuft wurden. 1963 hatte der Vietnamkrieg noch nicht begonnen. Es war unklar, wie das Militär zu Friedenszeiten zwölf Vermisste erklären sollte. Wie konnten Armeeangehörige plötzlich nicht mehr zum Dienst erscheinen, ohne als Deserteure bezeichnet zu werden? Noch sonderbarer war die Entscheidung, ihre militärischen Akten entweder zu zerstören oder in einer geheimen Aufbewahrungsstätte zu lagern. Das bedeutete, dass kein Ermittler überhaupt jemals herausfinden konnte, dass sie beim Militär gewesen waren. Das bedeutet, dass sie die Kennzeichnung „vermisst" gar nicht erst in Frage stellen konnten. Alle anderen Unterlagen sollten eingesammelt und zerstört oder in einem Tresor gelagert werden, einschließlich Steuererklärungen, Krankenakten und jeglichen anderen Papieren, die von der Existenz der zwölf Einzelpersonen zeugten. Das war eine schier unmögliche Aufgabe, denn vermutlich gab es Unterlagen wie Geburtsurkunden, Schul- und Universitätszeugnisse und Sozialversicherungskarten, die das Militär nicht unbedingt auffinden konnte.

Der Zweck dieser strikten Depersonalisation ist schleierhaft. Wahrscheinlich wollte das Komitee vermeiden, dass nach der Rückkehr der Mannschaftsmitglieder zur Erde und in ihr Zivilleben Artikel und Bücher verfasst würden. Der Sicherheitseid allein hätte das schon verhindern müssen. Doch sie wollten kein Risiko eingehen. Die Eliminierung ihrer Identitäten machte es dem Militär leicht, den Wahrheitsgehalt solcher Werke zu leugnen. Sie wollten den vollständigen Bericht der Raumfahrer für solange wie notwendig hinter Schloss und Riegel halten. Möglicherweise lagen zu der Zeit gerechtfertigte Sicherheitsbedenken hinter diesen Maßnahmen, doch rückblickend ist es wirklich eine Schande, dass die zwölf mutigen Weltraumpioniere für immer in den dunkeln Hallen historischer Anonymität bleiben müssen. Die Mannschaft setzte sich letztendlich aus den folgenden Mitgliedern mit ihren neuen dreistelligen Identitäten zusammen:

Mannschaftskommandant	102
Assistent des Mannschaftskommandanten	203
Mannschaftspilot #1	225
Mannschaftspilot #2	308
Linguist #1	420
Linguist #2	475
Biologe	518
Wissenschaftler #1	633
Wissenschaftler #2	661
Mediziner #1	700
Mediziner #2	754
Sicherheitsexperte	899

In einer seiner E-Mails beantwortet Anonymous ein paar Fragen hinsichtlich des eingesendeten Serpo-Materials. Eine Frage bezieht sich auf den Auswahlprozess und gewährt außerdem zusätzliche Einblicke. Die Frage und Antwort lauteten folgendermaßen.

> Eine andere Frage betraf die Teamzusammenstellung. Warum wurden nur zwei Frauen ausgewählt? Man kann sich die Schwierigkeiten der Auswahlgruppe vorstellen, wenn man die gewaltige Problematik bedenkt, die mit der Zusammenstellung von zwölf Mannschaftsmitgliedern verbunden war, bei der jede einzelne Person vollständig aus dem militärischen System eliminiert werden musste – ohne Familienbande, ohne Ehepartner, ohne Kinder. Die Auswahlgruppe suchte die besten Mannschaftsmitglieder aus einer begrenzten Anzahl an Militärangehörigen aus. Ursprünglich wählte sie 158 Personen aus. Die endgültigen zwölf Mitglieder wurden aus dieser Vorauswahl ausgesucht. Bedenkt man die psychologischen, medizinischen und anderen Tests, die durchgeführt werden mussten, waren die letztendlichen Zwölf die qualifiziertesten Mitglieder der ursprünglichen Auswahl. Es wurde nie schriftlich festgehalten, warum zwei weibliche Mitglieder ausgewählt wurden. Offenbar waren diese beiden Frauen, eine Medizinerin und eine Linguistin, in ihren jeweiligen Spezialgebieten am besten geeignet.

DIE FARM

Das Training für die Mission fand hauptsächlich am Camp Peary in Virginia, am York-Fluss bei Williamsburg statt. Es handelt sich um den nicht ganz so geheimen Haupttrainingsort der CIA, der gemeinhin als die „Farm" bekannt ist, aber offiziell als „Armed Forces Experimental Training Activity" (AFETA) bezeichnet wird. Dem Projekt wurde ein eigener Ausbildungskomplex innerhalb der Anlage zugewiesen, wo spezielle Geheimhaltungs- und Sicherheitsmaßnahmen innerhalb des bereits hochsicheren CIA-Systems ergriffen werden konnten. Es waren also zwei Sicherheitsebenen zu passieren, um Zutritt zum Trainingsort der Mannschaft zu erlangen. Camp Peary war der Haupttrainingsort der Teammitglieder, aber sie wurden auch auf der Sheppard Air Force Base in Wichita Falls, Texas, der Ellsworth Air Force Base abseits von Rapid City, South Dakota und der Dow Air Force Base in Bangor, Maine unterwiesen. Sie durchliefen ein Höhentraining für Astronauten auf der Tyndall Air Force Base bei Panama City, Florida. Laut Anonymous wurden sie auch zu Spezialtrainings an unbekannten Orten in Mexiko und Chile geschickt.

Camp Peary war eine logische Wahl für das Astronautentraining der Air Force, hauptsächlich da es eine in sich abgeschlossene und hochsichere Anlage war. Nachdem es vom Verteidigungsministerium betrieben wurde, war es eigentlich eine Militärbasis, die dem Namen nach der Kontrolle der US-Navy unterlag. Der Name geht auf den berühmten Marineforscher Konteradmiral Robert E. Peary zurück, der 1909 als Erster den Nordpol erreichte. Abgeschlossenheit war den Missionsplanern wichtig. Beziehungen außerhalb der Trainingsanlage, wo die Teammitglieder versehentlich Hinweise auf ihre Mission hätten geben können, sollten so vermieden werden. Am Camp Peary gab es bereits komfortable Wohnhäuser und Apartments, Freizeiteinrichtungen und Einzelhandelsunternehmen für die Auszubildenden der CIA, die für die Mannschaft leicht angepasst werden konnten.

7. AUSWAHL UND TRAINING

In dem ehemaligen Waldschutzgebiet und Wildreservat des Staates Virginia konnten die Campbewohner während der freien Zeit, die ihnen gegeben wurde, in dem stark bewaldeten Reservat, das sich über mehr als 3.600 Hektar erstreckte, sogar auf Jagd gehen. Geheimhaltung und Abgeschlossenheit waren in der Geschichte dieser Anlage stets ihre bedeutendsten Vorzüge. Während des Zweiten Weltkriegs war dies das Haupttrainingscamp für die Navy Seabees und später wurden hier die deutschen Kriegsgefangenen untergebracht, hauptsächlich Offiziere, die eigentlich im Einsatz hätten fallen sollten, aber schließlich von der Navy gerettet wurden. Das deutsche Oberkommando dachte demnach, dass sie tot seien und keine Informationen herausgeben könnten. Die Gefangenen konnten im Camp Peary ein normales Leben führen, während sie befragt wurden. Die meisten von ihnen wurden letztendlich eingebürgerte Amerikaner. Die Navy gab das Reservat 1946 an Virginia zurück, doch übernahm es 1951 erneut.

Der Zweck des CIA-Trainings auf der Farm lag darin, Schreibtischagenten mit den paramilitärischen Fähigkeiten auszustatten, die sie in feindlichen Gebieten brauchen würden. Eifrige Akademiker werden hier zu Pseudosoldaten „abgehärtet". Diese Art von James-Bond-Training wurde nach 9/11 von George W. Bush nach einer langen Ära von Fehlern fortgeführt – mit paramilitärischen CIA-Operationen im Ausland durch die Special Operations Group (SOG). Laut Waller in seinem *Time*-Artikel:

> „Bis vor Kurzem scheute die CIA davor zurück, sich die Finger schmutzig zu machen, um einen Ruf wiederherzustellen, der durch verpfuschte Auslandscoups und Reichsattentate besudelt worden war. Bis vor etwa fünf Jahren [1998] konzentrierte sie sich stattdessen darauf, Informationen zu sammeln, die in anderen Regierungsbereichen Verwendung finden könnten. Davor erlangten traditionelle CIA-Beamte, die häufig als US-Diplomaten getarnt agierten, den Großteil ihrer Geheiminformationen aus Botschaftskreisen oder durch Bestechung ausländischer Beamter. Die meisten hatten nicht einmal eine Waffenausbildung."

Weiter schreibt Waller:

> „Am Camp Peary verbessern neue SOG-Rekruten außerdem ihre paramilitärischen Fertigkeiten wie Scharfschießen mit verschiedenen Waffenarten, das Anlegen von Landezonen in entfernten Gebieten für Agentenflugzeuge und Angriffe auf Feindesgebiete mit kleinen Streitkräften."

Dieser Neuaufbau der Special Operations Group durch den Direktor der CIA

Navy Seabees in Ausbildung am Camp Peary, 1943

George Tenet erforderte ab 2001 eine Erneuerung der Einrichtungen und Ressourcen am Camp Peary. Bis Mitte der 1960er Jahre gab es einige Verbesserungen infolge der Erkenntnisse aus dem Schweinebucht-Debakel von 1961. Doch diese Einrichtungen waren noch sehr bescheiden, als das Serpo-Team zwischen 1963 und 1965 am Camp ausgebildet wurde.

EXTREME EINENGUNG

Der vollständige Ausbildungsplan laut Anonymous ist in Anhang 1 aufgeführt. Er behauptet, ihn von einem Kollegen namens Gene erhalten zu haben. E-Mail-Moderator Victor Martinez stellte Genes Nachnamen zur Verfügung: Loscowski.[1] Laut Anonymous gab Loscowski diese Details über die Ausbildung heraus, da er die veröffentlichten Informationen mit mehr Genauigkeit aufbessern wollte. Das Programm, das in sechs Monaten beendet werden sollte, war sehr ambitioniert. Durch eine anonyme E-Mail an die Website wissen wir, dass es tatsächlich acht Monate dauerte.

Das Training war intensiv. Anonymous schreibt: „Jedes Teammitglied musste seine Fähigkeiten unter Beweis stellen, beschwerliche Umstände zu ertragen, etwa durch eine Reihe psychologischer Test, medizinischer Untersuchungen und einem PAT (Positive Attitude Test) … Jedes Teammitglied musste einem extremen psychologischen und körperlichen Training standhalten. In einer Trainingsprüfung wurden die Mitglieder jeweils in eine etwa 1,5 x 2 Meter große Box gesperrt, die fünf Tage lang zwei Meter unter der Erde begraben wurde, wo sie ohne Kontakt mit anderen und in vollkommener Dunkelheit nur Nahrungsmittel und Wasser zur Verfügung hatten" [siehe Punkt 14 in Anhang 1]. Kandidaten mit jeglicher Tendenz zu Klaustrophobie waren offensichtlich bereits aussortiert. Andernfalls hätte diese Prüfung bei Personen mit klaustrophobischen Tendenzen zu einem Zusammenbruch geführt. Offenbar bestanden alle Teammitglieder die Prüfung. Es scheint logisch, das Team einem Klaustrophobie-Stresstest zu unterziehen, da sie immerhin darauf gefasst sein mussten, für die lange Reise nach Zeta Reticuli in einem außerirdischen Raumschiff eingepfercht zu sein, und man wusste zudem nicht, in welcher Art von Quartier sie auf Serpo untergebracht würden.

ZWEI DAMEN

In einem Bereich der Serpo-Website wurden alle, die direkte Kenntnisse über das Project *Crystal Knight* hatten, aber anonym bleiben wollten, dazu aufgefordert, Kommentare zu hinterlassen. Viele eingehende E-Mails bestätigten die grundlegenden Fakten dieser bemerkenswerten Reise. Der folgende Brief verlieh Anonymous' Berichterstattung hinsichtlich des Trainings am Camp Peary Authentizität. Der Verfasser schreibt:

> Ich war von etwa 1960 bis 1965 am Project *Crystal Knight* beteiligt. Ich wurde als Zivilist dem Projekt zugewiesen. Ich war bei der CIA beschäftigt und meine Spezialisierung war Überleben in fremden Umgebungen. Ich war Ausbilder am CIA-Trainingscamp in Virginia. Ich unterwies die zwölf Männer – KEINE Frauen – die sich auf die Mission begaben.

7. AUSWAHL UND TRAINING

> Sie verbrachten ungefähr acht Monate in unserer Trainingsanlage. Wenige kannten ihre exakte Mission, die als „Top Secret/Codeword" klassifiziert war. Ich war nach 1965 nicht weiter an der Mission beteiligt. Ich war sehr überrascht, dass jetzt nach all diesen Jahren diese Geschichte ans Licht gekommen ist.

Die Bemerkung „KEINE Frauen" in dieser E-Mail widerspricht Anonymous' Behauptung, dass zwei Frauen Teil des ursprünglichen Teams waren. Es existieren weitere Aussagen auf beiden Seiten dieser Angelegenheit und es bleibt nach wie vor strittig. Eine Möglichkeit ist, dass die zwölf Auszubildenden, auf die hier Bezug genommen wird, sich aus zehn ursprünglichen Teammitgliedern und zwei männlichen Ersatzpersonen zusammensetzten. Die folgende E-Mail hilft, den Widerspruch aufzuklären.

> Die Informationen zum Projekt SERPO, die ich gerade gelesen habe, sind NICHT vollkommen korrekt. Es waren zwei Frauen unter den ursprünglich für das Training ausgewählten 16 Personen. Ich half beim Training des Teams einschließlich der beiden Frauen. Aber nach dem letzten Auswahlprozess – der entgegen den Angaben auf der Website www.serpo.org keine Kampfausbildung beinhaltete – wurden die beiden Frauen von der Liste gestrichen. Während der Ausbildung wussten die Mitglieder nicht, was ihre eigentliche Aufgabe war. Nach der endgültigen Entscheidung wurden die zwölf Ausgewählten in ein Militärgefängnis geschickt, woraufhin ihnen die Aufgabe mitgeteilt wurde. Die Zwölf waren von diesem Zeitpunkt an voneinander getrennt. Sie wurden von der Gehaltsliste der Regierung gestrichen und in eine Spezialdatei der Defense Intelligence Agency aufgenommen. Die DIA war die leitende Behörde des Projekts *Crystal Knight*, wie die Operation genannt wurde.

Doch die folgende E-Mail erhält den Widerspruch aufrecht.

> Gratulation und Lob für die Veröffentlichung dieser wichtigen Information über die verborgene Geschichte Amerikas. Es bereitete mir wirklich Freude, diese Information zu lesen. Gerade habe ich sie mit vielen meiner alten Geheimdienstfreunde geteilt – und sie wussten davon! Es ist wahrlich eine ERSTAUNLICHE Geschichte, die VOLLKOMMEN der WAHRHEIT entspricht. Ich vermute, es gibt immer noch Streitigkeiten, ob nun zwei (2) Frauen dabei waren oder nicht. Zumindest eine (Frau) war definitiv dabei. Als Ausbilder kannte ich sechs (6) von ihnen während des Trainings. Es waren zwei (2) KRANKENPFLEGER und ein LINGUIST darunter. Was die anderen betrifft, kann ich mich mittlerweile nicht mehr genau erinnern.

FLUCHT ZUR ERDE!

Wie in den vorhergehenden Kapiteln angesprochen, hatten wir zumindest ein intaktes Eben-Schiff in unserem Besitz. Anonymous erwähnt das Schiff, das in den Ebenen von San Augustin im westlichen New Mexico abstürzte. Er behauptet, dass dieses am 4. Juli 1947 mit dem Corona-Schiff kollidierte, aber in Richtung Westen weiterschlingerte und letztendlich bei Datil abstürzte, wo es erst 1949 entdeckt wurde. Diese Entdeckung wurde von anderen Roswell-Zeugen bestritten, aber es waren sich alle einig, dass das Schiff so gut wie unbeschädigt war. Es wurde zur Analyse und Nachkonstruktion in die Abteilung für fremde Technologie in Wright-Patterson gebracht, die von Dr. Eric Wang geleitet wurde. Das schwer beschädigte Corona-Schiff wurde ebenso nach Wright-Patterson gebracht. Zu der Zeit existierte Area 51 noch nicht, doch zu deren Betriebsbeginn kamen schließlich beide Schiffe dorthin.

Wir erfahren von Anonymous, dass der Ausbildungsplan einen möglichen Notfallfluchtplan in Erwägung zog! Er schreibt:

> Mehrere ausgewählte Mannschaftsmitglieder (Piloten) wurden im Fliegen von Eben-Schiffen ausgebildet. Eines davon war das 1949 im westlichen New Mexico geborgene Schiff. Dem Plan zufolge sollten die wenigen Ausgewählten im Notfall das Schiff zurück zur Erde fliegen. Es waren vier Piloten im Team [102, 203, 225 und 308]. Diese Vier verbrachten viele Wochen am Nevada-Komplex, um die Steuerung des geborgenen Eben-Schiffs zu erlernen. Es war nicht schwierig zu fliegen, wenn man erst einmal verstanden hatte, wie die Steuerelemente funktionierten. Ich bin mir sicher, dass viele der UFO-Sichtungen im Westen 1964/65 auf diese Testflüge unserer Mannschaftsmitglieder zurückzuführen sind.

In diesem Verweis auf das Schiff von San Augustin deutet Anonymous an, dass wir mehr als nur ein flugfähiges Eben-Schiff in unserem Besitz hatten. Das andere musste das Schiff gewesen sein, das uns am 21. Mai 1953 bei Kingman, Arizona „zugestellt" und auf einem Panzer-Tieflader zum Nevada-Testgelände transportiert wurde (siehe Kapitel 5 und Farbtafel 8). Dies ist ein versteckter Hinweis auf Area 51, die zu der Zeit voll funktionstüchtig war und sich zur bedeutendsten Anlage für die Nachkonstruktion und für Flugtests aller geborgenen außerirdischen Flugobjekte entwickelt hatte.[2]

Zu glauben, die Piloten könnten ein außerirdisches Schiff 40 Lichtjahre von Zeta Reticuli zurück zur Erde fliegen, war eine äußerst naive Annahme, die auf die damalige Unkenntnis der involvierten wissenschaftlichen Prinzipien zurückging. 1964 begriff im militärisch-industriellen Komplex offenbar noch niemand, dass derartige Entfernungen möglicherweise nur mittels Zeitreisen durch Wurmlöcher zurückgelegt werden können. Es scheint sehr unwahrscheinlich, dass menschliche Piloten zu der Zeit diese Art von Technologie verstehen konnten. Selbst Star Trek, das zwei Jahre später 1966 zum ersten Mal gezeigt wurde, erwähnte keine Zeitreisen, aber nahm Bezug auf „Warp-Antriebe". Erst mit dem Einzug von *Star Wars* 1977 verbreitete sich der Begriff „Hyperraum" quasi als Synonym für die Zeitdomäne. Die Eben-Schiffe in unserem Besitz waren darüber hinaus nur kleine Aufklärungsschiffe. Sie waren nicht für interstellare Langstreckenflüge konzipiert. Bedenkt man, dass wir zur Zeit der Ausbildung das größere Schiff noch nicht gesehen hatten, lässt sich diese Fehleinschätzung nachvollziehen.

TYNDALL-AUSBILDUNG

Eine andere E-Mail-Aussage bestätigte die Ausbildung auf der Tyndall Air Force Base in Florida und die Tatsache, dass keine Frauen Teil der endgültigen Mannschaft waren. Die Tyndall-Ausbildung fand offenbar statt, nachdem die letztendlichen Zwölf ausgewählt waren.

7. AUSWAHL UND TRAINING

Mein Vater stab 1995. Er war aus der US-Luftwaffe ausgeschieden. 1990 erzählte er mir von einer Spezialmission, an der er 1965 beteiligt gewesen war. Er erzählte mir, dass es in der Mission um zwölf Militärastronauten ging, die sich mit einem Raumschiff, das in der Wüste von New Mexico gefunden wurde, auf den Weg zu einem anderen Planeten machten. Er sagte, dass die zwölf Männer auf der Tyndall Air Force Base, Florida ausgebildet wurden, wo er stationiert war. Er half dabei, ihr Durchhaltevermögen im Weltraum heranzubilden, worin er ausgebildet war. Er sagte, 1965 verließen die zwölf Mannschaftsmitglieder die Anlage und 1978 kamen sie zurück, und er war dort, um sie nach ihrer Rückkehr zum Planeten Erde zu untersuchen. Ich wusste nicht, was ich von der Geschichte halten sollte, die mir mein Vater erzählte. Damals hörte ich ihm einfach zu und dachte, dass er das Ganze vielleicht nur erfunden hatte. Aber nun begreife ich, dass er die Wahrheit erzählte. Es ist zu spät für meinen Vater, davon zu erfahren, aber ich weiß, dass er ehrlich zu mir war, und das gibt mir ein gutes Gefühl. Ich freue mich darauf, mehr über diese unglaubliche Geschichte zu lesen. Da diese E-Mail die letzte Ausbildungskomponente der verbleibenden zwölf Mitglieder beschreibt, lässt sich wohl mit Sicherheit sagen, dass die endgültige Mannschaft ausschließlich aus Männern bestand.

Die Tyndall Air Force Base war ursprünglich eine Basis zum Luftwaffentraining während des Zweiten Weltkriegs mit alliierten als auch amerikanischen Piloten. Ein berühmter Absolvent war Clark Gable, der seine Ausbildung 1943 abschloss. Nach dem Krieg wurde Tyndall zu einer allgemeinen Luftwaffentrainingsstätte und 1950 eine offizielle Lufttraining-Kommandobasis. 1957 wurde die Basis Teil des Air Defense Command (ADC), das für die Verteidigung des Festlandes und der Hoheitsgebiete der Vereinigten Staaten verantwortlich ist. Als 1964 das Serpo-Team dort ankam, hatte das Pilotentraining für Höhen- und

Höhenausbildung auf der Tyndall Air Force Base

Raumflüge bereits begonnen. 1968 änderte das Air Defense Command seinen Namen offiziell zu Aerospace Defense Command.

Wie bereits in einem Zitat eines Ausbilders erwähnt:

> Während der Ausbildung wussten die Mitglieder nicht, was ihre eigentliche Aufgabe war. Nach der endgültigen Entscheidung wurden die zwölf Ausgewählten in ein Militärgefängnis geschickt, woraufhin ihnen die Aufgabe mitgeteilt wurde.

Man kann sich die Reaktionen der Auszubildenden auf diese Enthüllung vorstellen! Solch eine Aufgabe hatten sie sich gewiss nicht in ihren wildesten Träumen vorgestellt, wenngleich manche Trainings möglicherweise auf die exotische Natur der Mission hindeuteten. Und dann nach allem, was sie durchgemacht hatten, an Fort Leavenworth, Kansas gebunden zu werden, machte das Ganze vermutlich nur noch schlimmer. Zweifellos gab es Bemühungen, das Team mit Stolz zu erfüllen, ihnen ein Gefühl des Heldentums ihrer Mission und des zu erwartenden Ruhms zu vermitteln. Dennoch mussten sie vor Angst gezittert haben! Sie wussten, dass der zugesicherte Ruhm ein leeres Versprechen war, und alles, was sie vor sich hatten, waren außerordentlich beschwerliche Umstände und ein früher, anonymer Tod auf einem fernen Planeten oder ein Leben in langer Isolation, damit sie ihr erworbenes Wissen nicht offenbaren könnten. Es überrascht daher nicht, dass ein Teammitglied darum bat, von der Mission „entschuldigt zu werden". Er änderte aber seine Meinung, als er erfuhr, dass er bis zur Rückkehr der Mannschaft, zehn Jahre später, in Fort Leavenworth bleiben müsste!

Fort Leavenworth, Kansas

Endnoten

1. Sein echter Name ist, wie wir später erfuhren, Gene Lakes.
2. Siehe Anhang 10 und die Aussagen von Robert Lazar, der in den 1980ern in Area 51 an der Nachkonstruktion von außerirdischen Schiffen arbeitete, und anderen.

8

DIE LANDUNGEN

Im Dezember 1963 erreichte Los Alamos eine Nachricht vom Planeten der Ebens, die die Details der Landung bestätigte. Die Nachricht nannte Zeit, Datum und Ort wie zuvor vereinbart. Zahlen wurden alle gemäß unseren Normen für Position, Zeit und Datum verwendet. Die Nachricht teilte mit, dass zwei Eben-Raumschiffe bereits auf dem Weg seien und planmäßig ankommen würden. Wir erfuhren später, dass die Reise etwa zehn Monate dauerte, was bedeutet, dass beim Eingang der Nachricht die Eben-Raumschiffe von Serpo nach Erdenzeiten bereits etwa sechs Monate unterwegs waren. Es waren nur wenige Wochen seit dem Attentat auf Präsident Kennedy vergangen und die gesamte Nation war zu der Zeit noch in Trauer. Manche der DIA-Projektkoordinatoren wollten das Austauschprogramm absagen. Das Schicksal der Mission wurde dann Präsident Lyndon B. Johnson überlassen. Er wurde von den Missionsplanern über das Programm informiert, worauf er entschied, mit dem Austausch fortzufahren, obwohl der Präsident, wie wir in einer Nebenbemerkung von Anonymous erfahren, nicht wirklich an das Zustandekommen glaubte. Interessanterweise lässt sich an dieser Stelle anmerken, dass Präsident Kennedy den damaligen Vizepräsidenten Johnson scheinbar nicht über das *Project Crystal Knight* informiert hatte. Das ist überraschend, da Kennedy Johnson immerhin zum Vorsitzenden des Weltraumrats ernannt hatte. Offenbar wurde Kennedy von MJ-12 angewiesen, die Projektdetails nicht mit Johnson oder dem Kabinett zu teilen.

Als sich das Datum der Landung näherte, waren die Teammitglieder bereits ohne Beschäftigung und startklar und genossen wohlverdient wahrscheinlich etwas Erholung und Freizeit, wenngleich sie weiterhin durchgehend überwacht wurden. Ihre Ausbildung war abgeschlossen und es wurde ihnen ein 15-tägiger Urlaub gewährt. Unmittelbar vor dem Landedatum im April wurden sie zurück nach Fort Leavenworth, Kansas geschickt und in verschlossenen Disziplinarzellen untergebracht, wo sie streng überwacht wurden. Dies spiegelt das fast fanatische Engagement zur Geheimhaltung des Planungskomitees wider. Sie gingen schlicht keine Risiken ein, dass sich die Informationen zur bevorstehenden Mission verbreiten könnten, egal wie unglaubhaft diese waren. Man kann sich leicht vorstellen, wie deprimierend es für das Team vor ihrem Aufbruch gewesen sein musste, wie Kriminelle behandelt zu werden, wo ihnen anlässlich dieser historisch bedeutsamen und außergewöhnlichen Reise zu den Sternen doch eigentlich ein glanzvoller Abschied gebührte! Zu einer anderen Zeit, unter einer anderen, weniger paranoiden Regierung hätte man sie möglicherweise mit einem international übertragenen Spektakel zu den Klängen von patriotischer Musik und vor einer jubelnden Menge verabschiedet.

DER DIPLOMATISCHE GRUSS

Die zwei außerirdischen Flugschiffe traten wie geplant am 24. April 1964 in unsere Atmosphäre ein. Dies waren keine Aufklärungsschiffe, sondern wesentlich größere Raumtransporter. Das erste Schiff verfehlte den vereinbarten Ort und landete in der Nähe von Socorro, New Mexico, etwa 160 Kilometer nördlich des geplanten Landeorts. Wir sendeten eine Nachricht an das Schiff, dass es am falschen Ort gelandet sei. Das zweite Schiff fing die Nachricht auf und korrigierte seine Navigation. Es landete kurz darauf exakt am vorgesehenen Ort in White Sands, wo eine Begrüßungsgesellschaft wartete. Es ist zu vermuten, dass sich dies am späten Nachmittag ereignete, doch es könnte auch Nacht gewesen sein, wie im Film „Unheimliche Begegnung der dritten Art" dargestellt wurde. Da wir nicht wissen, wo Steven Spielberg seine Informationen her hatte, lässt sich nicht sagen, wie genau sie waren. Aber es war durchaus möglich, dass es bereits Nacht war, als das außerirdische Schiff landete, und vermutlich war das Planungskomitee wie im Film mit angemessener Beleuchtung für diese Eventualität vorbereitet. Wir besitzen keine Berichte darüber, was mit dem ersten Schiff passierte. Höchstwahrscheinlich flog es nachher ebenfalls zum vorgesehenen Ort.

Die Begrüßungsgruppe bestand aus 16 hochrangigen Regierungs- und Militärvertretern. Anonymous macht keine Angaben zu den Identitäten dieser Personen, aber höchstwahrscheinlich war Präsident Johnson unter ihnen. Die zwölf Teammitglieder warteten nicht weit weg in einem Bus. 45 Tonnen an Vorräten und Ausrüstung standen bereit, um auf das außerirdische Schiff geladen zu werden.[1] Eine bereitgestellte Überdachung stellte eine Verbindung zwischen dem Landepunkt und den wartenden Beamten her. Ein Trupp Ebens verließ das Schiff und ging unter die Überdachung. Es liefen Filmkameras und Tonbandgeräte. Der Eben-Beamte überreichte uns technologische Geschenke. Anonymous schreibt:

White Sands Missile Range, New Mexico

„Die Ebens hatten ein unausgereiftes Übersetzungsgerät dabei. Es schien eine Art von Mikrofon mit einem Auslesebildschirm zu sein. Der ranghöchste US-Beamte erhielt eines dieser Geräte und der Eben behielt das andere. Die Beamten sprachen in das Gerät und der Bildschirm zeigte die gesprochene Nachricht in geschriebener Form, sowohl in der Sprache der Ebens als auch auf Englisch. Das Gerät war nicht sehr ausgereift und es war schwierig, alles Gesagte zu verstehen."

Eine weibliche Eben, die als Ebe2 bezeichnet wurde, sorgte außerdem für direkte Übersetzungen. Sie sprach gut Englisch und erwies sich später auf Serpo als unschätzbare Hilfe.

DAS YELLOW BOOK

Ebe2 überreichte uns das Yellow Book. Es war ein außergewöhnliches uns großzügiges Geschenk an die Bewohner der Erde und demonstrierte deutlich den Wunsch der Außerirdischen, eine galaktische Freundschaft mit uns zu schließen. Anonymous schreibt über das Yellow Book:

> Es ist nicht direkt ein Buch. Es ist ein etwa sechs Zentimeter dicker Block aus transparentem Material. Der Leser blickt auf die transparente Oberfläche und plötzlich erscheinen Wörter und Bilder. Es ist eine endlose Reihe von historischen Ereignissen und Fotografien unseres Universums, des Eben-Planeten und ihrer ehemaligen Heimatwelt, sowie anderer interessanter Begebenheiten des Universums. Es beinhaltet außerdem einen historischen Bericht und verschiedene Schilderungen der Geschichte und fernen Vergangenheit der Erde ... Ich gehöre zu den sehr wenigen Menschen, die das Yellow Book tatsächlich GESEHEN haben ... Wie von anderen kommentiert, würde es ein ganzes Leben dauern, um es zu lesen, und ein weiteres Leben, um es zu verstehen.

Das Yellow Book beschreibt auch die Beteiligung der Ebens an der Evolution menschlicher Zivilisationen auf Erden. Wie wir später erfuhren, gab es diesbezüglich offenbar kontroverse Behauptungen, die manche der Informationsempfänger an der Wahrhaftigkeit des Materials zweifeln ließen. Dies warf die Möglichkeit eines verborgenen diplomatischen Motivs hinter diesen Behauptungen auf. Anonymous schreibt dazu:

> Wenn man das Yellow Book zwischen den Zeilen liest, könnte man zu dem Eindruck gelangen, dass die Ebens etwas mit Jesus Christus zu tun hatten, oder Jesus vielleicht einer von ihnen war. Betrachtet man manche der im Yellow Book aufgezeigten Ereignisse (man bedenke, dass im Yellow Book keine Daten angegeben sind), lassen sich außerdem manche Vorfälle wie etwa Fatima mit einer Eben-Landung in Verbindung setzen.

Wir erfuhren später, dass es Ebe2 war, die das Buch ins Englische übersetzte.

Die Ebens informierten uns zu der Zeit, dass sie den zeitlichen Ablauf des Austauschprogramms nochmals überdachten und es auf ein späteres Datum verschieben wollten. Sie zogen es vor, auf dieser Reise nur die Leichen ihrer toten Landsleute mitzunehmen und im Juli 1965 für den Personalaustausch zur Erde zurückzukehren. Dies stellte ein enormes logistisches Problem für uns dar, da all die Ausrüstungsgegenstände und Vorräte nun irgendwo untergebracht werden mussten, und das Team ein weiteres Jahr in einer hochsicheren Anlage untergebracht und motiviert bleiben musste. Es könnten sich außerdem politische Umstände auf unsere Bereitschaft, das Programm weiterzuführen, auswirken, sollte sich die Regierung unter Johnson zu einem Abbruch entscheiden. Die Außerirdischen nahmen die Leichen der neun Ebens, die bei den beiden Roswell-Abstürzen starben, als auch Ebe1 mit an Bord. Wir hatten Autopsien an manchen der Leichen durchgeführt.[2]

Die Überreste wurden in Los Alamos Laboratories in einer Tieftemperatureinrichtung der neuesten Technik aufbewahrt. Der Besuch dauerte etwa vier Stunden. Der Film und die Audioaufnahmen des gesamten Ereignisses wurden in einem Tresor der Bolling Air Force Base in Washington, D.C. untergebracht.

DER AUSTAUSCH

Als Zeitpunkt für den erneuten Besuch wurde der 16. Juli 1965 festgelegt. Man einigte sich diesmal auf eine Landeposition im nördlichen Bereich des Nevada-Testgeländes (siehe Farbtafel 9). Anonymous sagt hinsichtlich dieser Wahl:

> „Die Planer waren besorgt, dass etwas an die Öffentlichkeit dringen könnte, und wollten daher nicht denselben Ort beibehalten."

Die extreme Sicherheitssorge ist abermals auffällig. Die Mannschaftsmitglieder wurden für einen Monat in ihren Sicherungsbereich in Fort Leavenworth zurückgebracht und danach nach Camp Peary geschickt, um am ursprünglichen Training zu feilen und um sich neue Kenntnisse anzueigen. Die gab allen, aber vor allem den Linguisten, die Möglichkeit, ihr passives und aktives Verständnis der Eben-Sprache zu verbessern. Die Linguisten erreichten mit dem schrillen Singsang eine passable Sprachgewandtheit, aber die anderen Mannschaftmitglieder hatten Schwierigkeiten mit dieser bizarren Sprache.

Wie auch zuvor am Camp Peary, blieben die zwölf Mannschaftsmitglieder isoliert in ihrer eigenen kleinen Gemeinschaft innerhalb der größeren Trainingsanlage der CIA und kommunizierten mit niemandem, abgesehen von ihren Ausbildern. Dieser Zeitraum fiel mit dem ersten Jahr des Vietnamkriegs zusammen, in dem die Special Operations Group der CIA eine wichtige Rolle spielte. Das Camp muss demnach ein hektischer Ort gewesen sein, während sich die Mannschaft dort aufhielt. Im April 1965 wurden sie zurück in ihr „Gefängnis" in Fort Leavenworth gebracht, um die letzten drei Monate abzuwarten. Sie müssen sich mit der Zeit wie echte Gefangene gefühlt haben und vermutlich fragten sie sich, was für sonderbare politische Überlegungen eine solch strenge Behandlung rechtfertigen konnten. Die Stimmung der Mannschaft erreichte vermutlich ihren tiefsten Stand, doch die wachsende Aufregung vor dem bevorstehenden Aufbruch half vielleicht ein bisschen gegen diese Depression.

Die Eben-Raumtransporter kamen wie geplant am 16. Juli 1965 zurück. Diesmal landeten sie

Drei M151-Jeeps der Vietnam-Ära wie dieser hier wurden mit an Bord genommen.

wie vereinbart im nördlichen Bereich des Nevada-Testgeländes. Die diplomatischen Nettigkeiten waren bereits bei ihrem letzten Besuch ausgetauscht worden. Dieses war nun strikt ein Arbeitstreffen. Die zwölf Mannschaftsmitglieder warteten in einem Bus und die Militärtransporter waren bereit zum Ausladen der umfangreichen Fracht, die aus etwa 41.000 Kilogramm an Vorräten, Ausrüstung und Fahrzeugen bestand (siehe Anhang 2). Ich denke, wir können mit großer Sicherheit von einer umfassenden Kommunikation ausgehen, die sich zwischen Los Alamos und Serpo während der dazwischenliegenden Jahre für die Ausarbeitung dieser Vorbereitungen ereignet haben muss, doch Anonymous erwähnt diesbezüglich nichts. Die Mannschaft ging an Bord des Eben-Raumtransporters und die Fracht wurde von Militärpersonal auf eines der Schiffe geladen.

Die Mannschaft geht an Bord des außerirdischen Schiffs (aus „Unheimliche Begegnung der dritten Art")

Die gesamte Fracht fand auf einer einzigen Ebene des 3-Ebenen-Schiffs Platz, wodurch sich die enorme Größe des Schiffs erahnen lässt! Der alleinige Eben-Botschafter ging von Bord des Raumtransporters und wurde in einem Militärfahrzeug weggebracht. Er wurde in die Einrichtung für Außerirdische in Los Alamos Laboratories befördert.

„SKY KING" HEBT AB ZU DEN STERNEN

Die Mannschaftsmitglieder hatten verständlicherweise nicht die Absicht, die Beschädigung ihrer Ränge gemäß den strikten Protokollen der Planer hinzunehmen und sich untereinander wie Roboter mit dreistelligen Nummern zu bezeichnen. Innerhalb kurzer Zeit gaben sie jedem Mitglied einen passenden Spitznamen, aber verwendeten nie ihre echten Namen. Die „Nummernamen" verwendeten sie allerdings in formellerer und geschriebener Kommunikation. Der Mannschaftskommandant, ein Oberst der Air Force, wurde zu „Skipper", die zwei Mediziner waren „Doc 1" und „Doc 2" und die Piloten wurden als „Sky King" und „Flash Gordon" bezeichnet. Die übrigen Spitznamen stellt Anonymous nicht zur Verfügung.

Plakat für die Fernsehverfilmung von „Sky King" aus den 1950er Jahren

Ein Kommentar, der im März 2006 der Serpo-Website zugeschickt wurde, weist auf eine interessante Referenz hin, die der gesamten Geschichte von Serpo Authentizität verleiht. Er erinnert uns daran, dass „Sky King" während der goldenen Zeiten des Radios eine beliebte Kinderserie war, so wie auch „The Lone Ranger", „The Green Hornet" und viele andere. „Sky King" lief von 1946 bis 1954 im Radio und eine Fernsehserie wurde von 1951 bis 1959 gezeigt. Die Wiederholungen der Fernsehsendung wurden bis 1966 am Samstagnachmittag übertragen. Als die Mannschaft im Juli 1965 abreiste, lief die Sendung also noch im Fernsehen. Der Verfasser des Kommentars schreibt:

> „Die meisten Menschen heute haben nie von Sky King gehört oder ihn längst vergessen. Aber es wäre nicht verwunderlich, wenn sich 1965 ein junger Pilot den Spitznamen ‚Sky King' aneignet."

Ein Pilot, der beim Start der Mission etwa 35 Jahre alt war, sah als leicht zu beeindruckender Teenager in den 1950er Jahren wahrscheinlich die Fernsehsendung. Wenn er 40 Jahre alt war, dann lag er wahrscheinlich wie Millionen andere Kinder dieser Ära auf dem Wohnzimmerteppich ans Radio gefesselt, wenn es Zeit für „Sky King" war. Könnte sich dieser Junge in seinen wildesten Träumen jemals vorgestellt haben, dass er sich eines Tages als einer der ersten Erdbewohner auf den Weg von der Erde in ein fernes Sternensystem machen würde?

Der Mannschaftskommandant führte vom ersten Augenblick der Mission ein Tagebuch. Anonymous stellte die folgende Schilderung des ersten Tags aus diesem Tagebuch zur Verfügung.

Hier ist für die Nachwelt Skippers getreuer Eintrag über diese beängstigenden Augenblicke zu Beginn jener historischen Mission. Anonymous erläutert nicht die Initialabkürzungen, aber wir können wahrscheinlich davon ausgehen, dass M in allen Fällen für „Mission" steht. MTC könnte „Mission Training Coordinator" sein und MVC ist wahrscheinlich der „Mission Voyage Coordinator", der, wie wir später herausfinden werden, nicht sehr gut Englisch spricht und mit der Mannschaft reist. Er musste demnach ein Eben sein.

WIR LEGEN LOS

TAG 1

Wir sind bereit. Kaum zu glauben, dass wir es endlich geschafft haben. Team ist motiviert und entspannt. Letzte Anweisungen von MTC und MTB. Fracht in EBE-Schiff gepackt. Vielleicht Probleme mit Schusswaffen. Werde mit dem MVC sprechen. 899 [der Sicherheitsexperte] und 203 [der Assistent des Mannschaftskommandanten] werden für Waffen zuständig sein. Keine Synchronisation oder wir wissen nicht über sie Bescheid. Alles läuft reibungslos. Letzte Untersuchung aller Mitglieder vor dem Boarding durch 700 und 754 [die Mediziner]. OK, alles ist aufgeladen und hat Platz. Aber wir müssen alles auf ein größeres Schiff umladen, wenn am Treffpunkt. Bin wirklich aufgeregt darüber. Keiner äußert Bedenken. MTC bat alle um letzte Entscheidung. Team einstimmig bereit zum Aufbruch. Wir legen los. Innenraum des EBE-Schiffs ist

> *groß. Es gibt drei Ebenen, das ist anders als in dem für das Training. Ich glaube, das war ein Aufklärungsschiff, das hier ist ein Raumtransporter.*
>
> *Wir brachten die Fracht in der unteren Ebene unter. Wir werden in der mittleren Ebene sitzen und die Crew in der oberen Ebene. Merkwürdige Wände. Sie erscheinen dimensional. Es gibt drei Positionen, vier von uns kommen jeweils an eine Position. Keine Sitze, nur Bänke. In den kleinen Crewsitzen hätten wir keinen Platz. Der MVC sagt, wir brauchen nichts Besonders, kein O2 oder Helme. Weiß nicht, was tun mit ihnen. OK, letzte Überprüfungen. Letzte Worte von MTC. Ein Gebet gesprochen. Wir gehen an Bord des EBE-Schiffs. 475 [ein Linguist] wirklich nervös. 700 wird ihn beobachten. Die Luke ist zu. Keine Fenster. Wir können nicht nach draußen sehen. Alle sitzen in ihren jeweiligen Sitzen auf der Bank. Keine Haltegurte. OK, naja, eine Stange quer über uns. Das Schiff startet das Triebwerk oder was sie Energieschubdüsen nennen. Anscheinend bewegen wir uns, aber im Inneren tut sich nichts. Kann dies immer noch schreiben. Jetzt wirklich schwindelig. 102 sitzt neben mir, er ist undeutlich erkennbar.[3] Etwas fühlt sich wirklich komisch an. Muss das neu schreiben, denn kann nicht klar denken.*

Wenn, wie der Kommandant schreibt, alles eingeladen ist und Platz gefunden hat, ist es möglich, dass sich in Wirklichkeit eine Bodenmannschaft der Air Force um das Einladen kümmerte, da es nicht angemessen erscheint, solch mühselige Arbeiten, wie in diesem Fall das Verladen von 41.000 Kilogramm an Ausrüstung und Vorräten, dieser hochqualifizierten Mannschaft zu überlassen, obwohl es nicht unbedingt vollkommen außer Frage stünde, wenn man bedenkt, wie sie bis dahin behandelt worden waren. Vielleicht ist das sogar, was tatsächlich passierte, da eine Bodenmannschaft äußerst strenge Sicherheitsüberprüfungen hätte durchlaufen müssen. Die Aussage „ein Gebet gesprochen" scheint mit der Gottesdienstszene in „Unheimliche Begegnung" übereinzustimmen, wo der Priester ein letztes Gebet an die Mannschaft richtet und sie dabei als „Pilger" bezeichnet. Da der Kommandant schreibt „Kann dies immer noch schreiben", lässt sich vermuten, dass sein Tagebuch zu dieser Zeit handgeschrieben war, obwohl, wie wir später erfahren, die Tagebücher aller anderen Mannschaftsmitglieder auf Tonbandkassetten aufgenommen wurden. Der Kommandant griff letztendlich auch auf Sprachaufnahmen zurück.

Endnoten

1. Siehe Anhang 2 für eine vollständige Liste der Vorräte und Ausrüstung, die von der Mannschaft mitgenommen wurden. Wir erfahren später, dass sich das gesamte Frachtgut auf einer einzigen riesigen Plattform befand, die offenbar aus Holz angefertigt war.

2. In einem Interview von 2006 *auf Coast to Coast AM* berichtete Linda Moulton Howe von einem Telefongespräch mit einem Mann, der die Schilderungen der Autopsien der beiden außerirdischen Leichen in den späten 1940er Jahren aus erster Hand von einem der Ärzte vor Ort empfangen hatte.

3. Der Mannschaftskommandant kann selbstverständlich nicht neben sich selbst sitzen. Er meint 203. Er hat die Nummern verwechselt. Das überrascht wenig, nachdem er schreibt, dass er nicht klar denken kann.

9

DIE REISE

In seiner elften und zwölften E-Mail schickte Anonymous eine wortgetreue Beschreibung der gesamten Reise, wie vom Mannschaftskommandanten in seinem Tagebuch berichtet. Wir können also auf alle detaillierten Erfahrungen des Teams vom Beginn der Reise bis zu ihrer Landung auf Serpo zurückgreifen. In diesem Kapitel präsentieren wir mit eingestreuten Kommentaren des Autors einen Bericht aus erster Hand dieser erstaunlichen Reise von 40 Lichtjahren oder 400 Billionen Kilometern durch den interstellaren Raum. Sie dauerte nur zehn Monate. Das bedeutet, dass sie etwa mit vierzigfacher Lichtgeschwindigkeit unterwegs waren! Solch eine Geschwindigkeit ließe sich unmöglich mit irgendeinem bekannten Antriebsmittel erreichen, egal wie exotisch. Die einzige Erklärung dafür sind Zeitreisen. Wie wir durch die Studien von Albert Einstein und Hermann Minkowski wissen, bildet die Zeit die vierte Dimension des Raums. Wir müssen also nun vom Raum-Zeit-Kontinuum sprechen. Die Zeitdimension wird manchmal als der Zeitbereich bezeichnet.

Die Ebens haben offensichtlich die Technologie zum Reisen im Zeitbereich entwickelt. Anscheinend gibt es an bekannten Orten im Kosmos Portale zu diesem Bereich. Diese werden heute Wurmlöcher genannt (siehe Farbtafel 10). Das Passieren eines Wurmlochs ist in Wirklichkeit eine Zeitreise und erfolgt schneller als mit Lichtgeschwindigkeit. Es erfordert jedoch Zeit und präzise interstellare Navigation, um zu und von den Wurmlöchern zu reisen, was die zehn Monate erklärt. Der Mannschaftskommandant spricht offensichtlich von Wurmlochreisen, wenn er in seinem Tagebuch schreibt:

> „Wir werden uns alle besser fühlen, sobald das Schiff diese Zeitwelle verlässt, wie er es nennt [Bezug auf einen Außerirdischen] … Es war dunkel, aber wir konnten Wellenlinien erkennen. Vielleicht eine Art von Zeitverzerrung. Wir bewegen uns wohl schneller als mit Lichtgeschwindigkeit fort, aber wir können nichts durch das Fenster erkennen."

Es ist interessant, dass der Kommandant zu jener Zeit (1965) die Möglichkeit, schneller als mit Lichtgeschwindigkeit zu reisen, in Erwägung ziehen konnte, da es wissenschaftlich aufgrund der Einsteinschen Bestimmungen damals als unmöglich erachtet wurde. Mittlerweile ist es für Science-Fiction-Schriftsteller und Wissenschaftler nicht ungewöhnlich, von Überlichtgeschwindigkeit zu sprechen. Siehe Anhang 6 für mehr Informationen über die Antriebsmittel der Ebens von einem DIA-Physiker in der Form einer Antwort auf zwei Fragen, die der Website übermittelt wurden.

9. DIE REISE

EIN KREISCHENDES STREICHHOLZ

Der zweite Eintrag des Mannschaftskommandanten am Tag 1 beschreibt das Eintreffen am Treffpunktschiff, das ich von nun an als das „Mutterschiff" bezeichnen werde, und den Beginn der eigentlichen interstellaren Reise. Mutterschiff ist eine zutreffende Bezeichnung, da es mehrere kleinere Schiffe transportierte, wie wir später erfahren.

TAG 1 – EINTRAG 2

Wir haben das Treffpunktschiff erreicht. Wir wissen nicht, wo wir sind, aber scheinbar wurden wir alle ohnmächtig oder wir waren alle wirklich verwirrt während dieser Reise. Meiner Armbanduhr zufolge brauchten wir ungefähr sechs Stunden. Oder vielleicht länger. Wir starteten um 1325 und es ist 1939. Aber nicht sicher, welcher Tag es ist. Wir flogen in das große Schiff. Wir stehen in einer Ladebucht oder so etwas. Es sind viele EBEs hier, die uns helfen. Sie scheinen unsere Verwirrung zu verstehen. Die Fracht wurde vollständig in einem Mal ausgeladen. Die Plattform mit der Fracht wurde transportiert, ohne die Fracht selbst zu entladen. Das Schiff sieht wie das Innere eines riesigen Gebäudes aus. Die Decke ist in diesem Bereich des Schiffs etwa 30 Meter hoch.

OK, wir werden in einen anderen Teil des Schiffs gebracht. OK, wir sind jetzt in einem anderen Raum oder Bereich. Was für ein großes Schiff. Ich kann gar nicht beschreiben, wie groß es ist. Wir brauchten ungefähr fünfzehn Minuten, um in unseren Bereich zu kommen. Scheint speziell für uns zu sein. Die Stühle sind größer. Aber es sind nur zehn vorhanden. OK, ich denke, 203 und ich werden woanders über diesen Plätzen sitzen. Wir werden in einer Art von Aufzug befördert, aber ich verstehe nicht, wie er funktioniert. Alle haben Hunger. Wir haben unsere Rucksäcke mit C-Rationen und ich denke, jetzt können wir essen. Aber muss den MVC fragen. Ich kann ihn nicht finden und wir können mit den beiden EBEs hier nicht kommunizieren. Sie scheinen wirklich freundlich. 420 [Linguist #1] wird seine Sprachfertigkeiten auf die Probe stellen. Fast komisch. Klingt wie ein kreischendes Streichholz. Mit Zeichensprache haben wir gerade signalisiert, dass wir essen möchten. Einer der EBEs brachte uns einen Behälter mit etwas darin. Sieht nicht gut aus, aber ich glaube, es ist ihre Nahrung. Sieht aus wie Pampe oder Haferbrei. 899 wird es probieren. Also 899 sagt, es schmeckt wie Papier. Denke, wir bleiben alle bei C-Rationen. OK, MVC ist endlich aufgetaucht. Gab uns Bescheid, dass wir bald aufbrechen. Zwei Mils, Ich vermute, er meint Minuten, aber bin nicht wirklich sicher. Vielleicht war es keine so gute Idee, vor der Abreise zu essen. Wir fühlen keine Schwerelosigkeit und uns ist nicht schwindlig. Aber wir wissen nicht, was uns von diesem Augenblick an erwartet. Sie signalisieren uns, dass wir auf den Stühlen Platz nehmen müssen.

Wir lernen daraus, dass die Ebens offensichtlich eine Art von Antigravitationstechnologie entwickelt haben, die es ihnen ermöglicht, das Gewicht massiver Objekte aufzuheben, so dass sie leicht in eine andere Position geschoben werden können. Ansonsten gibt es keine andere Erklärung, wie sie so schnell und mühelos 45 Tonnen an Ausrüstung vom Transportschiff auf das Mutterschiff laden konnten. Im Tagebuch wird festgehalten, dass dies „vollständig in einem Mal" erfolgte, ohne die einzelnen Gegenstände von der Plattform zu nehmen, was bedeutet, dass die Plattform selbst transportiert wurde. Es überrascht, dass der Mannschaftskommandant nicht darüber staunte! Eine Plattform, die drei Jeeps, zehn Motorräder, sechs Schlepper, acht Stromerzeuger und noch viel mehr tragen konnte, musste riesig sein. Wir erfuhren im ersten Eintrag für Tag 1 im vorhergehenden Kapitel, dass die Fracht von der Mannschaft selbst oder einer Bodenmannschaft auf den Eben-Raumtransporter geladen wurde. In diesem Eintrag sagte der Kommandant: „OK, alles ist aufgeladen und hat Platz. Aber wir müssen alles auf ein größeres Schiff umladen, wenn am Treffpunkt … Wir brachten die Fracht in der unteren Ebene unter." Wie es scheint, lud die Mannschaft also alle Vorräte, Ausrüstungsgegenstände und Fahrzeuge direkt auf eine einzige bewegliche Plattform innerhalb der ersten Ebene des Eben-Raumtransporters. Da alles auf einer Plattform untergebracht wurde, konnten die Ebens die beladene Plattform einfach auf das Mutterschiff befördern.

Diese Einträge in Skippers Tagebuch klären ein für alle Mal die Frage, wie die ägyptischen Pyramiden, Stonehenge und all die anderen massiven archäologischen Großsteinbauten der Antike errichtet wurden (siehe Farbtafel 11). Wenn die Ebens diese Schwerelosigkeitstechnologie besaßen, können wir gewiss davon ausgehen, dass diese in der ganzen Galaxie üblicherweise verwendet wird und dass die früheren Astronauten alle davon wussten. Die große Frage ist nun: Wurde dieses Geheimnis mit uns geteilt? Wenn ja, dann besitzen wir diese Fähigkeit wahrscheinlich seit 1965. Es übersteigt das Vorstellungsvermögen, denkt man nur daran, was das für unsere Industrien auf der Erde bedeuten könnte, wenn ihnen diese Technologie gegeben werde. Kräne könnten zweifellos abgeschafft werden und Wolkenkratzer ließen sich in etwa der halben Zeit errichten. Die Baumaterialien könnte man innerhalb von Minuten zu den jeweiligen Stockwerken hochschweben lassen. Schwebende Städte wären denkbar. Fahrzeuge würden keine Fahrbahnen mehr erfordern und könnten über den Straßen entlangzischen. Wenn diese Informationen irgendwo in den Archiven der Air Force vergraben liegen, dann können wir bereits das Ausmaß der sozialen, technologischen und industriellen Revolutionen abschätzen, die sich ereignen werden, sobald diese Geheimnisse gelüftet sind.

UNS WAR WIRKLICH SCHWINDLIG

Die Mannschaft erlitt während des ersten Teils der Reise beträchtliche Beschwerden, wie im Eintrag für Tag 2 des Mannschaftskommandanten beschrieben.

TAG 2

Ich bin mir nicht sicher, wie lange wir in den Containern waren. Wir saßen auf den Stühlen und es wurde ein durchsichtiger Container über uns und den Stuhl platziert. Wir waren in dieser Blase oder Kugel isoliert. Wir konnten gut atmen und hinaussehen, aber es war uns wirklich schwindlig und wir waren verwirrt. Ich vermute, ich bin eingeschlafen oder ohnmächtig geworden. Ich glaube, es ist ein anderer Tag, aber meiner Uhr zufolge ist eine Stunde vergangen, seit wir uns hingesetzt haben, aber ich denke, es ist der nächste Tag. Unsere Zeitinstrumente sind in unseren Rucksäcken, die in einem anderen Bereich dieses Raums aufbewahrt sind. Wir sind immer noch in diesen Kugeln, aber es scheint OK zu sein. Naja, 899 hat herausgefunden, wie er rauskommt, denn er steht. Er öffnete meine Kugel. Nicht sicher, ob wir uns außerhalb dieses Dings aufhalten sollten. 899 meinte, ein EBE kam rein, sah uns an und ging weg. Andere Teammitglieder schlafen. 899 und ich gehen im Raum herum. Ich habe die Zeitinstrumente gefunden. Scheinbar sind wir seit etwa 24 Stunden oder so unterwegs. Keine Fenster zum Raussehen. Ursprünglich hieß es, es würde etwa 270 unserer Tage dauern. OK, EBE kam herein und zeigte auf unsere Stühle, wir müssen wohl wieder zurück und uns hinsetzen.

ICH TRÄUMTE VON DER ERDE

Der folgende Tagebucheintrag des Mannschaftskommandanten ist ohne Datumsangabe und scheint eine weitere Beschreibung von Tag 2 zu sein, da zusätzliche Einzelheiten zum ersten Reisetag auf dem Mutterschiff angegeben werden. Doch zu diesem Zeitpunkt sind sie mittlerweile weit fortgeschritten in ihrer Reise. Der Kommandant ist so desorientiert, dass er sich nicht bewusst ist, dass er über den ersten Reisetag bereits geschrieben hat und deckt vieles davon erneut ab. Er hat offenbar keine Erinnerung an seinen vorhergehenden Tagebucheintrag. In diesem Abschnitt erfahren wir, dass ein Mann fehlt.

Ich träumte von der Erde. Ich hatte wirklich lebhafte Träume von Colorado, den Bergen, dem Schnee und meiner Familie. Es war, als ob ich wirklich dort war. Ich hatte keine Sorgen und dachte nicht an meine Situation innerhalb des fremden Raumschiffs. Dann wachte ich auf. Ich war verwirrt und desorientiert. Ich war in einer Schüssel, nun ja, es sah aus wie eine Schüssel. Ich kann mich nicht erinnern, wie ich dort hinkam. Ich dachte sofort an meine Mannschaft. Ich drückte gegen den oberen Bereich dieser Glasschüssel und sie ging auf. Ich hörte ein Zischgeräusch von den Fugen oder Dichtungen. Ich sah mich um und bemerkte, dass ich in einem Raum war. Ein Raum, an den ich mich nicht erinnern konnte. Aber wir waren alle in diesen Glasschüsseln. Die anderen Mannschaftsmitglieder schliefen alle. Ich kletterte hinaus und bemerkte, dass meine Beine schmerzten. Aber ich kletterte hinaus und ging zu jeder Glasschüssel, um nach der Mannschaft zu sehen. Ich habe einschließlich meiner selbst nur elf gezählt. Es fehlt jemand. Aber wer? Ich bin derart verwirrt. Ich habe außerdem großen Durst. Ich

Der Mannschaftskommandant hatte einen lebhaften Traum von seinem Zuhause in Colorado.

finde keine der Wasserflaschen. Wir hatten welche, aber ich finde keine. Meine Augen haben wirklich Schwierigkeiten zu fokussieren. Aber ich schreibe es in mein Protokoll, ich muss alles festhalten. Ich fand Nummer ... Er lebt. Wer fehlt[?]

Ich muss alle Schüsseln überprüfen. Dieser Raum ist groß. Die Decke sieht wie eine Bettenmatratze aus. Die Wände in diesem Raum sind weich. Nicht viel in diesem Raum, abgesehen von den Schüsseln und einigen Schläuchen, die von den Schüsseln in den Boden verlaufen. Ich sehe blinkende Lichter unten an den Schüsseln. In der Decke sind helle Lichter. In der Matratze oder so. Ich kann diese Schüsseln nicht öffnen. Ich habe alles versucht. Ich muss die Ebens um Hilfe bitten. Ich habe eine Tür gefunden, aber ich kann sie nicht öffnen.

WIR SIND DIE MUSTEREXEMPLARE

Ich kann mich nicht erinnern, wie wir die anderen Türen öffneten. Wie lange waren wir in diesen Schüsseln? Wie es aussieht, kann ich mich an vieles nicht erinnern. Vielleicht verursacht das Reisen im Weltraum Probleme mit der menschlichen Psyche. Wir hörten davon während der Ausbildung, aber keiner reiste jemals zuvor so weit. Wir sind die Versuchstiere. Vielleicht sollte ich zurück in die Schüssel gehen. Vielleicht bin ich zu früh aufgewacht. Laut meiner Armbanduhr ist es 1800 Stunden. Aber welcher Tag, welcher Monat, welches Jahr? Wie lange habe ich geschlafen. Der Boden wirkt weich mit Drähten, die in einem Kreuzmuster verlaufen. Ich sehe eine Art von Fernsehbildschirm in einer Ecke des Raums. Ich glaube, es ist vielleicht ein Überwachungsgerät für die anderen Schüsseln. Ich kann nichts auf dem Bildschirm lesen, weil es in der Eben-Sprache geschrieben ist. Ich kann Linien auf dem Bildschirm erkennen, vielleicht ein Gesundheitsmonitor. Ich hoffe, das bedeutet, dass alle atmen und am Leben sind. Aber es fehlt ein Mann. Habe ich etwas vergessen? Ist jemand gestorben? Ich kann mich nicht erinnern. Ich habe einen Ausschlag auf den Händen. Brennt sehr. Vielleicht ist es eine Strahlenverbrennung von irgendwo. Aber wo sind die Strahlenmessgeräte, die wir dabeihatten. Wo ist unsere Notausrüstung. Ich kann nichts davon finden. Ich gehe zurück in die Schüssel. Ich lege mich hin. Ich werde keine weiteren Tagebucheinträge schreiben.

WIR HABEN KEINE AHNUNG, WELCHER TAG ES IST

Eintrag

Da ich nicht sicher bin, welcher Tag es ist, werde ich kein Datum zu diesem Eintrag angeben. Ich gebe nur Eintrag an. Wir sind alle krank. Schwindelgefühle, Magenschmerzen. 700 und 754 gaben uns Medikamente zur Magenberuhigung. Aber es geht uns wirklich schlecht. Wir können unsere Augen nicht fokussieren und wissen schein-

bar nicht, in welche Richtung man sich nach oben oder unten richtet oder wie man sich hinsetzt. Wirklich kein gutes Gefühl. Die Medikamente helfen ein bisschen. Wir können ein wenig essen. 700 und 754 sagen, wir sollen essen und das Wasser trinken, das wir mitgebracht haben. Das tun wir und fühlen uns ein bisschen besser, kann mich auf nichts konzentrieren also kann nicht mehr schreiben jetzt.

Fühle mich wesentlich besser. EBEs kamen herein und haben irgendetwas im Raum gemacht. Es scheint alles klarer und wir fühlen uns nicht mehr so verwirrt und schwindlig. Wir haben noch etwas gegessen und trinken mehr Wasser. Wir fühlen uns wesentlich besser. Wir sind außerhalb der Kugeln, aber zu bestimmten Zeiten müssen wir in ihnen bleiben. EBE zeigte uns eine Reihe von Leuchten über der Eingangsplatte. Grüne, rote und weiße Leuchten. Wenn das Licht rot ist, müssen wir in der Kugel sitzen. Wenn das Licht weiß ist, sind wir OK. EBE erklärte uns das grüne Licht nicht. Das ist vielleicht nicht gut. Wir haben keine Ahnung, welcher Tag heute ist. Wir wissen nur, dass es 2319 ist. Unser Datumsgerät funktioniert nicht gut laut 633 [Wissenschaftler #1]. Er glaubt, wir waren zehn Tage unterwegs, ist aber nicht wirklich sicher. Wir waren die ganze Zeit über in diesem Raum. Ich glaube, dieser Raum wurde für uns konstruiert und dass wir hier sicher sind. Es wäre vielleicht nicht klug, ihn zu verlassen. Keine Schwerelosigkeit. Keine Ahnung, wie sie das anstellen. Aber beim Gehen ist uns ein bisschen schwindlig. Der Raum scheint unter Druck zu stehen. Viel Ohrenknacken. Wenn wir 270 Tage lang in diesem Raum sitzen müssen, wird uns wirklich langweilig. Wir können nicht viel tun, all unsere Ausrüstung ist weggepackt. Wir haben unsere Rucksäcke, aber darin ist nur wenig. Wir wollen uns zurechtmachen, können aber außer den Behältern, die wir für unsere Notdurft verwenden, kein Badezimmer finden. Es sind kleine Metallbehälter, die der EBE von zu Zeit zu Zeit entleert. EBE bringt uns Essen, ihr Essen. Wir haben es probiert und es schmeckt wie Papier – wirklich kein Geschmack, aber vielleicht ist es etwas Spezielles für Weltraumreisen. 700 isst es. Er scheint OK zu sein, aber es verschafft ihm Darmbeschwerden. Ihr Wasser sieht milchig aus, aber es schmeckt nach Äpfeln. Sonderbar.

ANTIMATERIEANTRIEB

Eintrag

Ich habe lange keinen Eintrag geschrieben. Wir vermuten, wir sind seit 25 Tagen auf dem Schiff. Aber wir könnten uns um etwa fünf Tage verschätzt haben. Wir waren lange in unseren Kugeln eingeschlossen. Wir mussten sie verlassen, um uns zu erleichtern, und schafften es endlich, die Kugeln zu öffnen. Daraufhin wurden wir aber alle sehr krank. Schwindlig, verwirrt, manche konnten nicht gehen. Harnlassen und Stuhlgang bereiteten uns Schwierigkeiten. 700 und 754, die die EBE-Nahrung zu sich nahmen, schienen weniger stark betroffen zu sein als wir. Sie behandelten uns mit Medikamenten. EBE kam herein und richtete ein bläuliches Licht auf unsere Köpfe. Wir fühlten uns danach besser, viel besser. Aber er zeigte auf die Stühle und wir leiteten daraus ab, dass wir uns wieder setzen mussten. Wir zeigten ihm unsere Abfallbehälter und zeigten verwirrt auf die Stühle. Er verstand und verließ den Raum. EBE kam zurück mit kleinen Behältern, die wir mit in die Kugeln nehmen konnten. Er brachte außerdem kleine Krüge mit der milchigen Flüssigkeit und gab uns mit einer Bewegung zu verstehen, dass wir sie trinken sollten. Also gingen wir zurück in die Kugeln und saßen einfach nur herum mit den Abfallbehältern und dem Krug mit dem milchigen Zeug. Wir trinken es und es scheint uns besser zu gehen, abgesehen von 518 [dem Biologen], der einen kranken Anschein macht. Aber wir wurden ermahnt, innerhalb der Kugeln zu bleiben.

ZUR HÄLFTE ZU HAUSE

Wir erfahren nun, dass das außerirdische Schiff den Zeitbereich ungefähr nach der halben Wegstrecke verließ. Die Mannschaftsmitglieder fühlten sich nun viel besser und konnten sich frei auf dem Schiff bewegen, Untersuchungen durchführen und Fragen stellen. Den Mannschaftsmitgliedern war scheinbar nur während der Reise durch den Zeitbereich übel und schwindlig. Das ist eine wichtige Information für die NASA und für zukünftige bemannte Raumsonden von der Erde. Unseren Biowissenschaftlern wird es gewiss möglich sein, eine Art von Medikament zu entwickeln, um diesem Problem entgegenzuwirken. Möglicherweise würden einfache Pillen gegen Seekrankheit helfen. Nach der zur Hälfte zurückgelegten Strecke bleiben immer noch etwa 20 Lichtjahre oder 200 Billionen Kilometer. Wie es scheint, reisen die Ebens mithilfe eines stark fortgeschrittenen bordseitigen Antriebs durch den Weltraum. Wir erfahren hier, dass sie möglicherweise Antimaterietechnologie verwendeten (siehe Farbtafel 12).

EINTRAG

Ich habe keine Ahnung, wie lange wir diesmal in der Kugel waren. Aber EBE kam herein und deutete uns an, dass wir herauskommen sollten. Wir konnten uns bewegen, ohne dass uns schwindlig oder übel wurde. EBE erlaubte uns sogar, den Raum zu verlassen. Wir gingen über einen langen Zeitraum einen sehr engen Gang entlang, vielleicht 20 Minuten. Wir erreichten dann eine Art von Aufzug, der sich schnell bewegte, denn wir konnten die Bewegung spüren. Wir kamen in einen sehr großen Raum heraus, in dem sich viele EBENS auf Sitzen befanden. Vielleicht ist das das Kontrollzentrum. Unser Begleiter deutete uns an, in den Raum zu gehen. Wir sahen Schalttafeln mit vielen Lichtern. Es gab vier verschiedene Stationen mit jeweils sechs EBENS. Sie waren in Ebenen angeordnet. Auf der obersten Ebene des Raums war nur ein Sitz. Ein Eben saß auf diesem Platz. Wir gingen davon aus, dass er der Pilot oder Kommandant sein musste. Er schien mit einer Instrumententafel beschäftigt. Es gab viele Fernsehbildschirme, aber sie zeigten alle EBEN-Sprache und eine Reihe von Linien, sowohl vertikal als auch horizontal. Vielleicht irgendeine grafische Darstellung.

Wir konnten ohne einen störenden EBEN an der Seite herumwandern. 633 und 661 [Wissenschaftler #2] hatten wirklich großes Interesse. 633 machte einen besseren Ein-

9. DIE REISE

druck. Es gab ein Fenster. Aber wir konnten nichts sehen. Es war dunkel, aber wir konnten Wellenlinien erkennen. Vielleicht eine Art von Zeitverzerrung. Wir bewegen uns wohl schneller als mit Lichtgeschwindigkeit fort, aber wir können nichts durch das Fenster erkennen.

NEGATIVE MATERIE GEGEN POSITIVE MATERIE

OK, MVC traf endlich ein. Er erklärt in gebrochenem Englisch, dass wir den halben Weg zum Heimatplaneten zurückgelegt haben. Alles funktioniert einwandfrei und wir werden uns alle besser fühlen, sobald das Schiff diese Zeitwelle verlässt, wie er es nennt. MVC sagt, wir können alle Bereiche des Schiffs besuchen, aber wir müssen zusammenbleiben. Es muss uns gezeigt werden, wie die Bewegungszentren zu bedienen sind. Wir vermuten, er bezieht sich auf die Aufzüge. Es scheint simpel, einfach die Hand über eine der Betriebsleuchten halten. Weiß und rot. Weiß bewegt den Aufzug und rot hält ihn an. Wir hören eine Art Klingelton, aber MVC sagt, es sind nur Raumgeräusche. Was auch immer er damit meint. Wir konnten auf dem Schiff herumgehen, aber es ist so riesig, dass es schwierig zu verstehen ist, wie sich ein solch riesiges Schiff so schnell bewegen kann. 633 möchte die Triebwerke sehen. MVC bringt vier von uns in den Maschinenraum oder wie sie den Raum auch nennen mögen. Darin befinden sich große, äußerst große Metallcontainer. Sie sind in einem Kreis angeordnet und ihre Enden zeigen jeweils ins Zentrum. Viele Rohre oder eine Art von großen Schläuchen verbinden sie untereinander. Im Zentrum dieser Container ist eine kupferfarbene Spule oder etwas, das wie eine Spule aussieht. Ein helles Licht scheint von oben ins Zentrum der Spule. Wir hören ein dumpfes Brummgeräusch, aber keine bedeutenden lauten Geräusche. 661 denkt, es ist ein System von negativer Materie gegen positive Materie.

Wir wissen, dass 661 ein Wissenschaftler war. Seine Spekulation zu der Zeit, dass die Ebens vielleicht eine Form von Antimaterieantrieb verwendeten, war erstaunlich, da diese Möglichkeit damals selbst in geheimen wissenschaftlichen Rängen nicht erwägt wurde. Die Mitglieder dieser Mannschaft wurden sorgfältig ausgewählt und sie waren offenbar alle hochintelligent und vorausdenkend. Nun haben wir durch Robert Lazar erfahren, der in den 1980ern an der Nachkonstruktion außerirdischer Schiffe in Area 51 arbeitete, dass die Außerirdischen Antimateriereaktionen nutzten, um ihre Schiffe mit

Kleines spekulatives Modell eines Antimateriereaktors auf einem außerirdischen Schiff. Die Kuppel deckt den Keil aus Element 115 ab. Modellentwurf von Robert Lazar und Ken Wright.

Energie zu versorgen, unter Verwendung einer superschweren Substanz namens Element 115, einem auf der Erde nicht aufgefundenem Element.

Nach Lazars Enthüllung war es Wissenschaftlern des Lawrence Livermore Laboratory in Zusammenarbeit mit russischen Wissenschaftlern in Dubna, Russland möglich, durch Beschuss anderer stabilerer Elemente das Element 155 herzustellen, und sie erzeugten daraufhin auch noch schwerere Atome, Element 116 und Element 118. All diese Atome sind sehr instabil und besitzen eine kurze Halbwertzeit, aber sind stark radioaktiv. Dem Element 115 wurde das Symbol Uup und die Bezeichnung Ununpentium zugewiesen. All diese Elemente wurden mittlerweile in das Periodensystem aufgenommen.

DER TOD VON 308

Der folgende Tagebucheintrag des Mannschaftskommandanten wurde offensichtlich geschrieben, als sie sich dem Ende der Reise näherten. Anscheinend schliefen sie während des Großteils der Reise. Und jedes Mal, wenn sie aufwachten, hatten sie wenig bis keine Erinnerungen an die vorhergehenden Ereignisse. Wir erfahren später, dass 308 (Mannschaftspilot #2) an einer Lungenembolie starb.

Ich bin wieder wach. Ebens sind im Raum. Meine Schüssel ist offen. Ein Teil meiner Crew geht herum. Die Ebens helfen ihnen. Ich kletterte aus meiner Schüssel. Der Englisch sprechende Eben sieht mich und ich frage ihn, ob alle in meiner Crew wohlauf sind. Er versteht „wohlauf" nicht. Ich zeige auf die Crew. Ich sage elf. Wo ist Nummer zwölf? Ebe1 zeigt daraufhin auf eine leere Schüssel und sagt, Erdenmann ist nicht lebend. Ok, es ist jemand gestorben. Aber wer? Meine Crew wandert verwirrt herum. Ich kann ihre Aufmerksamkeit nicht gewinnen. Sie sehen wie lebende Tote aus. Was ist los mit ihnen? Ich fragte Ebe1, was ist los mit ihnen. Ebe1 antwortete, weltraumkrank, aber bald nicht mehr krank. Ok, das ergibt Sinn. Ich habe keine Ahnung, wie lange.

Wir fliegen immer noch, aber weiß nicht, wie lange. Ebe1 bringt Flüssigkeiten und etwas, das wie ein Keks aussieht. Flüssigkeit schmeckt wie Kreide und der Keks schmeckt nach nichts. Wir essen ihn alle und trinken die Flüssigkeit. Wir fühlen uns fast auf der Stelle besser. Ok, wir organisieren uns. Habe 203 gesagt, er soll die Crew zusammentreiben. Wir vermissen 308 [Mannschaftspilot #2]. Er muss der Tote sein. Ebe1 kam zurück und führte mich zu 308. Er war in Schüssel, etwas wie ein Sarg. 700 und 754 werden 308 untersuchen. Ebe1 warnte uns davor, 308 herauszunehmen. Verstehe die Warnung nicht. 700 und 754 sind hier. Ich versuche, Ebe1 zu erklären, dass sie unsere Mediziner sind und 308 untersuchen müssen. Ebe1 sagte nein, wegen Infektion. 308 holte sich wohl irgendeine Infektion und sie könnte ansteckend sein. Aber ist 308 tot? Weiß es nicht. Wir befolgen den Rat von Ebe1. 700 und 754 sahen soeben in die Schüssel und meinten, 308 scheint tot zu sein. Alle anderen scheinen ok. Die Flüssigkeiten und Keks müssen eine Art von Energienahrung beinhaltet haben. Wir können unsere Augen fokussieren und normal denken. Keiner kann sich erinnern, wie wir in diesen Raum kamen. Unsere ganze Ausrüstung ist hier. Alle sind um unseren Zustand besorgt. Ebens sind freundlich, aber teilen uns nicht viel mit. 899 macht sich Gedan-

ken über die Einschließung in einen Raum. 633 und 661 denken, wir sollten beschäftigt bleiben. Ich stimme zu. Ich ordne allen an, ihre Rucksäcke und Rationsgürtel zu holen, den vollständigen Inhalt zu erfassen und zu überprüfen, ob etwas fehlt. Das wird das Team eine Weile beschäftigen. Laut meiner Armbanduhr ist es 0400. Aber welcher Tag? Datum? Weiß es nicht. Sehr sonderbar, die Zeit nicht einschätzen zu können. Wir haben keinen Bezugspunkt innerhalb dieses Raums oder dieses Raumschiffs. Die Jahresuhr, die wir mitgebracht haben, packen wir aus, wenn wir an die verstaute Ausrüstung gelangen. Wir wissen nicht, wo sie ist.

10

ANKUNFT

Das Tagebuch des Kommandanten beschreibt die Ankunft auf Serpo:

Ebe1 kam herein. Gab uns Bescheid, dass die Reise fast vorbei sei. Brachte uns in einen Korridor. Wir kamen in einen beweglichen Raum und wurden in einen anderen Bereich des Schiffs befördert. Kamen in einem großen Raum mit vielen Gegenständen heraus. Ich kann sie nicht identifizieren, aber sie sehen wie Kleidertruhen oder Schlafzimmertruhen aus. Wir werden auch zu einem großen Tisch mit Lebensmitteln geführt. Ebe1 sagt, wir sollen essen. Er sagte: Gutes Essen, esst. Wir sehen uns gegenseitig an. 700 und 754 sagen, essen wir. Ok, wir haben Teller gefunden. Scheinen Keramikteller zu sein, wirklich schwer. Ich nehme etwas, das wie ein Eintopf aussieht. Dann nahm ich noch einen Keks, den gleichen, den wir zuvor hatten. Die Getränke waren in Metallbehältern. Die gleiche Flüssigkeit, die wir zuvor tranken. Wir alle aßen. Sehr wenig Geschmack im Eintopf. Etwas wie Kartoffeln, vielleicht Gurken, irgendwelche Stiele. Nicht wirklich schlecht. Die Kekse schmecken gleich. Alle saßen und aßen. Wir fanden etwas wie Äpfel, aber schmeckte nicht nach Äpfeln. Süß und weich, ich aß einen. Hinterlässt einen Nachgeschmack im Mund. Die Mannschaft scheint zufrieden. Manche scherzen herum, dass sie sich ein Eis erwartet hätten. Ok, der MVC ist in Raum. Sahen ihn zum ersten Mal. Er spricht durch Ebe1. Die Sprache ist wirklich unangenehm in meinen Ohren. Die schrillen Klänge und dazu die Gesangstöne klingen sehr seltsam. Ebe1 sagt, MVC will, dass wir uns für die Landung vorbereiten [siehe Farbtafel 13]. Ok, wie tun wir das. Wir müssen in den Schüsselraum und in die Schüsseln. Keiner will das, aber wenn es notwendig, tun wir es. Wir werden zurück in den beweglichen Raum gebracht und kehren in den Schüsselraum zurück. Wir klettern in die Schüssel. Manche verwenden Gefäß, um ihre Notdurft zu verrichten. Dann klettern in Schüssel. Die Deckel werden geschlossen, aber wir sind wach. Liegen nur herum. Ich schlafe ein.

WIR SEHEN ZWEI SONNEN

Die Schüsseldeckel öffneten sich. Laut meiner Armbanduhr ist es 1100. Ich nehme an, es ist immer noch Tag 1. Wir klettern hinaus. Ebe1 ist bei uns. Er sagt, landen zu Hause. Ok, ich denke wir, sind da. Wir sammeln unsere Ausrüstung. 700 erinnert uns daran, unsere Sonnenbrillen zu tragen, wenn wir hinausgehen. Wir packen zusammen und gehen langen Gang entlang. Dann in einen anderen beweglichen Raum. Wir bewegen uns eine Minute lang fort. Dann Tür öffnet sich. Wir sind in einem großen Raum. Wir sehen unsere verstaute Ausrüstung. Viele kleinere Raumschiffe sind hier untergebracht. Eine große Tür öffnet sich. Helles Licht. Wir sehen den Planeten zum ersten Mal. Wir gehen die Rampe hinunter. Viele Ebens erwarten uns. Wir sehen einen großen Eben, den größten, den wir je gesehen haben. Er tritt auf uns zu und beginnt zu reden. Ebe1 übersetzt eine Willkommensnachricht des Oberhaupts. Ich nehme an, das hier ist ihr Oberhaupt. Etwa 30 Zentimeter größer als die anderen. Er sagt, wir sind willkommen auf Planet, er nannte es etwas, das wir nicht verstanden. Ebe1 leistet keine gute Übersetzungsarbeit. Aber wir werden an einen offenen Platz gebracht. Sieht aus wie ein Paradegelände. Der Boden ist erdig. Über mir blauer Himmel. Ein sehr klarer Himmel. Wir sehen zwei Sonnen [siehe Farbtafel 14]. Eine heller als die andere. Die Landschaft sieht aus wie eine Wüste, Arizona oder New Mexico. Keine Vegetation sichtbar. Es erheben sich sanfte Hügel, aber überall nur Erdboden. Das hier muss die zentrale Ortschaft sein. Wir landeten auf einer offenen Fläche mit hohen Gerüsten wie Strommasten. Etwas sitzt oben auf diesen Gerüsten.

DER SPIEGELTURM

Im Zentrum des Dorfs steht ein großer Turm. Sieht aus wie ein Betonbau. Ziemlich groß, vielleicht 90 Meter. Sieht aus, als wäre oben auf dem Turm ein Spiegel. Die Gebäude sehen alle aus wie Hütten aus Lehmziegeln oder Lehm. Manche sind größer als andere. In einer Richtung, kann keine Kompassmessungen angeben, aber da steht eine ziemlich große Konstruktion. Die Ebens tragen alle die gleiche Kleidung, ausgenommen von ein paar Ebens, die auf dem Raumschiff waren. Jetzt sehe ich andere in einer dunkelblauen Ausstattung, anders als die anderen. Die Ebens tragen alle eine Art von Behälter auf ihren Gürteln. Alle haben Gürtel. Kann keine Kinder sehen, aber vielleicht sind sie genauso groß. Unsere Stiefel hinterlassen einen Abdruck in der Erde. Die Helligkeit ist fast zu viel für unsere Augen ohne Sonnenbrillen. Wenn ich mich 360 Grad im Kreis drehe, sehe ich Gebäude und Ödland. Kann keine Vegetation sehen. Ich frage mich, wo sie ihre Nahrungsmittel anbauen. Was für ein Planet. Kaum vorstellbar, dass wir zehn Jahre lang hier leben werden. Aber selbst eine Reise von 1.000 Meilen beginnt mit einem ersten Schritt. Kann mich nicht erinnern, wer das gesagt hat, aber gerade kam mir das in den Sinn.

Die Ebens luden die Vorräte und die Ausrüstung interessanterweise auf 16 separate Paletten ab. Der Kommandant konnte den Abladeprozess nicht sehen, aber anscheinend ging er sehr schnell vonstatten. Wie es scheint, beförderten die Ebens also alles manuell auf 16 Paletten und ließen diese dann in den unterirdischen Lagerbereich schweben. Eventuell konnten sie eine Schwerelosigkeit der schweren Gegenstände erzielen, als sie sie auf die Paletten beförderten.

Serpo ist ein ziemlich trostloser Planet und der Kommandant ist eindeutig nicht sehr glücklich über das, was er sieht. Seine Worte: „Was für ein Planet. Kaum vorstellbar, dass wir zehn Jahre lang hier leben werden." Wie erfahren später, dass dies nicht der ursprüngliche Heimatplanet der Ebens ist, sondern der von ihnen gewählte Zufluchtsort nach der vulkanischen Zerstörung ihres eigentlichen Planeten.

WILLKOMMEN AUF DEM PLANETEN SERPO

Aber viele Ebens heißen uns willkommen. Sie machen einen freundlichen Eindruck. Einer, er erschreckt uns fast, spricht Englisch. Wie sehen uns alle um und sehen einen Eben. Dieser Eben spricht sehr gut Englisch. Dieser Eben, wir nennen ihn ebe2, spricht fast fließendes Englisch. Die einzige Ausnahme ist, dass er den Buchstaben w nicht wirklich ausspricht. Aber Ebe2 spricht wirklich gut Englisch. Ebe2 sagt, wir sind willkommen auf dem Planeten Serpo. Ok, das ist der Name ihres Planeten. Ebe2 zeigt uns ein Gerät und sagt, jeder von uns muss es tragen. Es sieht aus wie ein kleines Transistorradio. Wir befestigen es auf unseren Gürteln. Es ist extrem heiß hier. Bat 633, die Temperatur zu messen. 633 sagt 42 Grad. Sehr warm. Wir ziehen Überjacke aus und tragen nur den einteiligen Fliegeranzug.

SIE SEHEN ALLE GLEICH AUS

Die Ebens sehen uns an, aber erscheinen sehr freundlich. Manche tragen eine Art von Umhängetuch. Ich erkundigte mich bei Ebe2 danach, Ebe2 sagt, sie sind Frauen. Ok, ich verstehe. Sie sehen alle gleich aus. Wirklich schwierig, sie auseinanderzuhalten, abgesehen von Uniform. Manche haben andersfarbige Uniformen. Ich fragte Ebe2 danach, Ebe2 sagt Militäruniform. Ok, das macht Sinn. Ebe2 bringt uns zu einer Reihe von Hütten, die wie Lehmziegelhäuser aussehen. Es sind vier. Dahinter ist ein unterirdischer Raum oder Lagerbereich. Er ist in den Boden gebaut, unterirdisch. Wir müssen eine Rampe hinuntergehen. Die Türen sehen aus wie die der militärischen Iglus, wo unsere Atombomben auf der Erde gelagert werden. Unsere gesamte Ausrüstung, die vom Raumschiff genommen wurde, ist hier gelagert. Wir kamen in diesen Bereich hinunter. Sehr großer Raum. Sehr kühl, wesentlich kühler. Vielleicht müssen wir hier schlafen. Unsere gesamte Ausrüstung ist hier. 16 Paletten mit Ausrüstung. Dieses Iglu ist aus einem betonähnlichen Material, aber mit einer anderen Textur. Fühlt sich wie weicher Gummi an, aber trotzdem hart. Der Boden ist aus dem gleichen Material. An der Decke sind Lichter. Sehen wie Scheinwerfer aus. Sie haben Strom. Wir müssen irgendwann Inventur unserer Ausrüstung machen. Wir gehen zurück zu Hütten. Die Hütten sind kühler als draußen. Aber immer noch sehr warm. Wir müssen uns organisieren. Ich sage Ebe2, wir müssen allein sein und uns organisieren. Dann bemerkte ich, dass Ebe2 weiblich ist. Ebe2 sagt ok. Wir werden allein gelassen. Ich fragte nach der Leiche von 308. Ebe2 scheint verwirrt und weiß nichts von einer Leiche. Ich erklärte Ebe2, sie hielt die Hände gekreuzt über ihren Körper und neigte den Kopf nach unten. Es war wirklich bewegend, denn sie weinte fast. Ebe2 teilte uns mit, dass man die Leiche zu uns bringen würde, aber sie müsste zuerst bei ihrem Ausbilder nachfragen.

Das Wort Ausbilder erschreckte mich irgendwie. Ist Ebe2 in Ausbildung und jemand unterrichtet sie? Oder ist das Wort Ausbilder in Eben etwas anderes als auf Englisch? Vielleicht bedeutet es Oberhaupt oder Kommandant. Weiß es nicht. Aber Ebe2 ging. Ich sagte zu 203, er solle alle in den unteren Lagerbereich bringen. Wir werden eine Teambesprechung abhalten. 633 schlug vor, den Kalender mit dem heutigen Tag zu beginnen. Es ist 1300 an unserem Tag eins auf Planet Serpo.

Die Teammitglieder konnten all ihre elektrischen Geräte verwenden. Sie steckten sie alle in eine versiegelte schwarze Box und sie funktionierten. Man geht davon aus, dass das Team das Gerät verwenden konnte, das die Ebens für die Kommunikation mit der Erde entwickelt hatten. Nichts schien sie daran zu hindern, abgesehen von der unwahrscheinlichen Möglichkeit, dass es nur mit der Eben-Sprache funktionierte. Aber selbst in diesem Fall hätten die Ebens Nachrichten ins Englische übersetzt. Aus irgendeinem Grund geht Anonymous nicht auf die Verwendung dieses Kommunikationsgeräts durch das Team ein.

Es ist interessant anzumerken, dass die Ebens Elektrizität, aber keine Klimaanlagen haben! Es ist eines der vielen Paradoxe der Technologie und Kultur der Ebens. Sie sind fortgeschritten und kultiviert, doch primitiv und simpel zur gleichen Zeit.

Die Außerirdische, die der Mannschaftskommandant Ebe2 nannte und die hervorragend Englisch spricht, ist eindeutig die gleiche Ebe2, die das Yellow Book übersetzte und es uns bei der ersten Landung im April 1964 überreichte und die zu der Zeit auch die Konversation übersetzte. Es ist ein Zufall, dass ihr bei beiden Gelegenheiten der gleiche Name gegeben wurde, denn bei der Begrüßung der Landung im April war keiner der Mannschaft anwesend. Sie warteten alle in einem Bus. Ihre emotionale Reaktion in dem kurzen Drama über die Leiche von 308 offenbart eine teilnahmsvolle und mitfühlende Natur, die den Erfahrungen des Teams nach generell charakteristisch für diese Rasse war. Dieser erste Vorfall hinsichtlich der Bergung der Leiche von 308 war, wie wir noch sehen werden, die Eröffnungsrunde dessen, was sich sehr früh fast zu einem großen diplomatischen Problem entwickelte. In diesem nächsten Tagebucheintrag sehen wir, dass Ebe2 zu einer sehr wichtigen Verbindung zwischen der Mannschaft und den anderen Ebens wurde.

VIELLEICHT HABEN SIE BÜCHER ÜBER DIE ERDE

Wir hatten ein ernstes Problem. Wie erklären wir unsere Wissenschaft einer außerirdischen Entität, die Einstein, Kepler oder jegliche anderen Wissenschaftler unserer Zeit nicht kennt. Einfache Mathematik scheint ihnen derart fremd. Ebe2 ist die Klügste. Sie scheint unsere Sprache besser als 1 und 2 zu verstehen. Sie scheint sogar unsere grundlegende Mathematik zu verstehen. Wir fingen mit der grundlegenden Mathematik an. 2 plus 2. Dann machten wir weiter. Sie verstand und begriff sogar so schnell, dass sie ohne unsere Hilfe weitermachte. Wir bemerken, dass sie einen hohen IQ hat, als sie 1.000 mal 1.000 wiederholte und eine Antwort parat hatte. Wir zeigten ihr unseren Rechenschieber. Sie brauchte ein paar Minuten, um aus ihm schlau zu werden, aber ich glaube nicht, dass sie alle Symbole auf dem Rechenschieber vollständig verstand. Sie ist wirklich etwas Besonders. Wir konnten eine Persönlichkeit in ihr sehen. Vielleicht weil wir mehr Kontakt mit ihr als mit den anderen haben. Sie ist sehr warm-

herzig, man kann es einfach spüren. Sie hat uns wirklich gern und sie sorgt sich um uns. Während unserer ersten Nacht schien sie sicherzustellen, dass alles perfekt für uns war. Sie warnte uns vor der Hitze und dem Licht. Sie erwähnte, dass es auf SERPO nicht dunkel wird wie auf der Erde. Ich frage mich, wie sie das wusste? War sie auf der Erde? Vielleicht wurde sie einfach über die Erde unterrichtet. Vielleicht haben sie Bücher über die Erde. Jedenfalls erzählte sie uns in der ersten Nacht von den Winden, was für Winde. Sturmböen beginnen genau in dem Moment, wenn eine der Sonnen untergeht. Die andere Sonne geht nicht unter, sondern bleibt tief am Horizont. Die Winde wehen Staub in unsere Hütten. Wir hatten eine sehr schwierige erste Nacht. Wir nennen es Nacht, aber für die Ebens ist es scheinbar nur ein Abschnitt ihres Tages. Ebe3 [Ebe2] kannte das Wort für Tag, aber verglich es nicht mit dem Erdentag. Vielleicht war sie nicht auf der Erde. Wir konnten nicht gut schlafen während der ersten Nacht. Die Ebens schlafen nicht so wie wir. Sie scheinen über gewisse Zeiträume zu ruhen, um dann wieder zu erwachen und ihren Geschäften nachzugehen, was diese auch sein mögen. Als wir aufwachten, war Ebe2 da, draußen vor der Hütte. Ich öffnete die Tür und sie wartete. Warum? Wie wusste sie, dass wir wach waren? Vielleicht werden die Hütten mit einem Sensor überwacht. Ebe2 sagte, wir sollten ihr zum Speiseplatz folgen. Sie sprach nicht von einem Speisesaal oder einer Kantine. Sie verwendete das Wort Platz.

Die Tatsache, dass das Team für Berechnungen einen Rechenschieber verwendete, datiert diesen Eintrag und authentifiziert den Zeitraum. Mit der Einführung preiswerter wissenschaftlicher Rechner 1974 kam der Rechenschieber praktisch außer Gebrauch. Aber in den 1960ern hatten Techniker üblicherweise einen Rechenschieber bei sich. Das schnelle Verständnis von Ebe2, wie der Rechenschieber mit seinen kryptischen Symbolen zu verwenden war, sagt eine Menge über die hohe Intelligenz der Ebens.

Der Kommandant spekuliert, ob Ebe2 vielleicht auf der Erde war. Zu diesem Zeitpunkt wusste er nicht, dass Ebe2 im April 1964 tatsächlich die Erde besucht hatte. Und offenbar wusste er nichts über das Yellow Book, denn ansonsten hätte er Bescheid gewusst, dass sie die Übersetzerin war. Es ist erstaunlich, dass MJ-12 dem Team diese wichtige Information vorenthielt. In diesem Fall gingen Paranoia und Geheimhaltung zu weit. Diese Mannschaft opferte eine Menge für diese Reise und hatte ein Recht darauf, alles nur Mögliche über den Planeten, der für die nächsten zehn Jahre ihre Heimat sein würde, zu wissen. Jemand hätte sie über das Yellow Book informieren müssen.

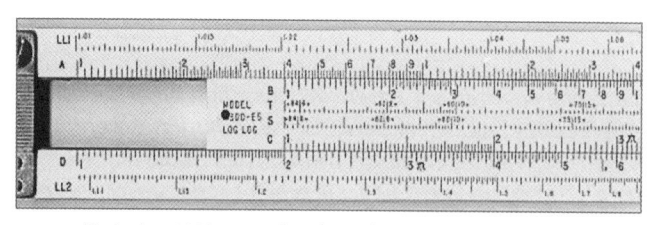

Ein in den 1960ern noch gebräuchlicher Rechenschieber

WIR SIND DIE ALIENS

Nachdem ich das Team versammelt hatte, gingen wir durch das Dorf, ich werde es im Sinne der Formulierung ein Dorf nennen. Wir betraten ein großes Gebäude. Es schien groß bezogen auf die kleine Statur der Ebens. Tische mit Lebensmitteln waren hier. Wir würden diesen Ort vermutlich eine Kantine nennen. Ebens sahen uns an, aber aßen weiter. Kochen sie nicht in ihren Hütten? Vielleicht essen alle hier. Wir gingen zu den Tischen mit Essen. Es war das gleiche Essen, das wir auf dem Raumschiff gesehen und gegessen haben, mit ein paar Ausnahmen. Sie hatten große Schüsseln mit etwas, das wie Obst aussah. Sonderbar aussehende Dinge. Sie hatten auch etwas wie Hüttenkäse, es schmeckte nach Sauermilch, aber nach dem Anfangsgeschmack akzeptabel. Ich ermunterte die Teammitglieder, zu essen und zu trinken. Wir gewöhnen uns besser an ihre Nahrung. 700 meint aber, wir sollten pro Tag nur eine ihrer Mahlzeiten einnehmen und für die restlichen Mahlzeiten bei unseren C-Rationen bleiben. Auf diese Weise kann sich unser System an die Eben-Nahrung anpassen. Wir saßen an einem Tisch, klein im Vergleich mit unseren Standards, und aßen. Die Ebens, es waren vielleicht um die 100, aßen nur und störten uns nicht wirklich. Mitunter erwischten wir Ebens dabei, wie sie uns anstarrten. Aber wir waren die Sonderlinge, nicht sie. Wir sind die Besucher. Wir sind die Aliens. Wir müssen wirklich seltsam für sie aussehen. Wir sehen alle anders aus, sie sehen alle gleich aus. Wie können sie uns mit sich selbst vergleichen? Sie können es nicht. Wir starren sie an, sie starren uns an. Dann sehen wir einen anders aussehenden Eben. Eine sehr seltsame Kreatur, groß mit langen Armen, fast dahinschwebend mit langen Beinen. Kann kein Eben sein. Wir alle starren. Diese Kreatur schwebt einfach an uns vorbei und sah uns nicht einmal an. Ich finde Ebe2. Sie isst mit drei anderen. Als ich näherkomme, steht sie auf und neigt fast den Kopf in meine Richtung. Vielleicht nur eine Begrüßung, muss ich mir merken. Ich frage nach der Kreatur, dir wir sahen, ich frage, ob das eine andere Ebenart war. Ebe2 schien verwirrt. Sie fragte, welche Kreatur? Ich verwendete das Wort Kreatur. Vielleicht war es eine Beleidigung oder vielleicht kannte sie das Wort nicht. Ich zeigte auf ihn auf der anderen Seite des Gebäudes. Daraufhin verstand sie, was ich meinte. Ebe2 sagte nein, kein Eben, nur ein Besucher. Wie du, während sie auf mich zeigte. Ok, ich verstehe, sie haben auch andere fremde Besucher hier. Wir sind wohl nicht die einzigen. Dann fragte ich Ebe2, von welchem Planeten der Besucher kam. Ebe2 sagte etwas wie CORTA, nicht sicher, wie das Wort exakt lautet, auch wenn sie es zweimal für mich wiederholte. Ok, wo ist CORTA? Sie bringt mich zu einem Fernseher, zumindest sieht es wie ein Fernseher aus. Er steht in der Ecke des Gebäudes und ist wie eine Art von Kommandostation aufgebaut. Sie legt den Finger auf das Glas und es erscheint etwas.[1] Das Universum? Sternensysteme, ich erkenne keines davon. Sie zeigt auf eine Stelle und sagt CORTA. Ok, wo ist die Erde? Sie zeigt auf eine andere Stelle und sagt Erde. Basierend auf dieser Fernsehglasweltraumkarte sind CORTA und die Erde nicht weit voneinander entfernt. Aber ich weiß nicht, welcher Maßstab auf dieser Karte verwendet wird. Vielleicht sind sie eine Billion Kilometer voneinander entfernt oder vielleicht zehn Lichtjahre (siehe Farbtafel 15). Aber sie scheinen nahe zu sein. Ich werde einen der Wissenschaftler bitten müssen, sich das anzusehen. Ok, ich danke Ebe2. Sie wirkt zufrieden. Sie sieht fast wie ein Engel aus. Sie macht einen wirklich sehr netten Eindruck. Sie berührte meine Hand und zeigte auf meinen Tisch und sagte, essen. Gut, essen? Ich lachte und sagte, ja, gutes Kantinenessen. Sie wirkte verwirrt. Vermutlich weiß sie nicht, was eine Kantine ist. Ich zeigte auf das Gebäude und sagte, Kantine, Speiseplatz auf der Erde. Sie wiederholte, was ich sagte, Kantine, Speiseplatz auf der Erde. Ich lachte und ging. Jetzt denkt sie vermutlich, dass alle Restaurants auf der Erde Kantinen genannt werden.

Die Beschreibung der Kreatur von CORTA klingt sehr nach dem Außerirdischen, den wir heute als Mantis bezeichnen aufgrund seiner Ähnlichkeit mit einer Gottesanbeterin [Praying Mantis auf Englisch]. Viele der Kontaktierten berichteten, diese Außerirdischen auf Raumschiffen gesehen zu haben, als sie entführt wurden. Sie werden stets als freundliche und mitfühlende Wesen beschrieben. Die Tatsache, dass es Außerirdischen von anderen Sternensystemen erlaubt ist, sich frei unter das Volk zu mischen, zeugt von der galaktischen kosmopolitischen Natur des Planeten Serpo. Durch das Kantinenereignis sehen wir, dass sich zwischen dem Kommandanten und Ebe2, die ihnen als Übersetzerin, Orientierungshilfe und Begleiterin zugeteilt wurde, ein sehr warmherziges und vertrauensvolles Verhältnis entwickelte.

Endnoten

[1] Diese Technologie ist heute allgemein üblich unter Fernsehmoderatoren, Kommentatoren und Meteorologen. Sie beeinflussen mit ihren Fingern routinemäßig die Fernsehbilder und blenden untermauernde Statistiken ein. Das gleiche Verfahren kommt auch auf dem iPad und all den neuen Tablets zum Einsatz. Es ist gut möglich, dass uns die Ebens bei der Entwicklung dieser Technologie unterstützten.

11

ANPASSUNG

Die Aufzeichnungen des Mannschaftskommandanten über den ersten Tag auf Serpo setzen sich fort:

> *Wir kehrten in unsere Hütten zurück. Wir müssen uns besser organisieren. Wir haben eine Besprechung. Alle scheinen ok. Wir machen uns Gedanken über Latrinen. Wo erleichtern wir uns? Ebe1 kommt vorbei, fast als hätte er unsere Gedanken gelesen, vielleicht können sie das sogar. Er zeigt uns Topf in Hütte. Wir hatten uns alle gewundert, wofür der war. Ok, das ist unsere Latrine. Das wird nicht sehr gut funktionieren, aber wir werden tun, was wir können. Dann bemerken wir irgendwelche Chemikalien im Topf. Unsere Ausscheidungen lösen sich auf oder so. Ich weiß es nicht wirklich. Es ist einer in jeder der vier Hütten. Das sollte einstweilen funktionieren.*

DIE TEMPERATUR MUSS ÜBER 60 GRAD LIEGEN

Ebe2 [Ebe1] sagt, wir sollen auf Boden gehen. Nicht sicher, was er damit meint, aber 420 meint, wir sollen vielleicht einfach nur herumgehen. OK, das werden wir tun. Ich organisiere die Teams, 102 bleibt hier mit 225. 633 und 661 sollen sich die Fernsehglaskarten ansehen, vielleicht erkennen sie, welches Sternensystem CORTA ist. Ich bitte 518 [den Biologen], Temperaturen und allgemeine Wetterbeobachtungen aufzuzeichnen. Ich weiß, dass es heiß ist. Sehr heiß. Die Temperatur muss über 60 Grad liegen. 754 ermahnt uns, uns zum Schutz vor der Sonnenstrahlung bedeckt zu halten. 754 sagt, die Strahlenbelastung ist hoch. Das klingt nicht sehr gut. Das erinnert mich an Nevada. 1956, während eines Atombombentests. Das Wetter war heiß und wir mussten uns vor der Strahlung der atomaren Explosionen in Acht nehmen. Jetzt sind wir auf einem unbekannten Planeten 40 Lichtjahre von der Erde entfernt und wir haben Strahlung und Hitze. Aber wir müssen Forschungen anstellen – dafür wurden wir hierhergebracht. Wir beginnen herumzugehen. 475 wird mit unserer Militärkamera Fotos machen. Ich hoffe, der Film wird von der Strahlung [nicht] beeinträchtigt. Wie entwickeln wir ihn? Vielleicht haben wir nicht an alles gedacht. Ich schließe mich mit 225 zusammen. Wir gehen zu einem großen offenen Gebäude. Wir gehen hinein und es sieht wie ein Klassenzimmer aus, aber es sind keine Ebens hier. Es ist eine große

Fernsehröhre hier. Sie nimmt die ganze Wand ein. Ein paar Lichter leuchten auf der Fernsehröhre auf. Wir untersuchen die Röhre. Sie ist sehr dünn. Ich frage mich, wie sie funktioniert. Wo sind die Rohre oder die elektronischen Teile? Aber vielleicht sind sie in diesem Bereich weiter fortgeschritten als wir. Das sind sie bestimmt. Wir finden [oder] berühren sonst nichts in diesem Gebäude. Wir gehen weiter. Wow, es ist so übermäßig heiß, ich hoffe, ich gewöhne mich daran.

Da der Kommandant die Bedingungen auf Serpo mit denen von 1956 bei den Atombombentests in Nevada vergleicht, vor allem in Bezug auf die Strahlenbelastung, war er scheinbar an diesen Tests beteiligt. Das ist die zweite Information, die über die Vergangenheit des Kommandanten offenbart wurde. Zuvor haben wir erfahren, dass er aus Colorado stammte. Die riesige, dünne „Fernsehröhre" ohne sichtbare elektronische Teile klingt verdächtig nach unseren modernen Flachbildfernsehern. Es stellt sich erneut die Frage: Haben wir diese Technologie von den Ebens erhalten? Der Kommandant ist interessanterweise überrascht, dass „sie in diesem Bereich weiter fortgeschritten sind als wir". Warum überrascht es ihn, dass sie in der Fernsehtechnologie fortgeschrittener sind als wir, wenn er doch weiß, dass sie sogar zu Zeitreisen imstande sind?

Der Kommandant fährt fort:

Wir entdecken einen hohen Turm. Sieht aus wie ein Antennenturm, aber da ist auch ein großer Spiegel. Wir sahen den gestern bei unserer Ankunft. Wir sehen einen Eben nicht weit von der Tür, aber er bewegt sich auf eine Seite. Wir fragen ihn, ob er Englisch versteht. Er starrt uns nur an, aber er macht einen freundlichen Eindruck. Vermutlich spricht er kein Englisch. Wir betreten das Gebäude. Finden keine Treppe. Aber wir sehen etwas, das wie ein runder Glasraum aussieht. Vielleicht ist es ein Aufzug. Dann hören wir Englisch. Wir drehen uns um und da steht Ebe2. Wo kam sie her? Ich [frage] sie, ob wir das Gebäude auskundschaften dürfen. Sie sagte ja, natürlich, Sie zeigt auf den Glasraum und sagt: geht hoch. Ok, wir betreten den Glasraum. Die Glastüren schließen sich und wir bewegen uns wirklich schnell hoch. Im Nu sind wir ganz oben.

DER SONNENUHRTURM

Aber was ist das? Wir fragen Ebe2, was das ist. Sie zeigt auf die Sonne und dann auf den oberen Bereich des Raums, wo sich der Spiegel befindet. Danach zeigt sie auf den Boden. Ok, wir verstehen. Der Turm ist in der Mitte eines Kreises. Der Kreis ist am Boden. In jedem Viertelkreis ist ein Symbol. Ich sehe, dass die Sonne durch den Spiegel geführt wird, vielleicht ist es kein Spiegel, wie wir ihn kennen, da das Sonnenlicht durch ihn hindurchgeht, aber nachdem das Sonnenlicht hindurchgeht, wird das Licht auf ein Symbol innerhalb des Kreises gerichtet. Ebe2 sagt, wenn Licht das Symbol berührt, dann machen Ebens Änderung. Bin mir nicht sicher, was das bedeutet. Vielleicht meint sie, dass es den Ebens mitteilt, was zu tun ist. 225 denkt anscheinend, dass es eine Sonnenuhr ist. Wenn die Sonne auf ein Symbol trifft, ändern die Ebens, was sie gerade tun, und tun etwas anderes. Vielleicht ist der Tag der Ebens struktu-

11. ANPASSUNG

riert. Oder vielleicht ist das ihre Uhr. Seltsam. Aber wir sind auf einem fremden Planeten. Ich bin froh, dass ich meinen Sinn für Humor noch habe.

WIR MÜSSEN UNS AN DIE EBENZEIT HALTEN

Dies ist erst unser erster Tag, erster Schultag. Wir haben viel zu lernen. Wir müssen aufgeschlossen bleiben. Wir können nicht alles mit der Erde vergleichen. Wir müssen offen sein für neue Ideen und eine neue Wissenschaft. All diese Dinge sind neu für uns, aber wir müssen lernen. Ich zeigte auf meine Armbanduhr und dann auf den Boden und teilte Ebe2 mit einer Geste mit, dass die zwei Dinge Zeitmesser sind. Bin mir nicht sicher, ob sie mich verstand. Aber ich sagte Zeit und dann verstand sie. Ja, sagte sie, Ebenzeit, während sie auf den Boden zeigte. Ich zeigte erneut auf die Armbanduhr und sagte, Erdenzeit. Ebe2 lächelte fast und sagte, nein, keine Erdenzeit auf SERPO. Ok, das macht Sinn. 225 meinte, sie teilte uns mit, dass die Erdenzeit auf SERPO nicht funktioniert. Ja, ich vermute, das sagte sie. Was bringen uns unsere Armbanduhren und andere Zeitmessgeräte hier? Sie funktionieren nicht. Wir müssen uns an die Ebenzeit halten. Aber wir müssen auch unsere Zeit beibehalten, damit wir wissen, wann es Zeit zu gehen ist. Zehn Jahre fühlen sich an wie eine Million. Womöglich sind es sogar eine Million Jahre nach der Ebenzeit. Hoffentlich nicht. Keine Zeit an Zuhause zu denken. Wir haben eine Mission und Aufgaben zu erfüllen. Wir sind ein militärisches Team und das müssen wir im Kopf behalten. 225 und ich gehen wieder in die Glasschüssel und fahren zurück nach unten.

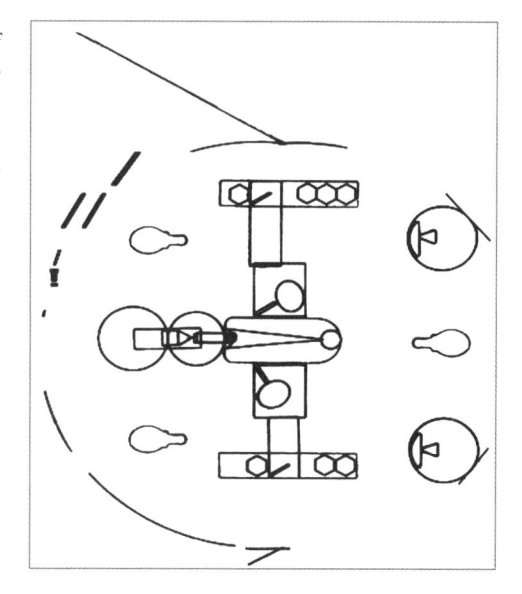

Die hier gezeigte Skizze wurde vom Mannschaftskommandanten angefertigt, um das Fundament des gespiegelten Turms festzuhalten, wie er es von oben sah. Es hatte für ihn ausreichend Bedeutung, um es aufzuzeichnen, da die Sonneneinstrahlung auf diese Objekte die täglichen Aktivitäten der gesamten Gemeinschaft festlegte und jede Gemeinschaft solch einen Turm hatte. Siehe unten Kommentare von Anonymous über die Skizze des Kommandanten. Es ist zu beachten, dass sie Skizze laut Anonymous' Behauptungen 1967 angefertigt wurde. Da das Team Mitte 1966 auf Serpo ankam, wurde diese Skizze offensichtlich nicht am ersten Tag auf dem Planeten gezeichnet, sondern ein paar Monate später. Die Wörter in Klammern wurden vom E-Mail-Empfänger und Editor Victor Martinez hinzugefügt. Anonymous erwähnt Skizzenvorlagen, um zu erklären, dass diese Vorlagen für die Skizze verwendet wurden. Es ist keine Freihandzeichnung. Website-Moderator Bill Ryan merkt zusätzlich an: „Es wurde mittlerweile schlüssig nachgewiesen, dass diese Zeichnung mit der Zeichenschablone Berol RapiDesign R-22 für Architekten angefertigt wurde. Es ist aber auch bekannt, dass diese sehr gebräuchliche Vorlage einige Jahre vor dem Beginn der Serpo-Mission 1965 auf dem Markt war. Sie könnte demnach durchaus Teil der Ausrüstung des Serpo-Teams gewesen sein."

ANONYMOUS' KOMMENTARE ÜBER DIE SKIZZE

Der zehnjährigen Mission nach Serpo ging sehr viel Planung voraus. Mehrere Beamtenteams planten, welche Ausrüstung mit an Bord gehen sollte. Diese Beamten versuchten, sich jede nur denkbare Situation vorzustellen, wo bestimmte Werkzeuge oder andere Ausrüstungsgegenstände notwendig sein könnten. Ein solcher Bereich war das Festhalten der Ansicht und Zusammensetzung von Objekten, Artefakten und Landschaften auf dem Planeten SERPO. Die Missionsteams nahmen Kameras mit – 16 verschiedene Kameraarten und Ausrüstung zum Zeichnen/Skizzieren. Keines der Teammitglieder war im Skizzenzeichnen ausgebildet, doch drei von ihnen hatten Zeichenerfahrung aus Collegezeiten. Mehrere verschiedene Arten von Skizzenvorlagen wurden mit auf die Reise genommen. Die Planungsbeamten versuchten, sich alle Situationen auszumalen, wo eine Vorlage notwendig sein könnte.

Die Zeichnung des Mannschaftskommandanten stellt das Fundament der Sonnenuhr dar. Jedes Objekt bedeutete für die Ebens eine bestimmte Tageszeit. Wenn das Sonnenlicht – durch die Sonnenuhr – auf das Objekt an der Basis der Sonnenuhr gerichtet wurde, bedeutete das für die Ebens eine bestimmte Aufgabe [oder deren Änderung]. So könnte es zum Beispiel Arbeitsplanänderungen, Ruhezeiten, Essenszeiten, Zeiten zum Feiern und dergleichen signalisieren. Nach ein paar Jahren lernte das Team jedes Symbol und die jeweilige Bedeutung.

Diese Zeichnung ist eine Kopie der tatsächlichen Zeichnung des Mannschaftskommandanten von 1967. Das Team machte außerdem viele Fotoaufnahmen der Sonnenuhrsymbole ...

Die Reglementierung der Eben-Gesellschaft ist überraschend. Unser Team konnte einen durchschnittlichen IQ der Ebens von 165 auf unserer Skala ermitteln. Man würde nicht davon ausgehen, dass sich solch hochintelligente Außerirdische einer derart rigiden Kontrolle ihrer täglichen Aktivitäten unterwerfen würden. Auf der Erde assoziieren wir Kreativität mit vollkommener Ausdrucksfreiheit und wir sind uns bewusst, dass kreativen Menschen eventuell exzentrische Lebensweisen gestattet werden müssen. Von Schriftstellern und Künstlern erwarten wir sogar, dass sie sich nicht an konventionelle Lebensstile anpassen. Vielleicht ist das der wesentliche Punkt. Die Ebens wiesen nicht unsere Art von Individualität auf und dementsprechend gab es wenig bis keine Kreativität unter den Ebens. Sie sind nicht sehr innovativ. Sie akzeptieren einfach die bisherigen Beispiele und folgen den Regeln, die ihnen frühere Generationen hinterlassen haben. Intelligenz allein ist keine Garantie für Kreativität. Anhand dessen können wir die einzigartigen Qualitäten der Menschheit und die Bedeutung von Vielfalt erkennen und wertschätzen.

EBENNAHRUNG

Wir betreten ein anderes Gebäude, ebenfalls groß. Darin befinden sich reihenweise Pflanzen. Es muss eine Art von Gewächshaus sein. Sie bauen Nahrungsmittel an. Viele Ebens sind hier. Sie sehen uns mit teils stechenden Blicken an. Aber wir gehen einfach hinein und herum. Ein Eben kommt auf uns zu und spricht, aber auf Eben. Er will uns wohl etwas mitteilen. Er zeigt auf die Decke und dann unsere Köpfe. Wir müssen Ebe2 finden. Wir gehen wieder hinaus und finden Ebe2. Sie scheint immer in der Nähe zu sein. Jetzt begreifen wir warum: Sie überwacht uns mit den Geräten, die wir an unseren Gürteln tragen. Ich frage Ebe2, was das für ein Gebäude ist. Sie sagt Ort zur Nahrungsherstellung. Ok, vielleicht haben wir ihn kontaminiert. Wir erzählten ihr, dass ein anderer Eben mit uns sprach und auf unsere Köpfe zeigte. Ebe2 machte einen verwirrten Eindruck und brachte uns zurück in das Gebäude. Der gleiche Eben sprach mit Ebe2. Ebe2 teilte uns dann mit, dass wir eine Haube tragen mussten, um hineingehen zu dürfen. Warum? Aber wir diskutieren nicht. Dieser andere Eben holt etwas wie eine Stoffmütze hervor und wir tragen sie. Wir gehen herum, der Eben wirkt zufrieden. Wir sehen uns ihre Pflanzen an. Sie bauen Nahrungsmittel im Boden an. Sie haben ein Bewässerungssystem. Über jeder Pflanze haben sie außerdem ein durchsichtiges Tuch. Ich zeige auf das Bewässerungssystem und frage Ebe2, ob das Wasser ist, Trinkwasser. Ebe2 sagt ja. Dann merkt sie, dass wir Durst haben. Ebe2 bringt uns zu einer Stelle bei einem anderen Eingang und bietet uns Wasser an, zumindest glauben wir, dass es Wasser ist. Schmeckt nach Chemikalien, aber es ist Wasser. Schmeckt eigentlich gut.

Dies ist ein weiteres Beispiel für Ebentechnologie, die für unsere Leute zu jener Zeit Mitte der 1960er Jahre einen neuartigen Eindruck machte, doch heute ist die Nutzung von Hydrokulturen allgemein üblich im Gemüseanbau. Sie ermöglichen eine vollständige und kostengünstige Kontrolle über das Pflanzenwachstum und erfordern keinen Ackerboden. Es entsteht der Eindruck, dass wir aus unser Serpo-Erfahrung sehr viel gelernt haben. In seiner sechsten Informationsfreigabe macht Anonymous die

Hydrokulturfarm in den USA

folgenden näheren Angaben zur Ebennahrung, ein Auszug aus dem 3.000-seitigen Informationsdokument, das in seinem Besitz war.

> Nahrung ... stellte für unsere Teammitglieder ein Problem dar. Unser Team konsumierte hauptsächlich militärübliche C-Rationen, aber letztendlich mussten sie auf Ebennahrung umsteigen. Die Ebens hatten eine Vielfalt an Lebensmitteln. Sie bauten Gemüse an. Unser Team fand etwas vor, das Kartoffeln ähnelte, aber anders schmeckte. Sie hatten etwas wie Salat, Rüben und Tomaten. Dies waren die einzigen Ähnlichkeiten zu unserem Gemüse. Die Ebens bauten anderes Gemüse an. Es war rund und sah sonderbar aus mit langen Ranken. Die Ebens kochten die Ranken und aßen den Großteil der Pflanze roh. Die Ebens hatten irgendeine weiße Flüssigkeit, die wir anfangs für eine Form von Milch hielten. Aber als sie sie versuchten, bemerkte unser Team, dass es etwas Anderes war, geschmacklich als auch inhaltlich. Die Flüssigkeit kam von einem kleinen Baum im nördlichen Bereich des Planeten. Die Ebens melkten buchstäblich die Flüssigkeit aus dem Baum. Es schien ein Genuss zu sein, dieses Zeug zu trinken. Unsere Teammitglieder konnten keinen „Geschmack" für die Flüssigkeit entwickeln.
>
> Die Ebens kochten. Sie bereiten Eintöpfe zu, die für unser Team extrem fade schmeckten. Wir verwendeten viel Salz und Pfeffer. Sie machten auch eine Art von Brot. Es war hefeloses Brot und schmeckte ziemlich gut, aber führte zu schweren Verstopfungen unter den Teammitgliedern. Wir mussten sehr viel Wasser trinken, um das Brot zu verdauen. Das Einzige, was sowohl Ebens als auch unseren Teammitgliedern schmeckte, war das Obst. Die Ebens nahmen sehr viel Obst zu sich. Das Obst hatte keine Ähnlichkeiten mit dem uns bekannten Obst, aber es schmeckte süß. Manche Obstsorten schmeckten wie Melonen und wieder andere wie Äpfel. Wasser war ein weiteres Problem. Unser Team konnte im Wasser auf Serpo mehrere unbekannte Chemikalien nachweisen. Letztendlich musste unser Team das Wasser vor dem Trinken kochen. Als die Ebens das sahen, bauten sie eine große Anlage, die das Wasser für unser Team aufbereitete.

EBENAUSSCHEIDUNGEN

Anonymous schreibt weiter:

> Die Ebens hatten kein physiologisches Bedürfnis, sich zu erleichtern, wie wir. Die Ebens hatten kleine Sammelorte in der Unterkunft für ihre Ausscheidungsprodukte. Aber der Organismus der Ebens war extrem effizient bei der Verarbeitung all der eingenommenen Speisen. Ihre Ausscheidungen bestanden aus einer kleinen Fäkalienmenge, ähnlich einem kleinen Katzenkötel. Unsere Teammitglieder sahen keine Harnausscheidungen der Ebens. Die Ausscheidungen unserer Teammitglieder bestanden andererseits aus großen Fäkalien- als auch Urinmengen. Die Ebens mussten für unsere zwölf Teammitglieder große Abfallanlagen graben. Die Ebens kamen unserem Team entgegen.

Tafel 1: Foto vom „Schlachtschiff" Haunebu IV

Tafel 2: Künstlerische Darstellung von Antigravitationsscheiben und U-Booten bei Neuschwabenland, von Jim Nichols

Tafel 3: Künstlerische Darstellung vom Roswell-Absturz, von David Hardy

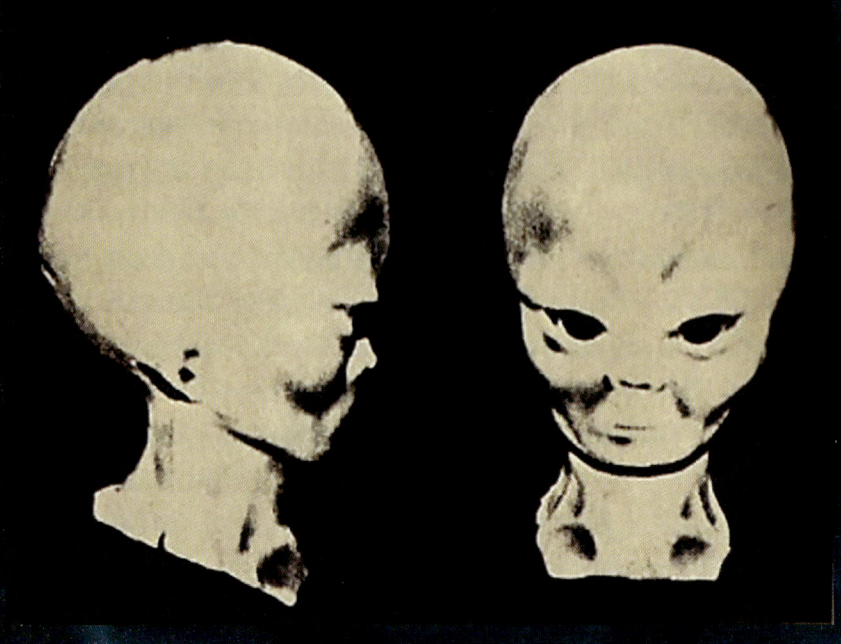

Tafel 4: Skulptur eines Reticulaners (wird als identisch mit einem Eben erachtet) von Hollywood-Künstler Alan Levigne

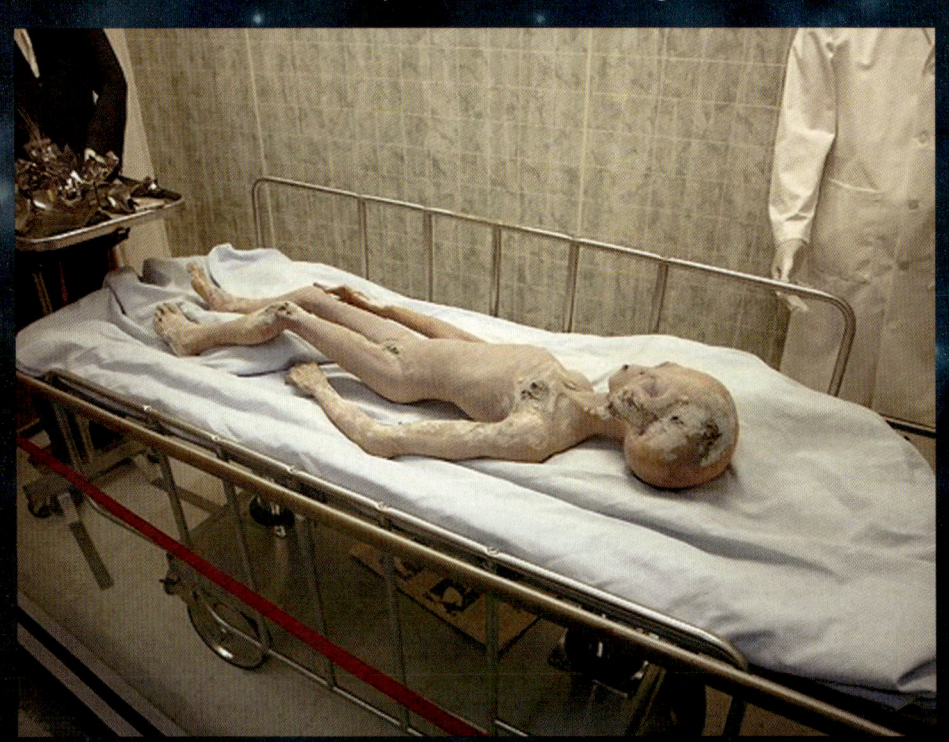

Tafel 5: Modell einer außerirdischen Kreatur, die am Roswell-Absturzort gefunden wurde (Roswell Museum, Roswell, New Mexico). Dieses Modell wurde im Film Roswell verwendet und vom Produktionsleiter Paul Davids dem Museum gespendet. Es hat tatsächlich große Ähnlichkeit mit einem Eben.

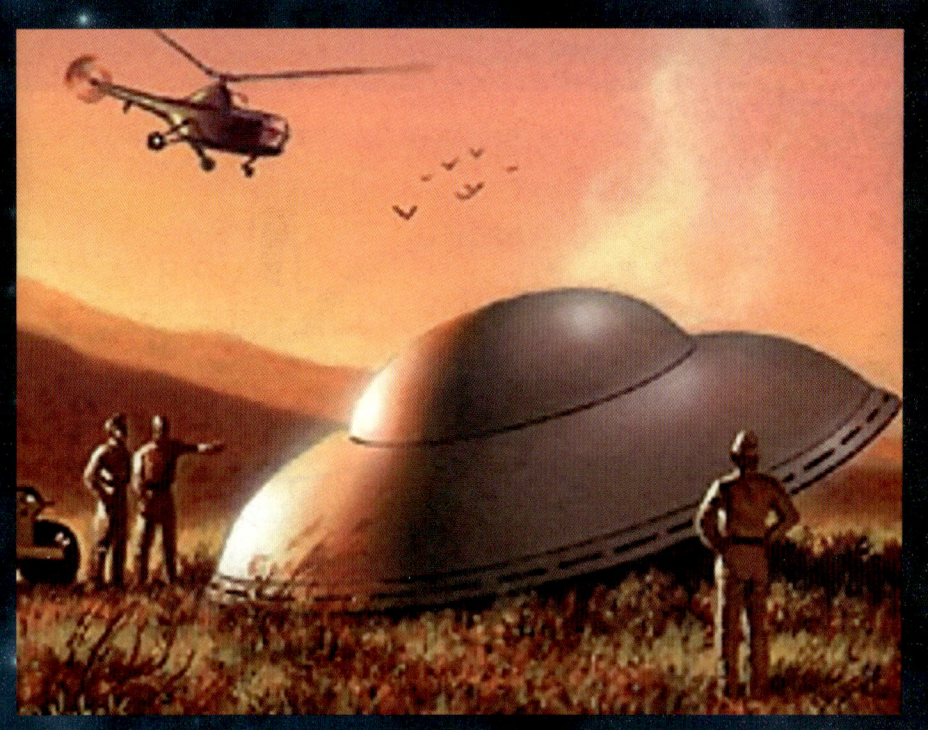

Tafel 6: Künstlerische Darstellung eines abgestürzten Flugobjekts in Kingman, Arizona, von Jim Nichols

Tafel 7: Raumkapsel von Wostok 1 im RKK Energiya Museum

Tafel 8: Künstlerische Darstellung der Bergung des zweiten Roswell-Schiffs bei Datil, New Mexico, von Jim Nichols

Tafel 9: Szene mit der Landung des außerirdischen Schiffs aus „Unheimliche Begegnung der dritten Art"

WURMLOCH IM WELTRAUM

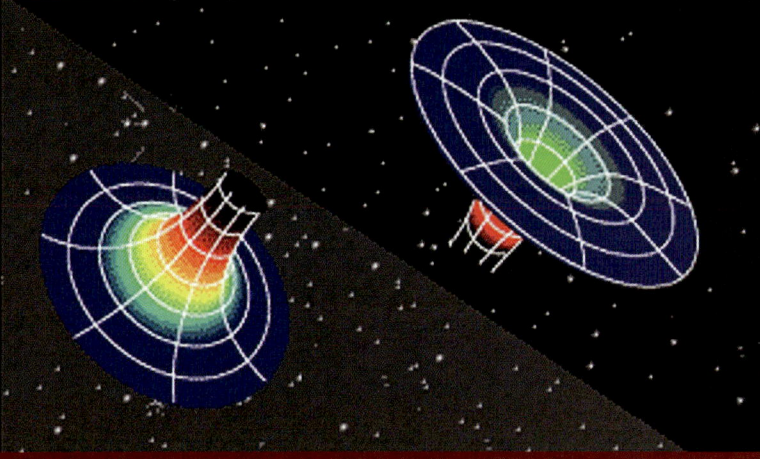

Wurmlöcher würden als Abkürzungen fungieren, die weit entfernte Regionen der Raum-Zeit miteinander verbinden. Indem man durch ein Wurmloch reist, könnte es möglich sein, sich zwischen zweien solcher Regionen schneller zu bewegen als ein Lichtstrahl in der normalen Raum-Zeit.

Tafel 10: Schematische Darstellung eines hypothetischen passierbaren Wurmlochs

Tafel 11: Coral Castle in Miami, Florida. Edward Leedskalnin, der etwa 50 Kilogramm wog, errichtete eigenhändig diese Burg, indem er Korallenblöcke von jeweils 15 bis 30 Tonnen anordnete. Er behauptete, Antigravitationstechnologie verwendet zu haben.

Tafel 12: Das außerirdische Schiff reist durch die Raumzeit.
Künstlerische Darstellung von Brett Fitzpatrick (www.starbrightillustrations.com)

Tafel 13: Ankunft
(künstlerische Darstellung von David Hardy)

Tafel 14: Die zwei Sonnen von Serpo

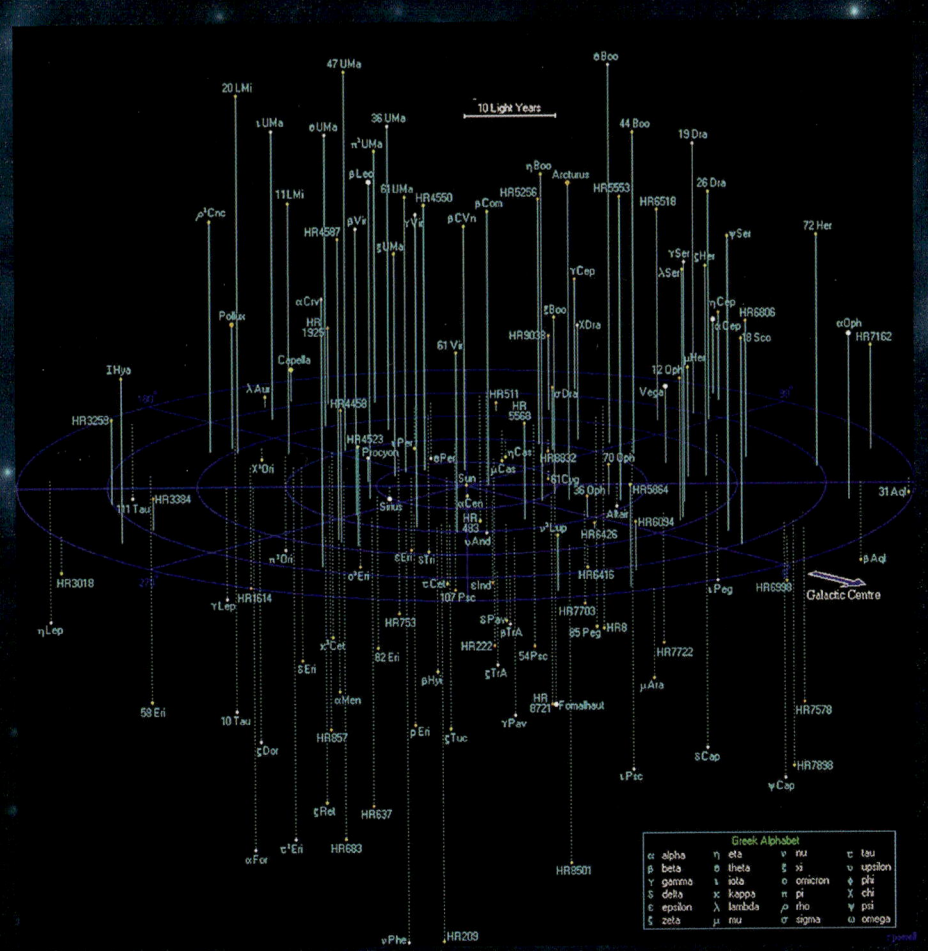

Tafel 15: Karte der Sterne im Umkreis von 50 Lichtjahren unserer Sonne.
(Zeta Reticuli ist an der zehnten Stelle von links im unteren Bereich.)

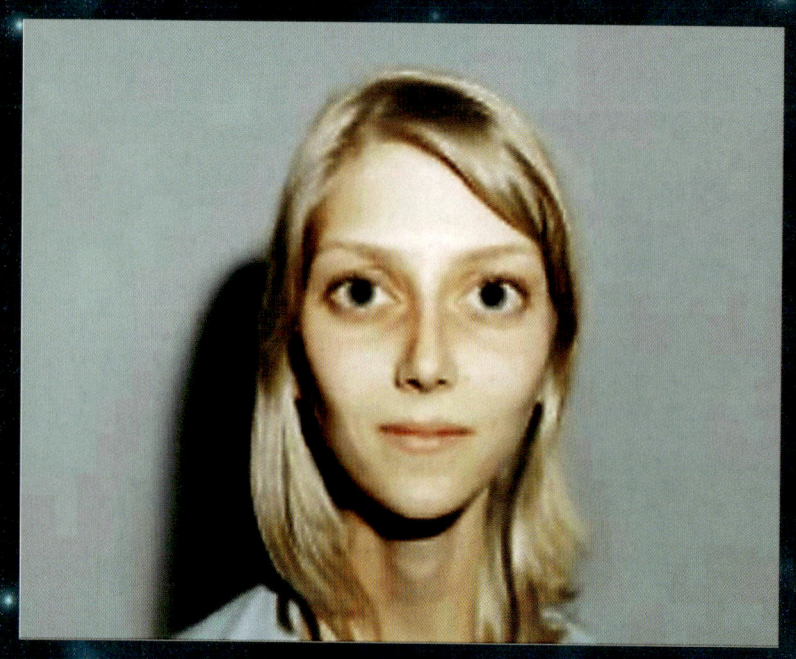

Tafel 16: Darstellung eines menschlich-außerirdischen Hybridmädchens, von Andy Social

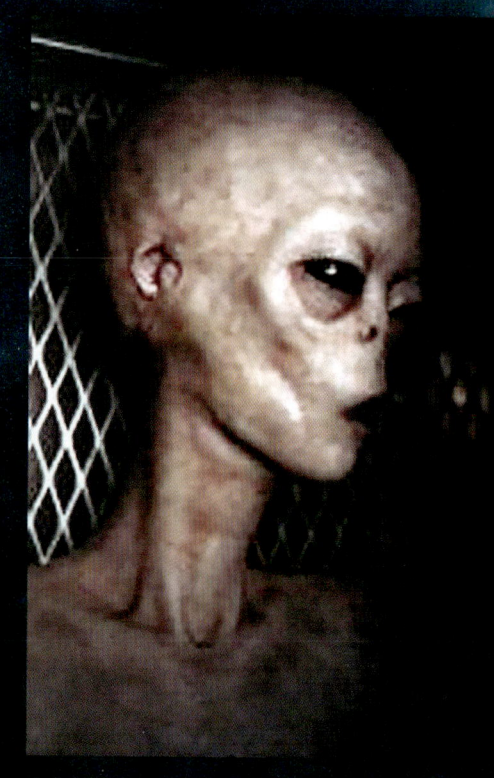

Tafel 17: Ist das ein J-Rod? Aus „Alien Species: Advanced Humans, Greys and Reptilians" von Alton Parish, 12.10.2012 (beforeitsnews.com)

THE ELECTROMAGNETIC SPECTRUM

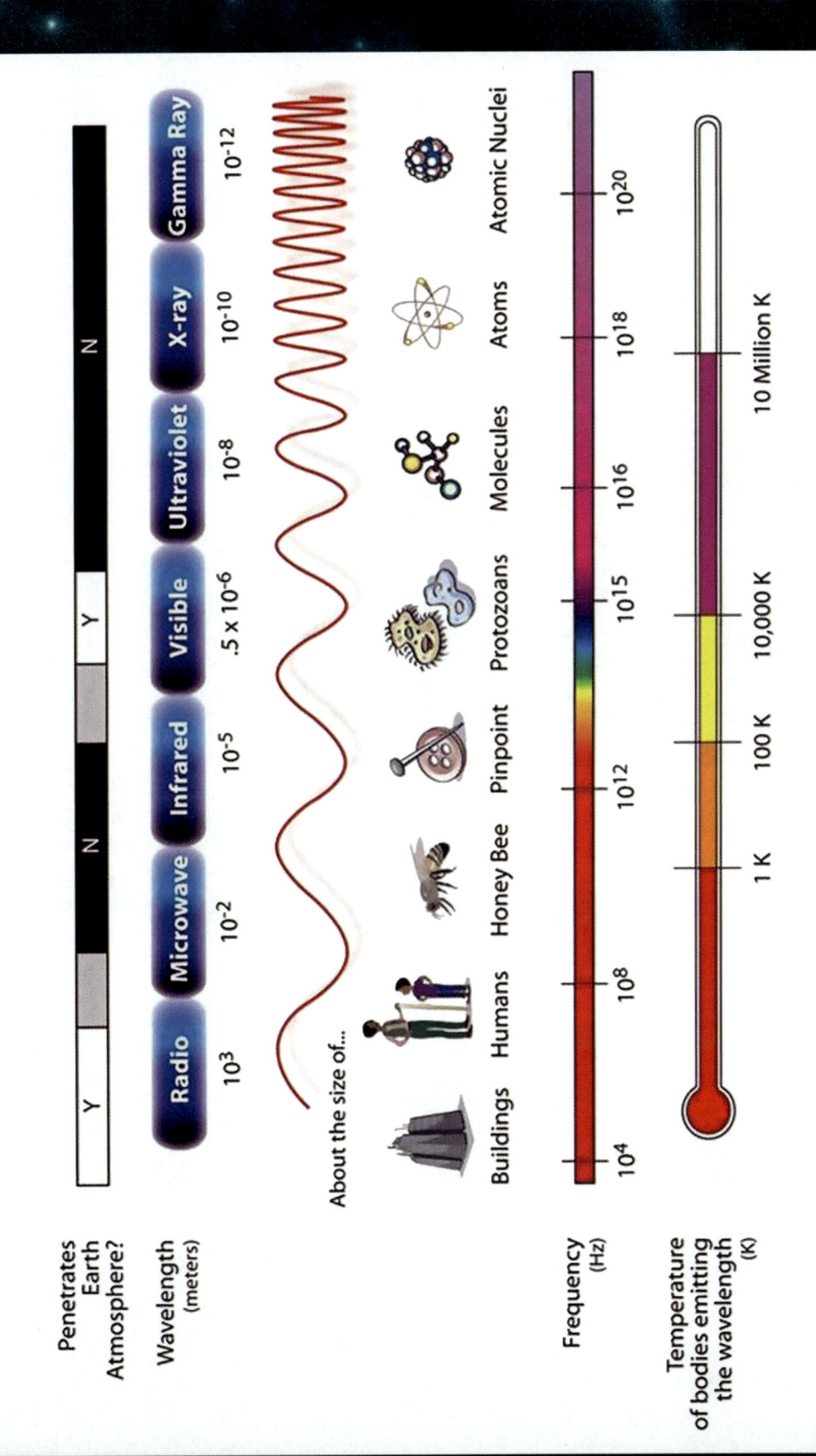

Penetrates Earth Atmosphere?	Y	N		Y		N	N

Radio	Microwave	Infrared	Visible	Ultraviolet	X-ray	Gamma Ray

Wavelength (meters)
10^3 — 10^{-2} — 10^{-5} — $.5 \times 10^{-6}$ — 10^{-8} — 10^{-10} — 10^{-12}

About the size of...

Buildings	Humans	Honey Bee	Pinpoint	Protozoans	Molecules	Atoms	Atomic Nuclei

Frequency (Hz)
10^4 — 10^8 — 10^{12} — 10^{15} — 10^{16} — 10^{18} — 10^{20}

Temperature of bodies emitting the wavelength (K)
1 K — 100 K — 10,000 K — 10 Million K

Tafel 18: Das elektromagnetische Spektrum

Tafel 19: Der Große Krieg in „Star Wars" – letztendlich doch nicht fiktiv

Tafel 20: Darstellung eines Antigravitationsfahrzeugs

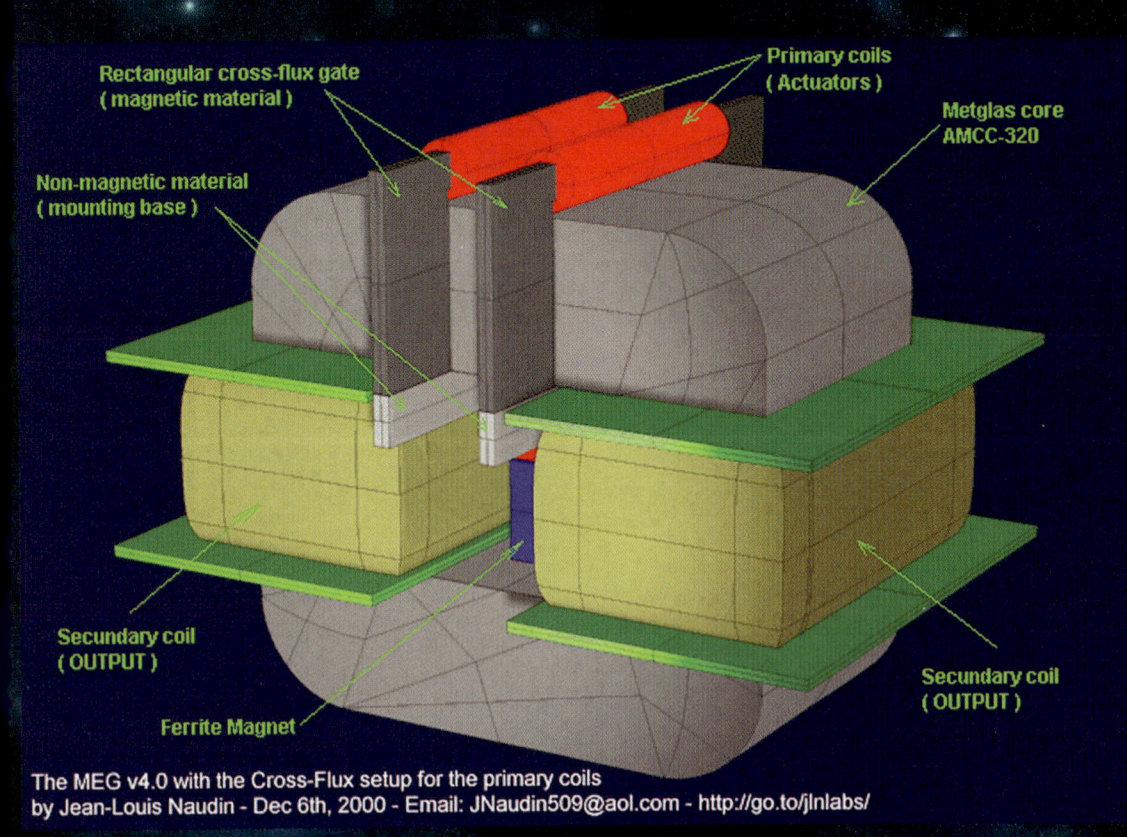

Tafel 21: Der bewegungslose elektromagnetische Generator; US-Patent-Nr. 6,362,718

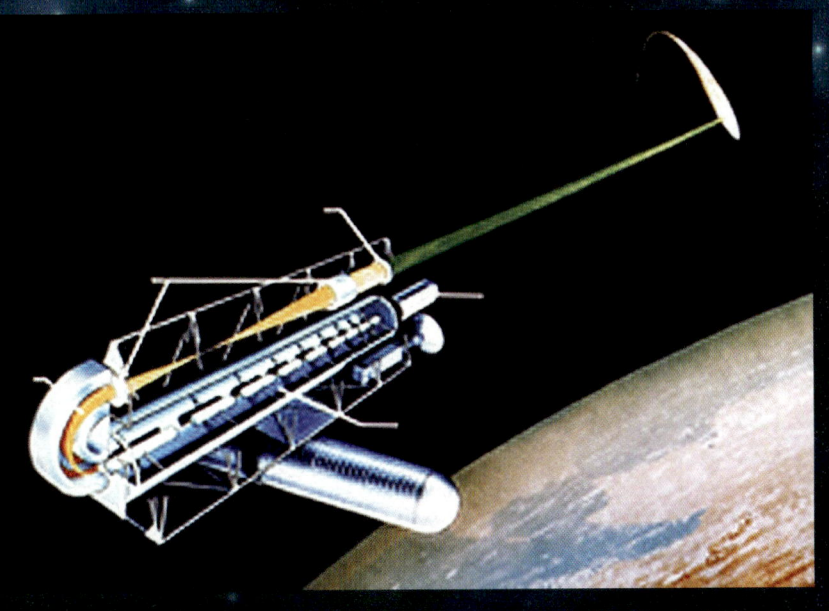

Tafel 22: Satellitengestützte Teilchenstrahlwaffe, für die Strategische Verteidigungsinitiative vorgeschlagen

Tafel 23: Der ägyptische Gott Anubis – ein Mensch-Tier-Hybrid?

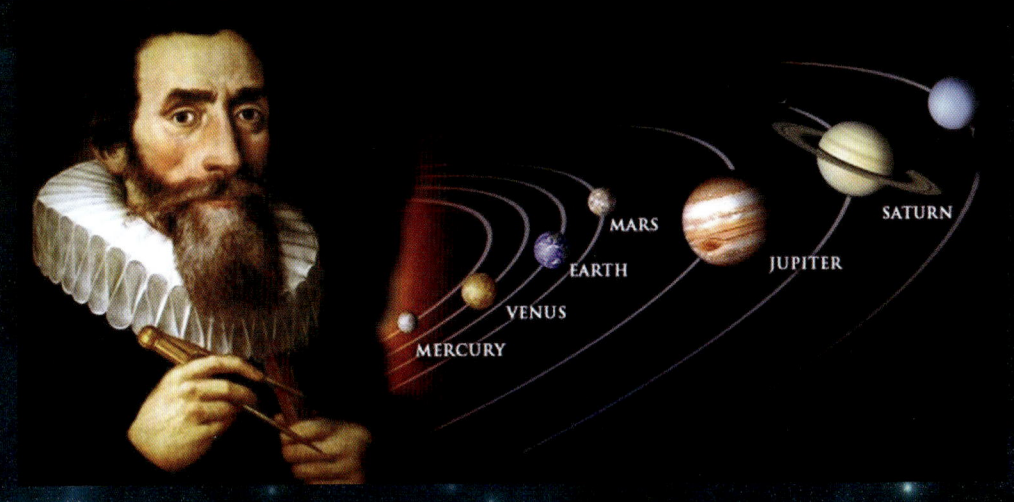

Tafel 24: Johannes Kepler (1571–1630)

Tafel 25: Landschaft von Montana, dem Quadranten 1 ähnlich

Tafel 26: Monsignore Corrado Balducci (1923–2008), Hauptvertreter des Vatikanglaubens hinsichtlich außerirdischer Besuche

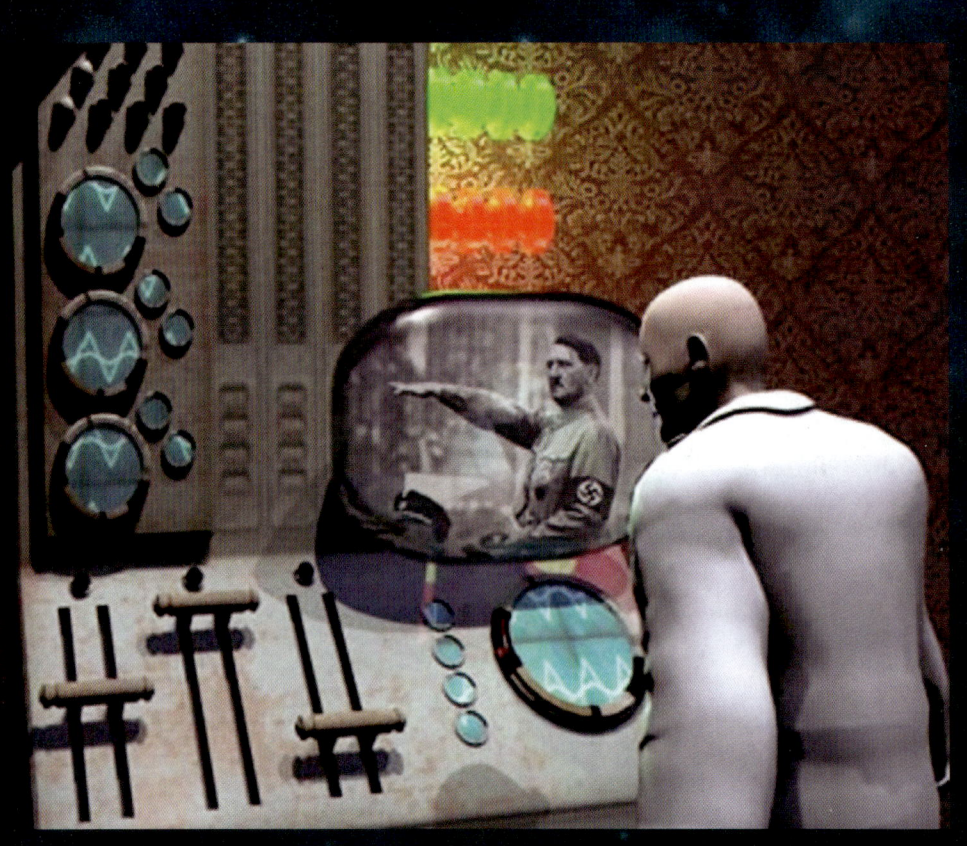

Tafel 27: Der Chronovisor, ein Gerät zum Ansehen vergangener Ereignisse, von zwei italienischen Priestern entwickelt, Bildrechte Lee Krystek

12

KONFRONTATION

Und viertens (aber das wäre ein Langzeitprojekt, für dessen erfolgreichen Abschluss Generationen von totalitärer Herrschaft nötig wären) ein fehlerfreies eugenisches System, mit dem das menschliche Produkt standardisiert werden kann, womit die Aufgabe der staatlichen Manager erleichtert wird.

Vorwort zu „Schöne Neue Welt" von Aldous Huxley (1946)

Nach dem Tod von 308 während der Reise nach Serpo übernahmen die Ebens ohne Erklärung die Kontrolle über seine Leiche. Bei der Ankunft bat der Mannschaftskommandant um die Leiche von 308, woraufhin ihm gesagt wurde, dass dies nicht möglich sei. Im folgenden Tagebucheintrag erzählt der Kommandant davon, wie sich sein Bergungsversuch der Leiche zu einer spannungsgeladenen Konfrontation zuspitzte und wie Ebe2 verzweifelt versuchte, die Situation zu beruhigen.

SIE ENTNAHMEN SÄMTLICHES BLUT VON 308

Der Anführer der Ebens ist eine größere Kreatur als die anderen. Er wirkt aggressiver als die anderen Ebens. Wenn ich aggressiv schreibe, meine ich damit keine feindliche Gesinnung. Er scheint der Boss zu sein, ähnlich wie ich als Mannschaftskommandant. Ich verstehe zwar nach wie vor keine Wörter, doch seine Stimme klingt rau und unterscheidet sich im Ton von den anderen. 203 denkt, dass der Anführer eine Attitüde einnimmt. Ich stimme zu. Er ist sehr freundlich zu uns und kam all unseren Anliegen nach. Der Anführer hat uns um viele Dinge gebeten. Das meiste davon stellten wir ihm zur Verfügung. Eine Sache war sonderbarerweise unser Blut. Er wollte eine Blutprobe von jedem von uns. Ebe2 erklärte, dass sie das Blut oder die Gesundheitsflüssigkeit, wie Ebe2 es bezeichnete, brauchten, um uns Medikamente bereitstellen zu können, sollten wir je welche benötigen. 700 und 754 haben das Gefühl, dass sie eine Blutprobe vielleicht für andere Zwecke verwenden würden. Wir gaben den Ebens die Erlaubnis, die Leiche von 308 für Experimente zu verwenden. Sie entnahmen sämtliches Blut von 308 – dies geschah ohne meine Zustimmung. Ich habe in Log 3888 darüber geschrieben. Wir hatten deshalb eine sehr spannungsgeladene Situation mit den Ebens. Als wir zum Gebäude mit der Leiche von 308 gingen, konfrontierten uns mehrere Ebens. Ebe1 [dieser Ebe1 ist der oben genannte Eben-Anführer und nicht der Ebe1, der bei Roswell abstürzte] tauchte auf und ich verlangte die Leiche von 308. Ebe1 sagte, dass die Leiche eingelagert wurde und wir sie nicht mitnehmen konnten. Wir sagten zu Ebe1, dass wir sie mitnehmen werden. Wir elf gingen an den Ebens vorbei, die sechs an der Zahl waren, und betraten das Gebäude. Sie versuchten nicht, uns aufzuhalten. Wir konnten keine der Container darin öffnen. Es wurde irgendein System verwendet, vielleicht nach Krypto-Art, um die Container zu versperren. Wir fanden den Container mit der Leiche von 308. Wir beschlossen, 899 zu unserem Lagerbereich zu schicken, um Sprengstoff zu holen und damit den Container zu öffnen. Ebe2 tauchte gemeinsam mit dem Anführer auf. Ebe2 war extrem höflich und bat uns, zu warten. Sie verwendete mehrmals das Wort bitte. Sie verwendete sogar das Wort anflehen.

Wir hielten inne und teilten Ebe2 mit, dass wir die Leiche unseres Kameraden mitnehmen und untersuchen wollten. Ebe2 übersetzte für den Anführer. Die beiden hatten einen langen Wortwechsel. Ebe2, die einen sehr frustrierten Eindruck machte, teilte uns letztendlich die Bitte des Anführers mit, dass wir an einem anderen Ort mit einem anderen Eben, einem Arzt, über die Leiche von 308 sprechen sollten. Ebe2 sagte, dass der Eben-Arzt, der laut Ebe2 Englisch sprach, uns alles über die Leiche von 308 erklären würde, was wir wissen wollten. Ich teilte Ebe2 mit, dass 899 und 754 hierbleiben würden, um die Leiche zu bewachen, während ich mit den anderen zu dem Ort mit dem Arzt gehen würde. Ebe2 übersetzte für den Anführer. Sie hatten erneut einen langwierigen Wortwechsel. Er dauerte mehrere Minuten. Wie uns Ebe2 letztendlich erklärte, wollte der Anführer, dass wir alle das Gebäude verließen und uns mit dem Arzt unterhielten. Ich sagte zu Ebe2, nein, ich werde die Leiche von 308 nicht unbeaufsichtigt lassen. Ich spürte, dass sich eine Konfrontation entwickelte. Ich schickte 518 und 420 zurück, um unsere Handfeuerwaffen zu holen und schnellstmöglich wieder zurückzukommen. Ich würde es nicht zulassen, dass die Ebens meinen Entscheidungen widersprechen. Als Ebe2 das hörte, bat sie mich zu warten und hielt ihre Hand gegen meine Brust. Ich sagte, sie sollte das für den Anführer übersetzen. Sie hatten wieder einen langen Wortwechsel. Ebe2 berichtete dann, dass der Anführer den Arzt hierherbringen würde, um die Situation mit uns zu besprechen. Ebe2 bat mich, meine Männer keine Waffen holen zu lassen. Waffen sind nicht notwendig. Wir können das ohne Waffen abklären. Bitte nicht. Ich sagte, dass wir keine Waffen holen würden, aber dass wir nicht gehen würden, ohne die Leiche von 308 gesehen zu haben. Der Anführer machte irgendwas mit dem Kommunikationsgerät an seinem Gürtel.

Etwa 20 Minuten später tauchten drei Ebens im Gebäude auf. Einer der Ebens identifizierte sich als der Arzt und sprach sehr gut Englisch. Die Stimme dieses Arztes hatte einen seltsamen Klang, fast wie die eines Menschen. Der Arzt hatte keinen schrillen Akzent wie Ebe1 und Ebe2. Ich war sehr beeindruckt von diesem Arzt. Ich frage mich nur, wo er diese letzten 18 Monate war. Wir haben ihn nie zuvor gesehen. Dieser Arzt teilte uns mit, dass die Leiche von 308 nicht im Container sei. Die Ebens haben die Leiche von 308 für Experimente verwendet, da sie es als eine Ehre betrachteten, mit solch einem Exemplar arbeiten zu können. Der Arzt erzählte uns, dass sie die Leiche von 308 verwendeten, um eine Art von menschlichem Wesen zu klonen. Ich unterbrach den Arzt an dieser Stelle. Ich erklärte dem Arzt, dass die Leiche meines Teamkameraden Eigentum der Vereinigten Staaten von Amerika auf dem Planeten Erde war. Die Leiche gehörte nicht den Ebens. Ich habe keine Experimente an der Leiche von 308 autorisiert. Ich erklärte, dass die Menschen eine Leiche als etwas Religiöses betrachteten. Nur ich hätte die Verwendung der Leiche von 308 für Experimente autorisieren können. Ich verlangte, die Leiche zu sehen. Der Arzt erklärte, dass die Leiche nicht mehr hier sei. Der Arzt sagte, dass sämtliches Blut und Körperorgane entnommen und zum Klonen anderer Wesen verwendet wurden. Die Verwendung des Wortes Wesen machte uns Angst. 899 wurde sehr wütend. Er beschimpfte den Arzt. Ich wies 899 an, still zu sein. Dann bat ich 203, 899 aus dem Gebäude zu bringen. Ich begriff, dass sich diese Angelegenheit durchaus zu einem größeren Zwischenfall entwickeln konnte. Das durfte ich nicht passieren lassen. Wir waren nur elf und es war uns bewusst, dass uns die Ebens leicht einsperren oder töten konnten, wenn sie das wollten. Aber ich dachte nicht, dass die Ebens auf derartige Handlungsweisen zurückgreifen würden. Ich wollte vermeiden, dass sich diese Angelegenheit zu etwas Schlimmerem weiterentwickelte. Mir war bewusst, dass wir in Bezug auf das, was mit der Leiche von 308 passierte, nicht viel tun konnten.

Ebe2 wirkte sehr aufgebracht. Ebe2 meinte, dass alle freundlich zueinander sein sollten, sie wiederholte das Wort freundlich viele Male. Ebe2 wollte nicht, dass diese Angelegenheit eskaliert. Irgendwie tat mir Ebe2 leid. Sie versuchte, in der Angelegenheit zu vermitteln. 203 schlug vor, in unsere Unterkunft zurückzukehren und eine Teambesprechung abzuhalten. Ich teilte dem Anführer mit, dass ich keine weiteren Experimente mit den Überresten der Leiche von 308 wollte. Ich zeigte mit dem Finger auf das Gesicht des Anführers. Ebe2 übersetzte gemeinsam mit dem Arzt. Der Arzt, der extrem geradlinig war, teilte mir mit, dass nichts weiter mit der Leiche passieren würde, aber ließ mich auch wissen, dass nur sehr wenig von der Leiche übrig sei. Wie mir Ebe2 später erzählte, machte sich der Anführer Sorgen, dass wir vielleicht verärgert waren. Wir seien ihre Gäste. Es hätte den Anführer verärgert, dass wir gekränkt waren. Der Anführer wollte uns nicht verärgern und versprach, dass nichts weiter mit der Leiche passieren würde. Ich dankte Ebe2 und bat sie, den Dank dem Anführer zu übermitteln. Wir kehrten zu unseren Hütten zurück. Alle waren verstimmt, besonders 899. Ich sagte allen, dass sie sich beruhigen sollten. Ich erklärte unsere Situation, als ob jedes der Teammitglieder es nicht schon wüsste, dass wir nur elf Militärangehörige waren. Wir konnten uns unmöglich gegen die Ebens stellen. Wir kamen nicht den Weg von 40 Lichtjahren hierher, um einen Krieg mit den Ebens zu starten. Einen Krieg, den wir nicht gewinnen konnten. Wir könnten nicht einmal einen einfachen Faustkampf mit den Ebens gewinnen. Ja, vielleicht könnten wir sie verprügeln, aber was dann. Wir müssen uns unserer Situation bewusst sein und dementsprechend handeln. Ich wies alle Mitglieder an, die Situation neu zu überdenken und die Tatsachen bezüglich der Leiche von 308 zu akzeptieren. 633 und 700 sollten diese Klonprozedur mit dem Englisch sprechenden Arzt recherchieren. Sammeln wir alle Informationen dazu, was mit der Leiche passierte, und zu den Experimenten der Ebens mit der Leiche.

SCHÖNE NEUE WELT

Die Reise nach Serpo war unsere Einführung in die Welt, die Aldous Huxley 33 Jahre zuvor (1932) in seinem Romanklassiker „Schöne Neue Welt" vorhergesehen hatte. Selbst 20 Jahre bevor James Watson, Francis Crick und Maurice Wilkins mit der Entdeckung des DNA-Moleküls das Rätsel lösten, wie menschliche Eigenschaften von einer Generation zur nächsten weitergegeben werden, erkannte Huxley, worauf alles hinauslief. Aus einer Zusammenfassung des Buchs in *Masterplots*, herausgegeben von Frank N. Magill:

> „Menschen wurden durch Massenproduktion vertrieben. Der gesamte Vorgang von der Eibefruchtung bis zur Geburt eines Babys wurde von geschulten Arbeitskräften und Maschinen durchgeführt. Jede befruchtete Eizelle wurde für die wissenschaftliche Entwicklung in die für den jeweiligen Menschen vorhergesehene soziale Klasse in einer großen Flasche in Lösung gelegt."

Bereits 1943 studierte Horror-Nazi-Arzt Josef Mengele, der sogenannte „Engel des Todes", eineiige Zwillinge in Auschwitz, um das Klonen von Menschen zu lernen.

Als die Mannschaft 1965 die Erde verließ, war das wissenschaftliche Verständnis über DNA bereits verbreitet und die Teamwissenschaftler mussten ebenfalls Bescheid gewusst haben, vor allem nachdem Watson, Crick und Wilkins 1962 den Nobelpreis für Physiologie oder Medizin erhielten. Zu jener Zeit sickerten außerdem Berichte aus hochgeheimen Kreisen durch, dass manche der Grey-Außerirdischen, die Menschen entführt hatten, unter Verwendung komplexer Verfahren an der Kreation einer hybriden Menschen-Außerirdischen-Rasse arbeiteten, wenngleich die Bücher zu diesem Thema von Budd Hopkins und John Mack damals noch nicht geschrieben waren (siehe Farbtafel 16). Darüber hinaus glaubte man, dass die Greys selbst Klone waren. Demnach sollte das Klonkonzept von Menschen und Außerirdischen den Medizinern und Wissenschaftlern im Team nicht vollkommen fremd gewesen sein. Und dennoch waren sie schockiert, dass die Ebens die Leiche von 308 als einen großartigen Gewinn für ihre Kreuzungsexperimente betrachteten. Dies war ihre unsanfte Einführung in die „schöne neue Welt" der Gentechnik. Doch es sollten noch größere Schocks folgen.

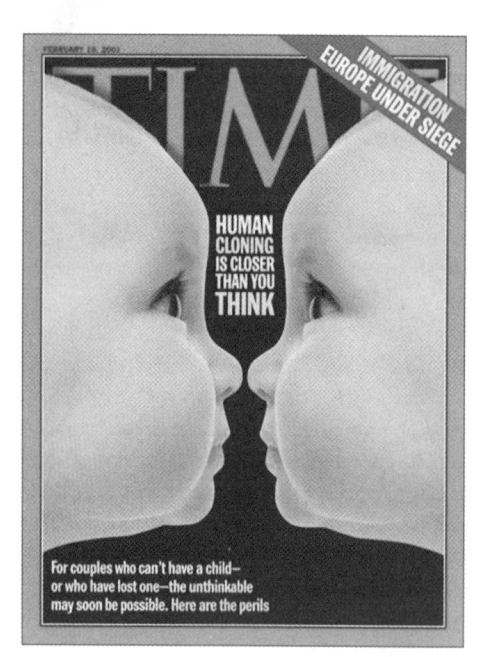

Titelblatt des *Time*-Magazins zum Thema Klonen (19. Februar 2001)

DAS EBEN-GENLABOR

Der Mannschaftskommandant setzt die Geschichte in seinem Tagebuch fort:

Ebe2 kam zur Hütte. Ich teilte Ebe2 mit, dass 633 und 700 die Überreste der Leiche von 308 untersuchen würden. Sie würden außerdem Forschungen bezüglich der Eben-Experimente an der Leiche von 308 anstellen. Ebe2 wirkte besorgt. Selbst nach all der Zeit, die wir auf diesem Planeten verbracht haben, fällt es uns manchmal schwer, die Gesichtsausdrücke der Ebens zu interpretieren. Ebe2 antwortete, dass sie zuerst die Genehmigung dafür einholen müsse. Genehmigung war ein neues Wort für Ebe2. Sie las und studierte wohl unsere Sprache. Vielleicht eignet sie sich einfach unsere Wörter an. Ich sagte zu Ebe2, dass sie die Erlaubnis einholen könne, aber dass uns bei unserer Ankunft gesagt wurde, wir könnten ohne Einschränkungen überall hingehen. Ebe2 sagte, sie würde mit dem Anführer sprechen. 633 und 700 stellten eine Testausrüstung zusammen und bereiteten sich auf die Begutachtung des Eben-Labors vor. Laut unserer Zeitmessgeräte kam Ebe2 etwa 80 Minuten später zurück. Ebe2 sagte, dass meine Männer das Labor besuchen durften. Ich beschloss, es ebenfalls zu besuchen. Ebe2 brachte mich, 633 und 700 zur Laboranlage. Wir mussten mit dem Helitransportgerät befördert werden, wie wir ihre Helikopter nennen. Es dauerte etwas, bis wir hier ankamen. Laut unserer Kompassmessungen, die keine echten Kompassmessungen sind, aber wir legten Referenzpunkte fest und laut dieser ... bewegten wir uns in Richtung Norden. Die Anlage war groß, selbst für Eben-Standards. Das Gebäude sah aus wie eine große eingeschossige fensterlose Schule. Wir landeten auf dem Dach oder vielleicht einfach einer Landezone auf dem Dach. Wir wurden über einen Steg oder eine Rampe nach unten gebracht. Es gibt keine Leitern auf diesem Planeten. Ich glaube, ich habe darüber in einem früheren Eintrag geschrieben ... Sie haben Rampen. Wir kamen in einem Raum an. Weiße Wände. Wir gingen dann durch einen Gang in einen anderen, größeren Raum. Wir trafen unseren Englisch sprechenden Arzt. Wir sahen viele andere Ebens, alle in einem bläulichen einteiligen Anzug. Nicht ihre üblichen Anzüge, die ich in vergangenen Einträgen erwähnte. Der Arzt informierte uns, dass alle Experimente in diesem Gebäude, er nannte es nicht ein Labor, nur ein Gebäude, für die Schaffung geklonter Lebewesen durchgeführt werden. Wir wurden in einen anderen Raum gebracht, wo wir Containerrollen vorfanden, die wie Glasbadewannen aussahen. In jeder Badewanne befand sich ein Körper. Ich war schockiert, wie auch 700 und 754.

HÄSSLICHE KREATUREN

Körper. Seltsam anmutende Körper. Keine menschlichen Körper, zumindest nicht alle. Wir gingen zwischen den Wannen entlang. Wir sahen in die Wannen. Es waren hässliche Kreaturen. Ich fragte den Arzt, welche Art von Kreaturen in diesen Wannen waren. Der Arzt sagte, dass diese Kreaturen von anderen Planeten stammten. 700 fragte, ob die Kreaturen bei ihrer Ankunft tot waren. Oder ob die Ebens sie tot herbrachten.

Der Arzt sagte, dass alle Kreaturen lebend auf diesen Planeten gebracht wurden. 700 fragte, ob die Kreaturen entführt oder gegen ihren Willen hergebracht wurden. Der Arzt war unsicher, was das Wort entführen bedeutete. Der Arzt machte einen ratlosen Eindruck. Der Arzt erkundigte sich nach der Bedeutung der Frage. 700 sagte, dass die Kreaturen ohne ihre Einwilligung oder die der Anführer ihres Planeten nach Serpo gebracht wurden. Der Arzt sagte, dass diese Wesen für Experimente hergebracht wurden. Diese Kreaturen sind keine intelligenten Wesen. Ebe2 verwendete daraufhin das Wort Tiere. Ok, jetzt verstehe ich. All diese Kreaturen sind Tiere von anderen Planeten. Der Arzt schien das Wort Tier nicht zu verstehen. Ebe2 und der Arzt tauschten ein paar Worte auf Eben aus und daraufhin sagte der Arzt, ja, sie sind Tiere. Dann fragte ich, ob sich in diesem Gebäude auch intelligente Kreaturen befanden. Der Arzt sagte, ja, aber dass sie bei ihrer Ankunft auf Serpo alle tot waren. 700 bat darum, diese Kreaturen zu sehen. Der Arzt verbesserte 700, indem er Wesen sagte. Ok, ich vermute, Kreaturen sind Tiere und Wesen sind wie Menschen.

Zunächst möchte ich die Kreaturen in diesen Wannen beschreiben. Sie sehen nicht alle gleich aus. Die erste Kreatur, die ich in der Wanne sehe, sieht aus wie ein Stachelschwein. Irgendein Schlauch scheint darin platziert zu sein. Der Schlauch führt zu einem Kasten unter der Wanne. Die zweite Kreatur, die ich sehe, gleicht einem Monster. Sie hat einen großen Kopf, große tiefliegende Augen, keine Ohren, einen Mund, aber keine Zähne. Sie ist etwa 1,5 Meter lang und hat zwei Unterschenkel, aber keine Füße. Sie hat zwei Arme, aber scheinbar keine Ellenbogen. Sie hat Hände, aber keine Finger. Durch diese Kreatur verläuft ebenso ein Schlauch. Die nächste Kreatur kann ich mit nichts vergleichen. Sie hat blutrote Haut, zwei Punkte in der Mitte, vielleicht Augen. Keine Arme oder Beine. Sie hat einen sehr seltsamen Geruch. Die Haut sieht fleckig und schuppig aus. Vielleicht wie ein Fisch. Vielleicht ist es ein Fisch. Die nächste Kreatur war einem Menschen ähnlich. Aber die Haut war weiß, nicht hautweiß, die Farbe Weiß. Die Haut war runzlig. Der Kopf war groß mit zwei Augen, zwei Ohren und einem Mund. Der Halsbereich war sehr klein. Der Kopf schien fast auf dem unteren Rumpf zu sitzen. Der Brustkorb ist dünn mit hohen knochenartigen Vorsprüngen. Die Arme waren gekringelt mit Händen, aber ohne Daumen. Die Beine waren auch gekringelt mit Füßen, aber mit nur drei Zehen. Ich konnte keine weiteren Kreaturen ansehen.

Der ägyptische Gott Anubis – ein Mensch-Tier-Hybrid? (siehe auch Farbtafel 23)

ICH SAH DIE DUNKLE SEITE DIESER ZIVILISATION

Wir gingen einen anderen Gang entlang, durch einen Raum, eine Rampe hinunter, in einen anderen Raum. Wir erreichten einen Raum, der wie ein Krankenhauszimmer aussah. Es waren viele Betten hier, oder etwas in der Art, Betten auf Eben-Art. Ich habe sie früher beschrieben. In jedem Bett lag ein Lebewesen, wie der Arzt sie nannte. Der Arzt sagte, dass alle Wesen am Leben seien und gut umsorgt würden. 700 fragte den Arzt, ob diese Wesen krank seien. Ebe2 musste das übersetzen, aber der Arzt sagte, nein, sie werden gelebt. Wir drei [102, 754 und 700] waren perplex nach diesem Wort gelebt. Ich fragte Ebe2, was der Arzt meinte. Ebe2 wechselte einige Worte mit dem Arzt. Ebe2 verwendete dann das Wort herangezogen. 700 fragte den Arzt, ob dies die geklonten Wesen waren, die er zuvor erwähnte. Der Arzt sagte, ja, dass jedes Wesen herangezogen wurde, wobei er das gleiche Wort wie Ebe2 gerade eben verwendete. 754 fragte den Arzt, ob diese Wesen wie Pflanzen herangezogen wurden. Der Arzt sagte, ja, das ist ein guter Vergleich. 700 fragte den Arzt, wie sie herangezogen werden. Der Arzt sagte, dass bestimmte Teile anderer Wesen verwendet wurden, um diese Wesen heranzuziehen. Der Arzt meinte, er könnte den Vorgang nicht auf Englisch erklären, da er die Wörter nicht kannte. 700 fragte dann Ebe2, ob sie den Prozess des Heranziehens erklären könnte. Ebe2 sagte, sie kenne die englischen Wörter nicht. Ebe2 sagte, dass Teile des Bluts und anderer Organe verwendet werden, um eine Substanz zusammenzumischen, die in die Körper der Wesen transferiert wird. Das war alles, was Ebe2 auf Englisch erklären konnte. Ich bat 700, zurückzugehen und 420 herzubringen. Während wir auf 420 warteten, sahen wir uns die Wesen an. Sie atmeten. Sie sahen wie Menschen aus, die meisten von ihnen. Zwei der Wesen am Ende sahen aus wie Menschen mit Hundeköpfen. Diese Wesen waren nicht wach. Entweder schliefen sie oder sie waren betäubt. 420 erreichte uns. Ich fragte ihn, ob er die Methode zum Heranziehen dieser Wesen übersetzen könnte. 420 sprach mit Ebe2. 420 ist wirklich gut. Wie lange wir auch hier waren, manche von uns vermuten etwa 18 Monate nach Erdenzeit, 420 machte große Fortschritte beim Erlernen der Sprache. 420 erklärte dann, dass bei dem Vorgang Zellen von anderen Wesen kultiviert, mit Chemikalien gemischt und dann in die Körper anderer Wesen eingesetzt werden. Das war so ziemlich alles, was uns 420 mitteilen konnte. 420 kannte die Wörter nicht, die Ebe2 verwendete. Aber das Wort Zellen wurde verwendet. Ebe2 erklärte mir dann, dass manche Dinge aus dem Inneren der Zellen genommen wurden. 700 und 754 fragten dann, ob das, was aus den Zellen genommen wurde, Zellmembranen oder Identifikationsmerkmale für die Zellen waren. Ebe2 übersetzte für den Arzt. Beide wirkten verwirrt und sagten, dass sie den Vorgang nicht erklären konnten, da sie die englischen Wörter dafür nicht kannten. 700 verwendete den Ausdruck fortgeschrittene biologische Extraktion von Zellmembranen. Aber sowohl Ebe2 als auch der Arzt wussten nichts über diesen Vorgang. Ich fragte 754, ob er vielleicht verstand, was sie taten. 754 sagte, dass menschliche Zellen kleinere Substanzen enthalten, die die Struktur mit den Zellmembranen identifizieren können. Die Technologie auf der Erde ist diesbezüglich nicht fortgeschritten, aber 754 las darüber vor der Abreise. Aber 754 denkt nicht, dass mit Erdentechnologie lebende Zellen zu solchen Wesen wie die der Ebens herangezogen werden können. Die Ebens mussten einen Weg gefunden haben,

Zellen zu kultivieren und aus ihnen lebenden Wesen zu schaffen. Laut 700 und 754 ist nichts dergleichen auf der Erde bekannt. Ich fragte dann den Arzt, ob die Leiche von 308 verwendet wurde, um ein Wesen zu erschaffen. Der Arzt sagte ja und zeigte uns das Wesen. Ich war schockiert, wie auch 700 und 754. Dieses Wesen mit dem Blut und den Zellen unseres Teamkameraden sah aus wie ein großer Eben. Aber die Hände und Beine waren denen eines Menschen ähnlich. Wie konnten sie dieses Wesen so schnell heranziehen. Dies übersteigt unsere Intelligenz offensichtlich bei weitem. Ich sah alles, was ich sehen wollte. Ich sagte zum Arzt, dass wir gehen wollten. Ebe2 bemerkte, dass ich mitgenommen war, und berührte meine Hand. Ich verspürte augenblicklich Besorgnis. Ebe2 war wirklich besorgt wegen dem, was wir sahen. Ebe2 sagte, wir gehen. Wir verließen das Gebäude, ein Gebäude, das ich nicht mehr sehen wollte. Ich sah die dunkle Seite dieser Zivilisation. Die Ebens waren nicht die humane Zivilisation, für die wir sie hielten. Aber ich muss auch sagen, dass sie nichts vor uns versteckten. Der Arzt sprach offen mit uns. Genauso wie die Ebens. Sie wissen nicht, wie man lügt. Das, was wir gesehen haben, wird unseren Eindruck von den Ebens für den Rest unseres Aufenthalts auf diesem Planeten verändern.

Die zwei Mediziner, 700 und 754, verstanden langsam, was vor sich ging, als sie fragten, ob das, was aus den Zellen genommen wurde, Zellmembranen oder Identifikationskennzeichen für die Zellen waren. Und als 754 sagte, dass „menschliche Zellen kleinere Substanzen enthalten, die die Struktur mit den Zellmembranen identifizieren können", beschrieb er DNA, ohne sich dessen bewusst zu sein. Der Kommandant schreibt weiter: „Die Technologie auf der Erde ist diesbezüglich nicht fortgeschritten, aber 754 las darüber vor der Abreise. Aber 754 denkt nicht, dass mit Erdentechnologie lebende Zellen zu solchen Wesen wie denen der Ebens herangezogen werden können. ... Laut 700 und 754 ist nichts dergleichen auf der Erde bekannt." Im Prinzip verstanden die Mediziner, was hier geschah, aber DNA-Biotechnologie wurde auf der Erde noch nicht verwendet, um Lebewesen zu kopieren oder Organe zu züchten. Sie mussten diesbezüglich eine schnelle Ausbildung erhalten haben, als sie die Hybridkreatur sahen, die mit der DNA von 308 geschaffen wurde.

Die Ebens haben offensichtlich die gleichen Fähigkeiten wie die Greys. Ihr andauerndes Gentechnikprogramm mit Aliens läuft seit den 1950ern in Untergrundlabors wie dem in Dulce in New Mexico. Verschiedene Hinweisgeber haben berichtet, die gentechnisch erschaffenen „Monstren" an diesen Orten gesehen zu haben. Wir haben zweifellos viel aus diesen Experimenten gelernt und verstehen heute mit unserem weit ausgebauten Wissen über DNA zumindest theoretisch, was die Ebens und Greys taten. Ob wir Versuche angestellt haben, ihre monströsen Experimente zu kopieren, ist selbstverständlich unbekannt. Dies könnte ein Grund für die andauernde Geheimhaltung sein.

13

EIN POLIZEISTAAT

In den folgenden Tagebucheinträgen des Mannschaftskommandanten erfahren wir, dass es kein offizielles Programm zum Austausch wissenschaftlicher Informationen auf den höchsten Ebenen gab. Stattdessen wurde das Team darauf reduziert, ein paar verständnislosen Studierenden technische Daten über die Erde beizubringen. Dies ist erstaunlich. Es wäre zu erwarten gewesen, dass die Wissenschaftler des Teams zu Diskussionen an der Eben-Spitzenuniversität und mit Organisationstechnokraten eingeladen würden. Die Ebens hatten durch verdeckte Untersuchungen unserer Universitäten und anderer Forschungseinrichtungen offensichtlich bereits alle Informationen über unsere Wissenschaft und Technologie, die sie wollten. Wir wussten wirklich nicht sehr viel über das Ausmaß ihrer Überwachungstätigkeiten vor dem Roswell-Absturz. Offenbar kamen sie zum Entschluss, dass wir uns wissenschaftlich noch im Mittelalter befanden, und dementsprechend hatten sie kein Interesse an dem, was wir unterrichten konnten.

WIE TAUSCHEN WIR WISSENSCHAFT AUS?

In diesem Tagebucheintrag kämpft der Kommandant damit, ein paar Eben-Studierenden die Wissenschaft der Erde beizubringen:

Es war schwierig, sich mit den Ebens über Wissenschaft zu unterhalten. Wie erklären wir Einstein? Wie erklären sie ihren Einstein? Es fiel uns schwer, unsere Wissenschaft auf für sie nachvollziehbare Weise zu erklären. Sie schienen allerdings unsere Physik und Chemie schneller zu begreifen als wir. Wir beobachteten ein paar seltsame Dinge bezüglich ihrer Technologie. Zunächst nahmen wir einen der Positionsgeber auseinander, die sie an unseren Gürteln angebracht hatten. Es war nicht einfach. Es gab keine Schrauben oder Bolzen, die das Gerät zusammenhielten. Wir mussten es zerstören. Die Elektronikteile darin hatten wie nie zuvor gesehen. Es gab keine Transistoren, Rohre, Gleichrichter, Spulen oder andere elektronische Komponenten unserer Technologie. Dieses Gerät hatte nur Drähte und einige Verdickungen an den Drähten an manchen Stellen. Es gab zwei Komponenten, die keiner von uns je zuvor gesehen hatte. Wir konnten unseren Frequenzzähler nicht verwenden, um die Sende- und Empfangsfrequenz zu ermitteln. Es war außerhalb unseres Messbereichs. 633 und 661 verwendeten ein anderes Gerät, um das Teil zu analysieren, aber verstanden es nicht. Wir fragten den Eben-Wissenschaftler, den wir Ebe4 nannten. Das Problem war, dass Ebe2 übersetzen musste, da Ebe 4 kein Englisch sprach. Vieles ging in der Übersetzung verloren, auch wenn Ebe2 mit ihrem Englisch ziemlich gute Arbeit leistet.

Wir zeigten Ebe 4 eines unserer tragbaren Funksprechgeräte. Das Motorola FM-Radio war für uns ziemlich komplex. Es war neu und umfasste vier Kanäle. 661 nahm das Gerät vor Ebe4 auseinander, erklärte die Einzelteile und die verschiedenen Kristalle, die wir für Frequenzen verwenden. Ebe 4 verstand es nicht. Er wirkte mit unserem Radio genauso verloren wie wir mit ihrem. Ebe2 teilte uns mit, dass Ebe 4 das Radio nicht verstand oder wie es funktionierte. Das war also unser Dilemma. Wie tauschen wir Wissenschaft aus. Jede unserer Zivilisationen muss voneinander lernen. Und so beschlossen wir, eine Schule zu starten. Unsere ersten Tage waren allerdings ziemlich schwierig. Wir begannen mit einfachen Dingen, von denen wir glaubten, dass sie dem, was sie bereits wussten, ähnlich waren. Wir wählten Licht. 661, der etwas Unterrichtserfahrung hatte, begann mit Wellenlängen. 661 begann mit nicht sichtbarem Licht und den verschiedenen Ångström. Dann zeigte ihnen 661 das Lichtsprektrum [siehe Farbtafel 18]. 661 zeigte ihnen kosmische Strahlung und wie wir sie messen. Dann ging er über zu Gammastrahlen, Röntgenstrahlen und Ultraviolettlicht. 661 erklärte, dass Licht das war, was wir elektromagnetische Wellen nannten. Über einen Zeitraum von eben Tagen, erklärte 661 alles, was er über Licht und Frequenzen wusste, mitsamt einer Beschreibung der Frequenzbänder.

Motorola FM-Feldradio im Militärstil der 1960er Jahre

EIN EBEN-EINSTEIN

Mehrere andere Ebens kamen während dieser Zeit dazu und hörten zu. Die Übersetzungsarbeit hielt Ebe2 auf Trab. Ebe2 fiel es schwer alles zu erklären, was 661 sagte, da sie nicht für alles die Entsprechungen auf Eben kannte. Trotzdem beschrieb sie außerordentlich gut, was 661 sagte. Ich glaube nicht, dass Ebe 4 alles verstand, was 661 sagte, aber es dauerte nicht lange, bis Ebe 4 erkannte, was 661 beschrieb. 661 zeigte Ebe 4 dann eine Reparaturanleitung für ein Gerät unserer Testausrüstung. Da alles, oder fast alles, was wir herbrachten, militärische Gegenstände waren, war es eine Militäranleitung. In der Anleitung waren schematische Darstellungen der Schaltkreise. Ebe 4 verstand absolut nichts. Aber schlussendlich erkannte er, dass das, was ihm 661 zeigte, das Innere des Testgeräts war.[1] 661 erklärte dann die Grundlagen der Elektrizität. Das ohmsche Gesetz, verschiedene Formeln zur Berechnung von Spannung und Ampere. Ebe 4 war, gelinde gesagt, verwirrt. Aber einer der anderen Ebens, der sich dazugesellte und zuhörte, begriff das Konzept schnell. Wir nannten diesen Eben

Ebe 5 oder den Einstein. Dieser Eben war klug, außerordentlich klug. Nach drei Jahren treffen wir endlich einen Eben, der unser Wissenschaft begreift. Das einzige Problem ist, dass er kein Englisch sprach. Aber er stellte Fragen, was Ebe 4 nicht wirklich tat. Es waren zwar mehrere Lektionen notwendig, um Ebe 5 beizubringen, was jeder Buchstabe in der Formel bedeutete, aber letztendlich verstand Ebe 5, was wir sagten. Dieser Eben musste einen IQ von 300 haben. Ebe5 löste sogar ein paar einfache Problemstellungen von 661. Grundlagen der Elektrizität, nach dem Widerstand in einem Stromkreis auflösen, und ähnliche einfache Dinge. Es war eine bemerkenswerte Szene. Ebe 5 wurde unser Spitzenschüler. Wir konnten ihn nicht loswerden. Er folgte uns überall hin und stellte Fragen mit Hilfe von Ebe2. Wenn Ebe2 nicht verfügbar war, gab er Zeichen und zuckte mit den Achseln. Wir sprachen mit ihm auf Englisch oder ließen 420 oder 475 übersetzen. Aber nur 420 konnte den Großteil dessen verstehen, was Ebe 5 sagte.

EFFIZIENTE PRODUKTION

Interessant ist auch, dass Ebe 5 etwas anders aussah als die anderen Ebens. Während der letzten Jahre haben wir bemerkt, dass manche der Ebens, besonders die aus dem Norden, anders aussehen. Ihre Köpfe wirken größer. Ihre Gesichter machen einen verwahrlosten Eindruck. Ebe 5 ist aus dem Norden. Er lebt von uns aus im zweiten Dorf in Richtung Norden. Das ist etwa fünf Kilometer entfernt. ... Ich habe die Karte mit den Dörfern im Norden in Eintrag 4432 gezeichnet. Sie haben bestimmt mehr, weiter entfernt liegende Dörfer, aber die haben wir noch nicht besucht. Ebe 5 hat auch keinen Partner. Das ist verwunderlich, aber nicht vollkommen unüblich. Wir haben mehrere Ebens ohne Partner angetroffen. Wir haben uns noch nicht eingehend mit dem Privatleben von Ebe 5 befasst, aber 518 ist interessiert daran. In einem Eintrag habe ich über Schrauben, Bolzen, usw. in der Eben-Technologie geschrieben. Sie haben keine. Alles, was sie herstellen, ist mit irgendeiner Löt- oder Schmelzmethode abgedichtet. Als wir ihre Produktionsanlage besuchten, staunten wir über ihre Effizienz bei der Produktion von Möbeln, ihren Helikoptern oder Fluggeräten. Ihre Hauptanlage zur Produktion von Raumschiffen haben wir immer noch nicht gesehen.[2] Sie muss weit in südwestlicher Richtung liegen. Wir werden den Ort bestimmt irgendwann besuchen. Wir haben noch sieben Jahre vor uns, oder zumindest sieben Erdenjahre. Wie zuvor erwähnt haben wir vollkommen die Übersicht über die Erdenzeit verloren. Wir haben vor einigen Jahren aufgegeben. Wir messen unsere Zeit nach Eben-Zeit, die wie zuvor erwähnt extrem komplex ist.

Im folgenden Tagebucheintrag des Kommandanten können wir erstmals nachempfinden, wie eine außerirdische Zivilisation eine solch fortgeschrittene Technologie erzielen konnte, die es ihr ermöglicht, durch die Zeit zu weit entfernten Sternen zu reisen, etwas so Wunderbares wie das Yellow Book zu erschaffen und komplexe Organismen zu klonen, ohne sich dabei der elementarsten Grundsätze der Elektrizität bewusst zu sein, die als wesentliche Voraussetzungen für eine derartige Technologie anzunehmen sind. Die Wissenschaftler, die Raumfahrt verstehen, bilden wahrscheinlich eine kleine Elitegruppe, wie es auch der Fall mit den Eben-Ärzten ist, die scheinbar ein Monopol auf fortgeschrittene Biowissenschaft haben. Mit anderen Worten ist die höhere Wissenschaft und Technologie anscheinend einigen wenigen Auserwählten vorbehalten, die dieses Wissen nicht mit der breiten Masse teilen. Möglicherweise haben sie sogar Initiationsriten für diese auserwählten Individuen. Dies erinnert an die altägyptische Zivilisation, wo nur die hohen Priester in Hieroglyphen unterrichtet wurden, der Sprache der Hierophanten, und an das moderne Amerika, wo sich fortgeschrittene Wissenschaft innerhalb der geheimen Welt der „Black Projects" abspielt, die nur jenen zugänglich ist, die komplexe Hintergrundprüfungen bestanden haben und so in die Ränge der wissenschaftlichen „Elite" aufgenommen wurden. Dies scheint eine Methode sozialer Kontrolle und Manipulation zu sein, die sich nicht nur auf die Erde beschränkt. „Die Ebens hatten keine Kühlsysteme außer in der Industrie." Diese Aussage von Anonymous ist beispielhaft dafür, dass hoch entwickelte Technologie auf Grundlage fortgeschrittener Physik und Chemie nicht in die breite Masse sickert. In anderen Worten ist die Eben-Zivilisation grundsätzlich eine militärisch-industrielle Oligarchie. Die Bevölkerung ist in zwei Gruppen unterteilt – die führende Elite, die Wissenschaft und Technik sorgfältig beschützt, und die breite Masse, die manipuliert und im Unwissen gelassen wird, aber manche der Früchte der fortgeschrittenen Technologie auf streng kontrollierte Weise ausgeteilt bekommen. Dies wurde bestätigt, als das Team mehr über die Eben-Regierung in Erfahrung brachte.

Die Schlussfolgerung, dass die breite Masse der Ebens streng kontrolliert wird, wird durch die folgende Anmerkung durch Anonymous unterstützt:

> Die Eben-Zivilisation hatte zwar kein Fernsehen, keine Radios, etc., doch jeder Eben trug ein kleines Gerät am Gürtel. Dieses Gerät gab Anweisungen, einer bestimmten Aufgabe nachzugehen, übermittelte Nachrichten anstehender Ereignisse, etc. Das Gerät hatte einen Bildschirm ähnlich einem Fernsehbildschirm, aber in einem 3D-Format. Unser Team brachte eines dieser Geräte zurück. (Heute könnten wir es vermutlich mit einem Palm Pilot vergleichen.) [Diese eingeklammerte Bemerkung von Anonymous stammt aus dem Jahr 2006. Heute würde man es mit einem Smartphone vergleichen.]

Anonymous schreibt weiter:

> Die Besucher [die Ebens, da diese ursprünglich die Erde besuchten] waren extrem diszipliniert in ihrem Alltag. Jeder Besucher arbeitete nach einem Plan, der nicht auf Uhrzeiten basierte, sondern auf den Bewegungen ihrer Sonne. Jede kleine Gemeinschaft hatte einen hohen Turm, der das Sonnenlicht durchscheinen ließ. Wenn das Sonnenlicht auf einen bestimmten Punkt auf dem Turm auftraf, zeigte dies an, dass die Besucher eine bestimmte Sache zu tun hatten.

Da sie keinen planetenweiten Kommunikationszugang hatten, amüsierten sich die Ebens mit einfach Spielen und Zeitvertreiben vor Ort. Anonymous schreibt:

> Es gab keine Fernseher, Radiosender oder sonstiges dergleichen. Die Ebens spielten ein Spiel, etwas Ähnliches wie Fußball, aber mit einem größeren Ball. Sinn war es, den Ball über ein Feld hinweg in ein Ziel zu schießen. Das Spiel hatte sehr sonderbare Regeln und wurde über lange Zeiträume hinweg gespielt. Sie hatten noch ein anderes Spiel, das hauptsächlich Kinder spielten, bei dem mit Gruppen von Ebens Formationen auf-

gestellt wurden. Das Spiel schien ihnen wirklich Spaß zu machen, aber unser Team fand wenig Interesse für das Spiel … Jeder Eben wurde mit allen Notwendigkeiten versorgt. Keine Geschäfte, Kaufhäuser und Shoppingmeilen. Es gab zentrale Verteilungszentren, wo die Ebens erforderliche Gegenstände abholten. Alle Ebens hatten eine Funktion inne.

Wir erfahren mehr über die Eben-Regierung aus diesen Aussagen von Anonymous:

> Die Ebens hatten keinen einzelnen Herrscher. Es gab einen Gouverneursrat, den das Team benannte. Diese Gruppierung kontrollierte sämtliche Aktivitäten auf dem Planeten. Die Ratsmitglieder waren scheinbar schon recht lange dort … Es gab Führungspersonen, aber keine wirkliche Regierungsform. Das Team konnte praktisch keine Verbrechen beobachten. Sie hatten ein Heer, das auch als Polizei agierte. Doch das Team sah keine Schusswaffen oder jegliche anderen Waffenarten. In jeder kleinen Gemeinschaft wurden regelmäßig Besprechungen abgehalten. Es gab eine große Gemeinschaft, die als die Zentralstelle der Zivilisation wirkte. Die Industrie war vollständig bei dieser einen großen Gemeinschaft. Es gab kein Geld.

Die Aktivitäten eines jeden Eben wurden offensichtlich mit Befehlen oder Anweisungen von einer zentralen Behörde über das Gerät auf ihren Gürteln, sowie von den Bewegungen der Sonne gesteuert. Die zentrale Behörde ist scheinbar eine Instanz des Gouverneursrats, wie vom Team benannt. Die Ebens werden infolge fast zu Robotern. Der Ausdruck Sklaven wäre sogar noch passender. Sie werden jedenfalls nicht einbezogen. All ihre Grundbedürfnisse sind gedeckt, aber sie sind nicht wirklich frei. Sie leben sehr gleichförmig spartanische Leben. Anonymous schreibt:

> Die einzelne Eben-Familie lebte ein einfaches Leben. Ihre Häuser waren aus Lehm gefertigt, einem holzähnlichen Material und einem Metall. Die Häuser sahen alle gleich aus. Sie sahen aus wie etwas aus dem Südwesten aus Lehmstein. Im Haus gab es vier Zimmer. Ein Schlafzimmer, wo alle Ebens gemeinsam auf einer Matte schliefen, einen Raum zum Zubereiten von Speisen (Küche), ein Familienzimmer (der größte Raum im Haus) und einen kleinen Abfallraum.

Sie handelten und lebten nicht nur alle gleich, sondern sahen auch alle gleich aus. Anonymous schreibt:

> Anfangs sahen für unser Team alle gleich aus. Aber nach einer gewissen Zeit lernten die Teammitglieder, verschiedene Ebens anhand ihrer Stimmen zu identifizieren.[3]

Das Bild der Eben-Zivilisation, das durch diese Informationen entsteht, ähnelt der Zukunftsgesellschaft aus *Die Zeitmaschine* von H. G. Wells, wo die Eloi von den Morlocks im Glauben gelassen wurden, dass sie frei seien, während sie in Wahrheit durch hypnotische Steuerung roboterhaften Aktivitäten nachgingen und ihren Schattenmeistern zeitweise als Nahrung dienten. Dies erinnert auch an Nazideutschland, wo es den Menschen verboten war, ausländische Radioübertragungen zu hören, damit sie nicht in Erfahrung bringen konnten, wie das Leben außerhalb Deutschlands war, und somit vollständig durch Propaganda kontrolliert werden konnten. Gleichzeitig entwickelte ihre SS-Elite Weltraumtechnologie und eine fortgeschrittene Gesellschaft in Antarktika, wovon die deutsche Bevölkerung nichts wusste.

EINE STRUKTURIERTE ZIVILISATION

Anonymous antwortete teilweise auf die Fragen, die der Website zugesendet wurden, nachdem sie im November 2005 eingerichtet wurde. Die folgenden Informationen wurden als Antwort auf eine Frage bezüglich der Eben-Bevölkerung gegeben.

> Warum haben die Ebens nur etwa 650.000 Einwohner? Die Ebens haben eine sehr stabile, strukturierte Zivilisation. Jeder männliche Eben hat einen Partner. Sie dürfen sich fortpflanzen (auf einigermaßen gleiche, sexuelle Weise wie wir), aber nicht mehr als eine bestimmte Anzahl an Kindern bekommen. Unser Team sah keine Familien mit mehr als zwei Kindern. Die Zivilisation der Ebens war so strukturiert, dass sie Geburt jedes einzelnen Kindes planten, wobei ausreichend Zeitraum dazwischen gelassen wurde, um eine angemessene soziale Gruppierung der Zivilisation zu ermöglichen. Die Eben-Kinder entwickelten sich mit Supergeschwindigkeit verglichen mit den Kindern auf der Erde. Unser Team erlebte Geburten mit im Beisein eines Eben-Arztes und beobachtete über einen gewissen Zeitraum die Entwicklung des Kindes ... Sie reiften mit erschreckender Geschwindigkeit heran.
>
> Die Ebens hatten Wissenschaftler, Ärzte und Techniker. Es gab eine Ausbildungsstätte auf dem Planeten. Wenn man ausgewählt wurde, wurde die Stätte besucht und der Beruf, für den man am besten qualifiziert und geeignet war, erlernt. Auch wenn eine solche Einschätzung oder Messung extrem schwierig war, vermutete das Team einen IQ der Ebens von 165.

Diese Informationen untermauern weiter die Feststellung, dass der Gouverneursrat lückenlose Autorität und Kontrolle über alle Lebensbereiche der Ebens ausübte. Es schien keine Beschwerden bezüglich ihrer Entscheidungen zu geben. Es war vollkommen diktatorisch. Und dennoch ging das Team davon aus, dass die meisten Ebens extrem intelligent waren. Das neuartige Konzept persönlicher Freiheit hatte Serpo noch nicht erreicht. Es wurde von allen Arbeit erwartet und die Früchte ihrer Tätigkeiten gingen vorranging an die herrschende Klasse. Ohne jegliche Freizeit war es ihnen nicht möglich, künstlerischen oder kreativen Arbeiten nachzugehen oder sich gegenseitig aufzuklären. Die Welt, in der sie lebten, war grau und trostlos. Und dennoch lässt sich in Ebe5, dem „Ebe-Einstein", der das Team überallhin verfolgte, dunkel der Beginn einer Rebellion erkennen. Anscheinend wurde er sich durch die Handlungen der Teammitglieder erstmals des Freiheitskonzepts bewusst, woraufhin er mehr über ihre Grundsätze der Freiheit wissen wollte.

EINE „1984"-GESELLSCHAFT

Dieser Auszug aus einem späteren Tagebucheintrag des Kommandanten bekräftigt die Auffassung, dass die Eben-Gesellschaft streng kontrolliert wurde:

> *Bei einer unserer letzten Teambesprechungen beschlossen 203 und ich, auf den Militärgruß, der unter den Mitgliedern bei der ersten Begegnung üblich war, zu verzichten. Ich beschloss, die militärische Haltung und das Benehmen beizubehalten, aber*

auf das Salutieren zu verzichten. Die Teammitglieder waren alle einverstanden. Ich habe kein Problem damit. Die Ebens starrten uns einfach nur an, als wir das taten.

Aber sie haben auch ihre Begrüßungen. Ebens tauschen Grüße je nach Tageszeit aus. Zu bestimmten Zeiten umarmen sie sich, manchmal berühren sie einander mit den Fingern und manchmal verbeugen sie sich. Wir wissen immer noch nicht, warum sie das tun. Ebe2 erklärte, dass es eine förmliche Begrüßung sei.

Ebens leben ein sehr strenges Leben. Sie führen einen stark regulierten Lebensstil. Wir konnten ein paar Abweichungen beobachten, aber nur bei wenigen. Das Militär sorgt dafür, dass keiner aus der Reihe tanzt. Das Militär fungiert auch als Polizei, wie ich zuvor bereits erwähnt habe. Sie tragen keine Waffen mit sich, aber sie haben verschiedene Uniformen und jeder Eben respektiert diese Uniform. Das Militär ist konstant auf Patrouillengang. Sie sind in Zweierteams unterwegs und wirken extrem freundlich, können aber auch sehr streng sein. Wir sahen zwei Ebens, wie sie ein Feld überquerten. Zwei Militärangehörige näherten sich sogleich den beiden Ebens und zeigten auf ein Gebäude. Die zwei Ebens gingen mit den Militärangehörigen zu dem Gebäude. Die Militärangehörigen brüllten sie an. Zu der Zeit waren weder 420 noch 475 zum Übersetzen anwesend, aber es war anzunehmen, dass diese beiden Ebens gegen irgendeine Sitte oder ein Gesetz verstoßen hatten. Wir wurden vom Militär gewarnt, wenn wir wo hingingen, wo wir nicht sein sollten. Die Militärangehörigen sind sehr respektvoll, wenn sie mit uns zu tun haben, aber sie lassen uns keinen Sitten- oder Gesetzesverstoß durchgehen, ohne uns zu warnen. Als wir erstmals eine dieser Sandschlangen töteten, waren in Windeseile sechs Militärangehörige vor Ort. Es war viel diplomatisches Geschick notwendig, um die Situation beizulegen. Aber niemals bedrohte oder griff uns das Militär an.

Die Ebens haben sich an uns angepasst, so wie auch wir uns an sie angepasst haben. Wir führen unsere Mission fort und sie erlauben uns nahezu alles zu tun, was wir wollen. Es ist allerdings nicht gestattet, private Wohnhäuser zu betreten. Wir taten dies einmal und wurden höflich vom Militär hinausgeleitet. Es scheint mehr Militär anwesend zu sein als nötig. Sie haben Waffen wie zuvor erwähnt. Wir sehen selten Militärangehörige mit diesen Waffen. Aber wir sahen sie während des Alarms vor einer Weile. Unmittelbar nach einer unserer Ruhephasen kam Ebe2 zu unserer Wohnanlage. Ebe2 war ganz aufgeregt und sagte, wir sollten drinnen bleiben und unsere Wohnanlage nicht verlassen. Wir fragten warum und Ebe2 sagte, dass ein unbekanntes Raumschiff in die Umlaufbahn ihres Planeten

Die Mannschaft von Star Trek unterstützt die Befreiung der Galaxie von Unterdrückung

eingedrungen sei. Aber Ebe2 versicherte uns, dass sich das Militär um das Problem kümmern würde. Wir gingen natürlich in unseren eigenen Alarmzustand. Wir verteilten unsere Waffen und standen bereit, um unsere Wohnanlage zu beschützen. Wir missachteten ihre Anweisungen und gingen hinaus. Wir beobachteten den Himmel und sahen viel Luftverkehr. Dann sahen wir all die Militärangehörigen mit Waffen und etwas, das wie Marschgepäck aussah. Sie waren in vollständiger Kampfausrüstung, wie 899 es nannte. Der Alarmzustand dauerte nicht sehr lange an und Ebe2 kam zurück, sah uns etwas neugierig an und teilte uns dann mit, dass alles in Ordnung und der Alarm vorbei sei. Wir fragten sie, ob das unbekannte Raumschiff identifiziert worden sei. Sie sagte, es war kein Raumschiff, sondern nur natürlicher Weltraumschrott und beließ es dabei. Wir glaubten ihr nicht, aber es machte keinen Unterschied für uns. Wir kehrten zu unserem normalen Tagesablauf zurück.

Mit diesen neuen Informationen vom Mannschaftskommandanten können wir nun die Gesellschaft von Serpo zu Recht als einen „Polizeistaat" bezeichnen. „Das Militär sorgt dafür, dass keiner aus der Reihe tanzt. ... Das Militär ist konstant auf Patrouillengang." Aufgrund dieser Beschreibung können wir stark davon ausgehen, dass die Bezeichnung Polizeistaat zutreffend ist. Leider gibt es keine Aufzeichnungen dazu, wie die herrschende Klasse lebte, aber wir können davon ausgehen, dass sie einen wesentlich komfortableren, vielleicht sogar luxuriösen Lebensstil hatten. Nachdem der Arzt in der Biomedizinanstalt perfekt Englisch sprach und eindeutig ein Mitglied der Oberschicht war, wissen wir, dass sie alle sehr gebildet waren, vor allem in Bezug auf Erdangelegenheiten. Aber so weit wir wissen, war es unserem Team nicht gestattet, sie zu sehen.

Tyrannei und Sklaverei existieren offenbar in vielen Welten in unserer Milchstraße. Es ist eindeutig, dass dies auch unser Schicksal gewesen wäre, hätten die Faschisten den Zweiten Weltkrieg gewonnen. Nun, da wir uns erstmals in den Kosmos hinauswagen, müssen wir uns zu einer Mission entschließen, um den unterdrückten Völkern unserer Galaxie den Segen von Freiheit zu überbringen. Ein solches Handeln ist gut und richtig. Thomas Jefferson hätte uns darin bestärkt, die Befreier galaktischer Gesellschaften unter tyrannischem Zwang zu werden. Würde William Shatner in der nahen Zukunft zum Präsidenten der Vereinigten Staaten gewählt, könnten wir möglicherweise unsere Raumbrüder in der Galaktischen Föderation dabei unterstützen, quer durch die Galaxie die Freiheit wiederherzustellen, zu verteidigen und voranzutreiben. Wir wären gewiss eine hochgeschätzte Bereicherung mit Captain Kirk am Steuer.

Endnoten

1   Siehe Anhang 2 für eine Liste aller Testgeräte, die das Team mitbrachte.
2   Es zeigt sich zunehmend ein Geheimhaltungsmuster der Ebens. Möglicherweise hielten sie das Team aus Sicherheitsgründen von der Anlage entfernt.
3   Nachdem wir bereits wissen, dass die Ebens die Klonierungstechnologie perfektioniert haben, ist es nicht vollkommen undenkbar, dass viele von ihnen selbst geklont waren. Es ist uns bekannt, dass die Greys klonten, um ihre Bevölkerung zu erhöhen, da sie ihre Fortpflanzungsfähigkeit verloren hatten. Vielleicht tauchte für die Ebens ein ähnliches Problem auf und sie klonten, um ihre Bevölkerungszahl zu halten, während sie auch die normale Fortpflanzung weiterhin kontrollierten.

14

FESTESSEN, VERGNÜGEN UND TOD

Anonymous antwortet auf eine Frage, die der Website zugesendet wurde:

> Zur Kultur der Ebens: Sie hatten eine Form von musikalischer Unterhaltung. Die Musik bestand aus Klangrhythmen. Sie hörten auch eine Art von Sprechgesang. Die Ebens waren Tänzer. Sie feierten bestimmte Arbeitsphasen mit einem rituellen Tanz. Die Ebens formten einen Kreis und tanzten herum, während sie die Musik mit dem Sprechgesang hörten. Die Musik wurde mit Glockenspielen und Trommeln erzeugt, oder etwas in der Art.

Vom Kommandanten erfahren wir mehr darüber, wie sich die Ebens amüsieren:

> *Wir hatten ein Festessen heute. Was für ein Festessen. Wir verwendeten unsere letzten C-Rationen, aber die Ebens waren nicht sehr interessiert an unserem Essen. Wir töteten ein wildes Tier. Wie zuvor erwähnt, erlaubten uns die Ebens, die Tiere für ihr Fleisch zu töten. Das Fleisch ist nicht wirklich schlecht, 899 sagt, es schmeckt nach Bär, was ich nie gegessen habe. Aber die Ebens sehen uns sehr verwundert an, wenn wir Fleisch essen. Seltsam, sie können Kreaturen und andere Spezies aus Menschen klonen, aber sie können kein Fleisch essen. Wie seltsam sie doch sind. Aber sie erlauben uns so ziemlich alles zu tun, was wir wollen, und Fleisch brauchen wir wegen dem Protein. Wir brauchten all unsere Reserven an Salz und Pfeffer auf, was es etwas schwieriger für uns macht, ihre Nahrung zu essen. Die Ebens haben nichts wie Salz und Pfeffer. Sie haben ein Küchenkraut, wie wir es nennen, etwas wie Oregano, das sie verwenden. Es schmeckt recht herb, aber wir haben einen Geschmack dafür entwickelt. Das Festessen war großartig. Wir nahmen an den Tänzen teil, was den Ebens sehr gefiel. Tanzen und ihre seltsamen Spiele bereiten ihnen großes Vergnügen. Ich habe die Spiele zuvor beschrieben, aber bei diesem Fest haben wir etwas Anderes gesehen. Das Spiel wurde wie Schach gespielt, wobei Ebens auf einem großen quadratischen Bereich des Geländes standen. Die Quadrate waren in 24 Gruppen unterteilt. Jede Gruppe hatte zwei weitere Stellen. Wir konnten nur nicht verstehen, wie oder warum sich die Ebens bewegten. Einer der Ebens sagte ein Wort, woraufhin sich ein anderer Eben bewegte. Es schien ein Mannschaftsspiel zu sein. Sechs Ebens auf jeder Seite. Wir wurden nicht schlau daraus, aber am Ende tanzten die Ebens miteinander, was vermutlich einen Sieg bedeutete. Wir haben uns gut amüsiert heute.*

BALLSPIELE UND SEX

Und mehr von Anonymous:

> Unser Team brachte für sportliche Betätigung eine Softball-Ausrüstung mit. Die Ebens sahen bei den Partien zu und lachten laut. (Das Lachen der Ebens klang wie ein schrilles Schreien.) Letztendlich begannen die Ebens, das Spiel zu spielen, aber begriffen nicht, dass sie den Ball fangen mussten, bevor er den Boden berührte. Unser Team spielte auch Touch Rugby. Die Ebens sahen wiederum intensiv zu und spielten dann selbst. Aber wie auch bei Softball verstanden die Ebens bis zum Ende nicht, dass sie den Ball fangen mussten, bevor er auf den Boden auftraf!

> Auch wenn unsere Teammitglieder die Privatsphäre der Ebens respektierten, war es ihnen erlaubt, Geburten beizuwohnen. Beim Herumschnüffeln konnte unser Team die sexuellen Aktivitäten der Ebens erfassen. Die männlichen und weiblichen Ebens hatten ähnliche Sexualorgane und hatten Geschlechtsverkehr. Es wurde eine niedrigere Häufigkeit der sexuellen Aktivitäten als in unserer Gesellschaft festgehalten. Man ging davon aus, dass sie den Akt zum Vergnügen als auch zur Reproduktion ausführten.

Der Mannschaftskommandant führt die Beschreibung des Festtags weiter:

> *Mein Team spielte Softball mit ein paar hartgesottenen Ebens, die das Spiel erlernten. Zumindest größtenteils. Sie haben immer noch nicht kapiert, dass sie den Ball fangen müssen, bevor er auf den Boden auftrifft. Aber sie hatten Spaß. Wir haben ein paar extrem begabte Sportler unter den Ebens gefunden. Auf der anderen Seite haben wir aber auch welche ohne jegliche sportliche Leistungsfähigkeit gefunden. So wie bei den Menschen. Unser Softball-Match endete, als der Regen ausbrach. Wir sammelten uns im Gemeinschaftsgebäude. Wir aßen unsere Mahlzeiten auf und gingen zum Wohnbereich. Wie jeden Tag halten wir am Tagesende eine Besprechung ab. Wir untersuchen untereinander unseren psychischen und gesundheitlichen Zustand. Unser Tag endet und wir beginnen unsere achtstündige Ruhephase.*

WIR HABEN DIE ERDENZEIT AUFGEGEBEN

> *Ebens haben verschiedene Zeitabschnitte wie zuvor erwähnt. Sie ruhen etwa vier Stunden lang für jeweils zehn Stunden an Arbeit. Aber wir müssen bedenken, dass ihre Stunden so wie auch ihre Tage länger sind. Wir hörten daher auf, unsere Zeit zu verwenden und verwenden stattdessen die Eben-Zeit. Sie ist schwierig zu verstehen, aber das hier ist nur ein Tagebuch. Wenn ich wieder auf der Erde bin, kann ich den Zeitunterschied erklären und wie wir ihre Zeit statt der unseren verwenden mussten. Ich schreibe immer noch über Zeit in jedem Tagebucheintrag, aber es ist wichtig anzumerken, dass, auch wenn wir seit etwa drei Jahren Erdenzeit hören, wir die Erdenzeit aufgegeben haben und stattdessen die Eben-Zeit verwenden. Wir versuchten, ihre zwei Sonnen für ein Zählsystem zu verwenden, aber das funktionierte nicht. Wir versuchten*

> dann, unsere eigenen Uhren zu verwenden, aber das funktionierte nicht. Wir haben daher unsere Zeitmesser aufgegeben und verwenden nur den Zeitturm der Ebens. Jedes Dorf hat einen und die Symbole sind leicht verständlich. Jedes Symbol steht für eine bestimmte Zeit und eine bestimmte Arbeitsphase.

Die Zeitsituation war komplex aufgrund der Art, wie Serpo Zeta Reticuli I unter dem Einfluss von Zeta Reticuli II umkreiste. Anonymous schreibt Folgendes über das Zeitproblem:

> Unsere Wissenschaftler hatten die gleichen Fragen, die auch unser Leser stellen. Unsere Wissenschaftler zweifelten an unseren Teammitgliedern und den Informationen, die sie sammelten. Unsere Wissenschaftler konnten nicht nachvollziehen, wie die Umlaufbahn von … Serpo in der gemessenen Entfernung die zwei Sonnen umkreisen konnte. Letztendlich fanden unsere Wissenschaftler heraus, dass manches bezüglich dieses speziellen Systems physikalisch anders funktionierte als unser System. Es gab offene Fragen dazu, wie unser Team die Umlaufbahn maß, und zu anderen Berechnungen im Mangel einer stabilen Zeitbasis. Aus irgendeinem Grund – der so weit ich weiß nicht ermittelt wurde – funktionierten unsere Zeitinstrumente auf Serpo nicht.
>
> In Anbetracht dessen lässt sich nachvollziehen, wie schwierig es für unsere Teammitglieder gewesen sein musste, ohne Zeit Berechnungen anzustellen. Sie mussten sich alternative Methoden zum Messen von Geschwindigkeit, Umlaufbahnen, usw. überlegen. Herausforderung: Man versuche einmal, ein Physikproblem zu lösen, ohne die Zeit auf der Erde messen zu können! Man sieht, wie unser Team alles nur Mögliche mit den verfügbaren Instrumenten tat und wie beschwerlich es war, wissenschaftliche Berechnungen anzustellen. Es ist für jeden Wissenschaftler auf der Erde schwierig, die unterschiedliche Physik in anderen Sonnensystemen oder auf anderen Planeten zu verstehen. In einer der Fragen, die ich erhielt, ging es um die Keplerschen Gesetze der Planetenbewegung. Unser Team besaß diese Informationen. Wir hatten ein paar der besten militärischen Wissenschaftler im Team. Die Keplerschen Gesetze erfordern allerdings Zeit und unser Team konnte Zeit nur auf die konventionelle Art messen. Es wurde festgestellt, dass die Keplerschen Gesetze in diesem Sonnensystem nicht gültig waren. FAZIT: Eine Sache, die unsere Wissenschaftler auf der Erde lernten, war, dass die physikalischen Gesetze der Erde nicht universell angewendet werden können.

Anonymous schreibt weiter über dieses Thema:

> Bezüglich Zeit: Die Teammitglieder brachten mehrere Zeitmesser mit, wie z.B. Armbanduhren, batterielose, wie im Nachbesprechungsmaterial angegeben. Die Zeitmesser funktionierten, aber sie hatten keine Referenzzeit, denn die Eben-Tage waren länger, die Dämmerungsphasen waren länger und

Johannes Kepler (1571–1630) (siehe auch Farbtafel 24)

sie hatten keine Referenzkalender. Sie verwendeten die Zeitmesser allerdings, um Bewegungen zu messen, so maßen sie zum Beispiel die Bewegungen der zwei Eben-Sonnen. Sie berechneten auch die Zeit zwischen Arbeits- und Ruhephasen. Aber nach einer gewissen Zeit verwarf das Team die Zeitmesser und verwendete die Eben-Art der Zeitmessung. Der Kalender, den das Team mitbrachte, verwirrte sie nach einer Weile – ein Zehnjahreskalender.

Nach 24 Monaten hatte das Team den Überblick über die Zeit verloren, was den Kalender betraf, da sie die Tage im Vergleich zu Erdentagen nicht richtig berechnen konnten. Sie richteten eine große Uhr mit der Zeit auf der Erde ein, als sie aufbrachen. Dies war allerdings eine batteriebetriebene Uhr und als die Batterie leer war, blieb die Uhr stehen und sie vergaßen, die Batterie rechtzeitig auszuwechseln. Dementsprechend verloren sie die Erdenzeit aus den Augen. Das Team brachte eine große Menge an Batterien, aber nach etwa fünf Jahren waren alle aufgebraucht. Die Ebens hatten nichts, das mit Batterien vergleichbar war.

Carl Sagan, renommierter Astronom an der Cornell University, wurde bezüglich der Planetenbewegung auf Serpo, die zu den Zeitmessungsschwierigkeiten beisteuerte, hinzugezogen. Anonymous schreibt über diese Beratung:

> Einer der wichtigsten heimischen Wissenschaftler (Astronom), der zur Beratung hinzugezogen wurde, war Dr. Carl Edward Sagan. Anfangs war er der größte Skeptiker in der Gruppe. Aber als Informationen schrittweise analysiert wurden, kam er zurück in die Mitte. Ich kann nicht behaupten, dass er jede einzelne Angabe vollständig akzeptierte, aber zumindest stimmte er mit dem Endbericht überein.

E-Mail-Moderator Victor Martinez stellte auf der Website die folgenden „KURZINFOS" über Carl Sagans Beteiligung am Programm bereit:

Carl Sagan, berühmter Astronom von Cornell, der nach allgemeiner Annahme UFOs mit Skepsis betrachtete

Geboren in Brooklyn, NY am 9.11.34 und gestorben in Seattle, WA am 20.12.96 an Knochenmarkkrebs. Er war ein amerikanischer Astronom, Pädagoge und Planetenwissenschaftler und er war Direktor des Labors für Planetologie an der Cornell University.

VERBINDUNG ZU SERPO: Der Endbericht des Project Serpo wurde 1980 geschrieben. Dr. Sagan wurde auf halbem Wege in das Projekt einbezogen. Man geht davon aus, dass sein Bestseller CONTACT von 1985 auf seinem Insiderwissen über das geheimste Projekt der menschlichen Geschichte basiert – ein Austauschprogramm zwischen Menschen und Außerirdischen, an dessen Abschluss er mit dem finalen Endbericht beteiligt war! Jahre später, 1997, wurde CONTACT mit Jodie Foster in der Hauptrolle verfilmt.

Durch seine öffentliche Debatte von 1969 mit Dr. J. Allen Hynek, gefördert von der American Association for the Advancement of Science (AAAS), ob UFO-Forschungen als ernsthafte Wissenschaft zu betrachten sind oder nicht, wurde Sagan allgemein bekannt. Er argumentierte, dass es eine Pseudowissenschaft sei und er wurde zum Sieger erklärt. Etwa ein Jahr später wurde er als Berater in das Serpo-Projekt einbezogen, woraufhin er seine Skepsis natürlich neu überdenken musste. Sagan konkurrierte in Bezug auf das gleiche Thema auch mit dem wohlbekannten Wissenschaftler und UFO-Forscher Stanton Friedmann, einem seiner Studienkollegen in Physik an der University of Chicago in den 1950ern. Aber selbst lange nach seiner Beteiligung am Serpo-Programm von 1980, als er einen Abschnitt des Endberichts verfasste, konnte er in seinem Bestseller „Cosmos", der 1985 veröffentlicht wurde, immer noch sagen: „Wir bleiben bei der Auffassung, dass es keine glaubwürdigen Beweise für Besucher auf der Erde gibt, heute und jemals."

Posthum ist uns heute bekannt, dass Sagan keine zwei Gesichter hinsichtlich der Frage zu Außerirdischen hatte. In der Öffentlichkeit musste er Skepsis gegenüber UFOs zeigen, um seine Position am Astronomie-Institut von Cornell nicht aufs Spiel zu setzen, wo er sich kein unprofessionelles Auftreten leisten konnte. Cornell war für seine Astronomieforschung stark auf staatliche Förderungen angewiesen, vor allem von der NASA, und diese hätte enden können, wäre seine wahre Überzeugung ans Licht gekommen. In Wahrheit war Sagan ein Mitglied des Rats für auswärtige Beziehungen und es wird vermutet, dass er vielleicht sogar ein Mitglied von MJ-12 war! Sein wahres Interesse an Außerirdischen wurde in seinem Buchhit „Contact" offenbart, der 1997 mit Jodie Foster und Matthew McConaughey in den Hauptrollen zu einem Blockbuster verfilmt wurde. Sagan war ein Mann mit vielen Talenten. 1978 gewann er mit seinem Buch „The Dragons of Eden" den Pulitzer-Preis in der Kategorie Sachliteratur. Er wurde in der

Kinoplakat für Contact

Innenstadt von Ithaca, New York, der Heimat von Cornell, mit dem Sagan Memorial Walk of Planets verewigt. Letzten Endes war er ironischerweise der Hauptverantwortliche für das weltweit geschaffene allgemeine Bewusstsein, dass es auf den „Milliarden und Milliarden" von anderen Welten Leben geben könnte. Aber er ging auf seine eigene Weise vor. In Bezug auf öffentliche Wahrnehmung war es eine Gratwanderung. Aber er war erfolgreich in seinem Vorgehen und sein anhaltender Ruhm ist wohlverdient.

Das Problem der Planetenbewegungen von Serpo in Bezug auf die Messung der Zeit sorgte für eine Flut an Kommentaren auf der Website. Siehe Anhang 4 für eine Zusammenfassung der wesentlichen Punkte dieser Kommentare mit einem Laienversuch, Ordnung in die Diskussion zu bringen.

DER TOD VON 899 UND 754

Der Tagebucheintrag des Mannschaftskommandanten setzt sich fort:

> *Ebe2 kam nach dem Fest vorbei. Ebe2 machte sich Sorgen um 754. Wie ich in einem früheren Eintrag erwähnte, wurde 754 krank. Aber er hat sich erholt. Wir wissen nicht, woran er litt, aber 700 behandelte ihn mit Penizillin und das half. Wir alle hatten irgendwelche Krankheiten, seit wir hier sind, außer 899, den Kerl kann nichts erschüttern. Er war nie krank, nicht einmal eine Erkältung hatte er. 706 [700] und 754 führen detaillierte Aufzeichnungen über jedes Teammitglied und ihre medizinische und körperliche Verfassung. Seit unserer Ankunft versuchen wir, ein regelmäßiges Fitnessprogramm aufrechtzuerhalten. Manchmal halten wir uns daran und manchmal nicht. Aber wir sind alle in ziemlich guter Verfassung, zumindest körperlich. Psychisch, das ist vielleicht eine andere Geschichte. Manche der Teammitglieder vermissen die Erde, so wie ich. Aber keiner von uns brach zusammen oder brauchte psychologische Unterstützung von 700 oder 754. Unser Selektionsverfahren war hervorragend. Unsere Medizin ist es, beschäftigt zu bleiben. Forschungen und die Arbeit an unseren Missionszielen halten uns ständig auf Trab.*

Dieser Tagebucheintrag des Kommandanten wurde etwa drei Erdenjahre nach der Ankunft geschrieben. Kurz darauf starben zwei der erwähnten Teammitglieder. Der Sicherheitsexperte, 899, war der Erste, der auf Serpo starb. Sein Tod kam offenbar plötzlich, kurz nachdem dieser Tagebucheintrag geschrieben wurde, worin der Kommandant ihn ironischerweise als unerschütterlich beschrieb und erwähnte, dass „er nie krank wurde und nicht einmal eine Erkältung hatte". Anonymous schildert im Detail den Tod von 899 und den Versuch der Eben-Ärzte, ihn wiederzubeleben.

> *Es war schwierig mit den Ebens zu kommunizieren, als unser erstes Teammitglied in einem Unfall starb. Er war auf der Stelle tot und es gab deshalb keine medizinische Betreuung. Unsere zwei Ärzte untersuchten seine Leiche und stellten fest, dass die Verletzungen mit einem Sturz vereinbar waren. Die Ebens mischten sich ursprünglich nie in unsere Betreuung ein oder boten ihre eigene medizinische Betreuung an. Als aber die Ebens – ein sehr gutmütiges und mitfühlendes Volk – unsere Teammitglieder erstmals weinen sahen, schritten sie ein und boten uns an, eine ärztliche Betreuung*

von ihrer Seite zu versuchen. Auch wenn unsere Mediziner überzeugt waren, dass das Teammitglied aus medizinischer Sicht tot war, erlaubten sie den Ebens, ihre eigene medizinische Fürsorge zu versuchen. Der Großteil davon wurde entweder mit Zeichensprache oder mit Hilfe der Reisenden, die etwas Englisch verstanden, kommuniziert.[1]

Die Ebens transportierten die Leiche des Teammitglieds in einen entfernten Bereich der größten Gemeinschaft. Sie brachten die Leiche in ein großes Gebäude, anscheinend ihr Krankenhaus oder medizinisches Zentrum. Die Ebens verwendeten einen großen Untersuchungstisch, um den Körper zu überprüfen. Die Ebens führten einen großflächigen bläulich-grünen Lichtstrahl über den Körper. Die Ebens betrachteten eine Darstellung, die auf einem großen Bildschirm, der wie ein Fernsehbildschirm aussah, erschien. Unser Team konnte den Anzeigetext nicht verstehen, da er in Eben geschrieben war. Es wurde aber auch ein Graph wie der einer Herzschlagfrequenz angezeigt. Die durchgezogene Linie schwankte nicht. Unsere Mediziner wussten, dass dies das gleiche bedeutete, was auch ihre eigene Ausrüstung feststellte: Herzstillstand. Die Ebens verabreichten eine Flüssigkeit durch eine Nadel. Dies wurde mehrmals durchgeführt. Schließlich begann das Herz zu schlagen.

Aber unsere Mediziner wussten, dass die inneren Organe beschädigt waren, konnten es aber den Ebens nicht ganz erklären. Mit beiden Händen auf der Brust und gesenkten Köpfen gaben uns die Ebens letztendlich ein Zeichen. Unsere Teammitglieder wussten, was das bedeutete. Er war tot und es konnte nichts getan werden. Die Ebens waren dem Team gegenüber sehr warmherzig. Während der letzten Arbeitsphase hielten die Ebens eine Zeremonie für das tote Teammitglied ab, die gleiche Zeremonie wie beim Tod eines Ebens. Unser Team hielt unter Beisein der Ebens einen eigenen Gottesdienst ab. Die Ebens waren extrem interessiert an unserem Gottesdienst. Ein Teammitglied, der die Rolle eines Pfarrers übernahm, verrichtete einen Totendienst. Unser Team ist den Ebens ewig dankbar für ihre einfühlsame Haltung im Umgang mit unserem toten Freund.

Der zweite Tod ereignete sich ebenfalls wenig später nach dem obigen Tagebucheintrag des Kommandanten über das Festessen. Einer der Mediziner starb an einer Lungenentzündung. Wir wissen, dass er zum Zeitpunkt jenes Tagebucheintrags am Leben war, weil beide Mediziner darin erwähnt wurden. Es lässt sich vermuten, dass 754 starb, da wir in dem Eintrag erfahren, dass er krank war und 700, der andere Mediziner, ihn mit Penizillin behandelte. Ebe2 war interessanterweise die Erste, die nach dem Festessen bemerkte, dass 754 krank war, und sich Sorgen um ihn machte.

EBENS STARBEN AUCH

Weitverbreitete und standardisierte religiöse Gebräuche sind in einem Polizeistaat nicht überraschend, wie etwa in Mussolinis Italien. Sie sind sogar zu erwarten, da sie üblicherweise durch die herrschende Gewalt vorangetrieben werden. Es ist schließlich einfacher, die Bürger in Schach zu halten, wenn sie daran glauben, dass die sozialen Regeln und Vorschriften von einem höchsten Wesen ausgehen. Alle Ebens mussten täglich zu einer bestimmten Zeit Gottesdiensten beiwohnen, was uns vermuten lässt, dass dies eine weitere Form der Kontrolle durch die herrschende Klasse war, vor allem da diese Praxis auf dem ganzen Planeten vereinheitlicht war. Wo es Glaubensfreiheit gibt, sind Meinungsverschiedenheiten zu erwarten.

Anhand der folgenden Anmerkungen durch Anonymous erfahren wir von religiösen Bräuchen der Ebens. All diese Informationen stammen aus dem Nachbesprechungsdokument.

> *Ebens starben auch. Unsere Teammitglieder sahen Todesfälle – manche durch Unfälle und manche durch natürliche Ursachen. Die Ebens beerdigten die Leichen auf ähnliche Weise wie wir. Unser Team erlebte zwei Luftverkehrsunfälle mit ihrem intraplanetaren Fluggerät mit. Die Ebens verehrten ein Höchstes Wesen. Es schien irgendeine Gottheit mit Verbindung zum Universum zu sein. Sie leisteten tägliche Gottesdienste, normalerweise am Ende der ersten Arbeitsphase. Sie hatten ein Gebäude oder eine Kirche, wo sie zur Gottesverehrung hingingen.*

DIE EBEN-TOTENWACHE

> *Unser Team erlebte einen Flugzeugunfall mit, der vier Ebens tötete. Die Ebens vollzogen am Absturzort eine Art von Ritual. Die Ebens beförderten die Leichen in eine medizinische Einrichtung und untersuchten sie. Unseren Teammitgliedern war es stets erlaubt, die Ebens zu begleiten, abgesehen von den Ruhephasen, während der sich die Ebens hinter geschlossen Türen zurückgezogen hielten.*
>
> *Unsere Teammitglieder sahen die Trauer in den Augen der Ebens, als ihre Kameraden starben. Später, nach der letzten Arbeitsphase des Tages, hatten die Ebens ein „Begräbnis", zumindest ging unser Team davon aus, dass es das war. Die Eben-Leichen wurden in ein weißes Tuch gehüllt. Mehrere verschiedene Flüssigkeiten wurden über die Leichen gegossen. Zahlreiche Ebens standen singend in einem Kreis. Die Klänge wirkten fast Übelkeit erregend auf unser Team. Die Zeremonie dauerte lange. Zum Schluss wurden die Leichen in metallene Container gelegt und an einem Ort begraben, der von den Gemeinschaften weit entfernt lag. Nach dem Begräbnis hielten die Ebens ein Festessen ab. Es gab große Tische mit Speisen und alle aßen, tanzten und spielten Spiele. Dies ereignete sich bei jedem Eben-Tod, den unser Team miterlebte.*

Anhand der vorhergehenden Kommentare durch Anonymous lässt sich erkennen, dass die Auffassung des Todes als eine freudige Befreiung der Seele von den Sorgen der physischen Existenz durchaus ein galaxienweiter Glaube sein könnte.

STAR WARS

Anonymous erzählt uns von ihrem Großen Krieg. Vielleicht wusste George Lucas über diesen Teil der Eben-Geschichte Bescheid, als er Star Wars schrieb (siehe Farbtafel 19):

> … Hunderte oder Tausende von Ebens starben im Großen Krieg … Die Ebens kämpften über einen gewissen Zeitraum eine Schlacht gegen einen Feind. Unsere Teammitglieder vermuteten, dass der Krieg etwa 100 Jahre dauerte, aber das bezieht sich abermals auf unsere Zeit. Der Krieg wurde mit Teilchenstrahlwaffen geführt, die von beiden Zivilisationen entwickelt wurden. Die Ebens konnten letztendlich den Feindplaneten zerstören und die verbleibenden Feindkräfte erledigen. Die Ebens machten uns darauf aufmerksam, dass es noch weitere feindlich gesinnte Alienrassen in unserer Galaxie gab. Die Ebens halten sich von diesen Rassen fern. Das Nachbesprechungsdokument erwähnte nie den Namen des Feindes, wahrscheinlich deshalb, weil er nicht länger existierte.

Mithilfe dieser Informationen können wir besser nachvollzuziehen, warum das Eben-Militär so stark und dominant war. Die Bevölkerung war nach dem Großen Krieg offensichtlich traumatisiert und mehr als gewillt, eine andauernde Militärherrschaft hinzunehmen. Für mehr Informationen zu Teilchenstrahlwaffen siehe Kapitel 17.

Endnotes

1   Die Reisenden waren Ebens, die gewisse Englischkenntnisse aufweisen konnten.

15

ERKUNDUNG

In diesem Kapitel teilt uns Anonymous Einzelheiten über die Geschichte, die physische Umwelt und die Charakteristiken von Serpo mit. Eingeklammerte Informationen wurden von Victor Martinez hinzugefügt, dem E-Mail-Moderator. Siehe Anhang 3 für vollständige Statistiken zu Serpo.

Anonymous schreibt:

> Schätzungen nach ist Serpo etwa drei Milliarden Jahre alt. Die zwei Sonnen sind etwa fünf Milliarden Jahre alt, aber nur schätzungsweise. Das Alter der Eben-Zivilisation wird auf etwa zehntausend Jahre geschätzt. Sie entwickelten sich auf einem anderen Planeten, nicht auf Serpo. Der ursprüngliche Heimatplanet der Ebens wurde von extremer Vulkanaktivität bedroht. Die Ebens mussten zum Schutz ihrer Zivilisation nach Serpo übersiedeln. Dies ereignete sich vor etwa fünftausend Jahren ...
>
> Es gab ein Zeitalter der Dunkelheit, aber nicht vollständiger Dunkelheit.[1] Der Eben-Planet liegt innerhalb eines Sonnensystems des Sternensystems Zeta Reticular [Reticuli] [zwei gelbe Doppelsterne der 5. Helligkeitsklasse, ähnlich unserer Sonne, in der Nähe der Großen Magellanschen Wolke]. Der Planet hatte zwei Sonnen, aber ihre Winkel waren klein und ermöglichten je nach Standort eine gewisse Dunkelheit auf dem Planeten.
>
> Der Planet war geneigt, wodurch der nördliche Teil des Planeten kühler war. Der Planet war etwas kleiner als die Erde. Die Atmosphäre war der der Erde ähnlich und enthielt die Elemente Kohlenstoff, Wasserstoff, Sauerstoff und Stickstoff. Zeta Reticular [Reticuli] liegt etwa 37 Lichtjahre von uns entfernt ...
>
> Es gab etwa hundert verschiedene Dörfer oder Wohnorte für die Ebens. Die Ebens verwendeten nur einen kleinen Teil ihres Planeten. Sie bauten Mineralstoffe in entfernt gelegenen Bereichen des Planeten ab und sie hatten eine große Industrieanlage in Gewässernähe im südlichen Bereich des Planeten. Unser Team stellte fest, dass diese Anlage eine Art von Wasserkraftwerk war.

Paul McGovern fügt in seinem Kommentar hinzu: „Kleine Gemeinschaften waren über den Planeten verstreut. Es gab Untergrundflüsse, die in offene Täler führten."

SIE KONNTEN NACH BELIEBEN REISEN

Hinsichtlich der Anpassung des Teams an die Bedingungen auf Serpo schreibt Anonymous:

> Nach der Ankunft auf dem Eben-Planeten brauchte die Mannschaft mehrere Monate, um sich an die Atmosphäre anzupassen. Während der Anpassungsphase litten die Mitglieder an Kopfschmerzen, Schwindelgefühlen und Desorientierung ... Die hellen Sonnen des Eben-Planeten bereiteten ihnen auch Probleme. Sie hatten zwar Sonnenbrillen, aber sie litten trotzdem unter dem hellen Sonnenlicht und den Gefahren der Sonneneinstrahlung. Die Strahlenwerte waren auf diesem Planeten etwas höher als auf der Erde. Sie achteten darauf, ihre Körper stets bedeckt zu halten ...
>
> Unser Team übersiedelte der Frische wegen letztendlich in den Norden. Der Bodentransport, den unser Team verwendete, ähnelte einem Helikopter. Die Stromversorgung kam aus einer abgedichteten Stromvorrichtung, die elektrische Energie und Auftrieb für das Fahrzeug lieferte. Es war einfach zu fliegen und unsere Piloten erlernten das System innerhalb weniger Tage. Die Ebens hatten Fahrzeuge, die über dem Boden schwebten und keine Reifen oder Räder hatten [siehe Farbtafel 20].

Paul McGovern fügt in seinem Kommentar die folgende Information hinzu: „Die Mannschaft wurde nie von den Besuchern abgegrenzt oder eingeschränkt. Sie konnten nach Belieben reisen und genauer betrachten, was immer sie wollten. Nach etwa sechs Jahren zog das Team in den nördlichen Teil des Besucherplaneten um, wo kühlere Temperaturen herrschten und eine üppige Vegetation vorhanden war ... Die Besucher errichteten eine kleine Gemeinschaft für das Team ... Das Austauschteam musste beim Anpassen an die Umgebung auf dem Besucherplaneten extrem beschwerliche Umstände hinnehmen."

Anonymous beschreibt die Eben-Technologie:

> Die Ebens entwickelten eine andere Art von elektrischem Antriebssystem. Es war unserem Team nicht bekannt und ich glaube nicht, dass wir es jemals wirklich verstanden. Sie waren in der Lage, sich ein Vakuum zu Nutze zu machen und enorme Mengen an Energie aus diesem Vakuum zu gewinnen [siehe Kapitel 17]. Im Wohngebiet unseres Teams, das sich aus mehreren kleinen Gebäuden zusammensetzte, gab es Strom, der mit einem kleinen Kasten produziert wurde. Dieser kleine Kasten lieferte den gesamten Strom, den das Team benötigte. Ironischerweise funktionierten die elektronischen Ausrüstungsgegenstände, die die Mannschaft mit auf die Reise nahm, allein mit ihrer Stromquelle ... Unser Team analysierte das Stromgerät der Ebens mehrmals. Da unser Team keine wissenschaftlichen Mikroskope oder andere Messgeräte zur Verfügung hatte, konnten wir die Funktionalität des Stromgeräts nicht nachvollziehen. Doch ungeachtet der Stromnachfrage, lieferte das Stromgerät der Ebens die korrekte Stromstärke und Wattleistung. Unser Team vermutete, dass das Gerät etwas wie einen Regler hatte, der die benötigte Stromstärke und Wattleistung sensorisch wahrnehmen konnte. (Anmerkung: Unsere Teammitglieder brachten zwei Stromgeräte zur Analyse zurück.)

Los Alamos hatte bereits 1947 ein solches Stromgerät in seinem Besitz. Es wurde aus dem zweiten Flugobjekt, das bei Roswell abgestürzt war, geborgen, aber niemand hatte auch nur eine Ahnung, was es war. Erst 1970 wurde ihnen klar, dass es sich um eine Art von Stromgerät handelte, aber sie verstanden nicht, wie es funktionierte. Als das Serpo-Team 1978 zwei der Geräte zurück zur Erde brachte, begannen schließlich ernsthafte Experimente, um ihre Funktionalität zu ermitteln, und es wurden Versuche angestellt, die Technologie zu reproduzieren. Es wurde Crystal Rectangle oder kurz CR genannt. Es war ein kleiner Punkt im CR sichtbar, der sich bei Strombedarf bewegte. Nach jahrelangen Experimenten und Forschungen, die nach wie vor andauern, wurde festgestellt, dass der Punkt ein perfekt abgerundetes Teilchen aus geladener Antimaterie war. Für eine vollständige Geschichte der Experimente mit dem CR und der Kopierversuche, siehe Anhang 5.

Anonymous schreibt weiter:

> Sie [das Team] brachten auch elektrische Rasierer, Kaffeekannen, elektrische Heizkörper, ein DIM (keine Erklärung, was das ist), eine elektrische IBM-Schreibmaschine, einen wissenschaftlichen Taschenrechner, Rechenschieber (sowohl konventionelle als auch wissenschaftliche), Base Data Collection Recorder (BDCR), drei unterschiedliche große Fernrohre, Tangenten, sowohl konventionelle als auch elektrische. Die Liste setzt sich fort. Aber sie brachten so ziemlich alles mit, was ihnen erlaubt wurde, was das Gewicht betrifft ...
>
> Bezüglich Waffen: Darüber wurde lange diskutiert. Letztendlich war es den Ebens ziemlich egal. Also beschlossen unsere Teammitglieder, welche mitzunehmen, nur für den Fall. Nicht für eine Schlacht, weiß Gott, war doch unser Team zahlenmäßig weit unterlegen, aber aus Sicherheitsgründen. Man bedenke, dass die zwölf Mitglieder alle Militärangehörige waren, weshalb ihnen die Waffen immerhin ein GEFÜHL der Sicherheit gaben. Eine Randbemerkung: Sie nahmen nur 50 Schuss pro Handfeuerwaffe und 100 Schuss pro Gewehr mit.

ERKUNDUNG VON SERPO

All die Informationen in diesem Abschnitt nahmen das komplette siebte E-Mail-Posting von Anonymous ein, das am 17. November 2005 geschickt wurde.

> *In unserem Team waren zwei Geologen (sie waren auch als Biologen ausgebildet). Die erste Tätigkeit der Geologen war es, den gesamten Planeten zu kartieren. Der erste Schritt war die Unterteilung des Planeten in zwei Hälften, wodurch sich ein Äquator ergab. Daraufhin setzten sie eine nördliche und eine südliche Hemisphäre fest. Innerhalb jeder Hemisphäre legten sie vier Quadranten an. Schließlich bestimmten sie „Nord- und Südpol". Es war dies die einfachste Methode, den Planeten zu studieren. Der Großteil der Eben-Gemeinschaften lag am Äquator entlang. Es gab allerdings auch Gemeinschaften nördlich des Äquators in jedem der vier Quadranten der nördlichen Hemisphäre. Es gab keine Gemeinschaften an den Polen. Der Südpol war eine Wüste. Es war ein Ödland mit so gut wie keinem Niederschlag und ohne jegliche Vegetation ... Es gab vulkanische Gesteinsformationen und ein Teil des extremen Südens umfasste eine Felsenwüste. Es wurden Temperaturen zwischen etwa 32°C und 57°C*

am Südpol gemessen. Nördlich des Südpols in Quadrant 1 fand das Team Ergussgesteine vor. Dies deutete auf vulkanische Aktivität in diesem Bereich hin. Unser Team entdeckte zahlreiche Vulkane in diesem Bereich. Das Team stieß in dieser Region auf mehrere Spaltenausbrüche mit Stehgewässern. Das Wasser wurde getestet. Es hatte einen hohen Gehalt an Schwefel, Zink, Kupfer und anderen unbekannten Chemikalien.

Östlich davon in Quadrant 2 fand das Team im Wesentlichen die gleichen Vulkangesteinsfelder vor. An einer bestimmten Stelle in der Nähe des nördlichen Endes von Quadrant 2 entdeckte das Team eine Salztonebene. Auf der Erde wurden diese durch Flüsse, die in eine Wüste oder ein Dürregebiet mündeten, geformt. Unser Team fand verfestigten Schlamm vor, der mit Alkalisalzen überzogen war. Es gab wenig Vegetation in dieser Gegend. In Quadrant 3 fand das Team eine Form von Ödland vor, eine Dürreregion mit tiefen Furchenlinien und spärlicher Vegetation. Die Furchen oder Täler waren extrem tief, teilweise fast 1.000 Meter. Das Team entdeckte das erste Serpo-Tier in dieser Region. Es sah wie ein Gürteltier aus. Dieses Wesen war extrem feindselig und versuchte mehrmals, das Team anzugreifen. Der Eben, der uns herumführte, verwendete irgendein Schallgerät (akustisch gelenkte Schallbündel), um die Kreatur zu verscheuchen.

In der Äquatorregion fand unser Team wüstenartige Landschaften mit stellenweiser Vegetation vor. Das Team fand zahlreiche Wasseransammlungen, die durch artesische Brunnen im Boden gespeist wurden. Dies war das frischeste Wasser, das nur die unbekannten Chemikalien enthielt. Es schmeckte gut und die Ebens verwendeten es unter anderem als Trinkwasser. Unser Team kochte es dennoch ab, da bei Kulturtests unbekannte Bakterien nachgewiesen wurden. Auf dem Weg in die nördliche Hemisphäre stellte das Team eine große Veränderung hinsichtlich Klima und Landschaft fest. Einer im Team, der die Bezeichnung Quadrant 1 in der nördlichen Hemisphäre prägte, nannte es „Little Montana". Das Team fand Bäume vor, die den immergrünen Bäumen auf der Erde ähnelten. Diese Bäume wurden von den Ebens gemelkt. Es wurde eine weiße Flüssigkeit daraus gewonnen und getrunken. Zahlreiche andere Vegetationsformen kamen in dieser Region vor. Es gab auch Stehgewässer, die möglicherweise durch artesische Brunnen oder Spaltenausbrüche gespeist wurden. In einem Bereich wurde Sumpfland entdeckt. Hochwachsende Pflanzen kamen im Sumpfge-

Landschaft von Montana, dem Quadranten 1 ähnlich (siehe auch Farbtafel 25)

biet vor. Die Ebens nutzten diese Pflanzen als Nahrungsmittel. Die Knolle schmeckte ähnlich wie eine Melone.

DER UMZUG NACH QUADRANT 1

Unser Team zog letztendlich in ein Gebiet in Quadrant 1 in der nördlichen Hemisphäre. In diesem Gebiet herrschten gemäßigte Temperaturen [10–27°] und es gab ausreichend Schatten. Die Ebens errichteten eine kleine Gemeinschaft für das Team. Der Großteil der folgenden Erkundungen des Planeten erfolgte von diesem Standort aus. Das Team erkundete die südliche Hemisphäre nur ein einziges Mal zum Erwerb geologischer Informationen. Aufgrund der intensiven Hitze beschloss das Team, sich nicht noch einmal hinzuwagen. Das Team erforschte weiterhin die nördliche Hemisphäre, wo, da das Team in Richtung Nordpol reiste, die Temperaturen merklich sanken. Das Team stieß auf Gebirge mit Erhebungen von 4.500 Metern und Täler, die tiefer lagen als das Grundniveau, das das Team als „Meeresspiegel" festgelegt hatte. Es gab üppig grüne Felder mit einer Art von Gras, das aber Knollen umfasste. Das Team nannte diese Felder „Kleefelder", auch wenn die Knollen kein Klee waren. Die Strahlenwerte waren niedriger in der nördlichen Hemisphäre als am Äquator und in der südlichen Hemisphäre. Am Nordpol herrschte kaltes Wetter und das Team sah erste Anzeichen von Schnee. In der Region um den Nordpol waren weite Flächen mit Schnee bedeckt. Der Schnee war bis zu sechs Meter tief. Die Temperatur lag konstant bei 0,5°. Unser Team konnte keine Temperaturschwankungen in dieser Region feststellen.[2] Die Ebens konnten es nicht ertragen, sich lange in dieser Region aufzuhalten. Sie litten an extremer Hypothermie. Der Eben, der das Team begleitete, trug einen Anzug, der einem Raumanzug mit eingebauten Heizgeräten ähnlich war.

Militärischer Colt .45 aus der Vietnam-Ära

Unser Team fand Hinweise auf vergangene Erdbeben. Sie fanden Verwerfungslinien entlang der nördlichen Spitze der südlichen Hemisphäre. Es wurde Schichtkorrosion ebenso wie Ergussgestein festgestellt, was auf vergangene Magmaströme hindeutete. Unser Team brachte Hunderte von Proben des Bodens, der Vegetation, des Wassers und anderer Bestandteile auf Serpo, um sie auf der Erde austesten zu können. Das Team entdeckte während der Erkundungen zahlreiche Tierarten. Das seltsamste davon war die „Bestie", die wie ein *großer Ochse aussah. Das Tier war scheu und im Rahmen der Beobachtungen niemals feindselig.*

Ein anderes Tier sah aus wie ein Puma mit langem Fell um den Hals herum. Dieses Tier war neugierig, wurde aber von den Ebens nicht als feindselig betrachtet.

Während der Erkundung von Quadrant 4 der südlichen Hemisphäre fand das Team eine sehr lange und große Kreatur, die wie eine Schlange aussah. Dieses Wesen wurde von den Ebens als „tödlich" beschrieben. Der Kopf der Kreatur war groß und hatte fast menschenartige Augen. Unser Team tötete die Kreatur. Es war das einzige Mal, dass wir unsere Waffen verwendeten. Die Ebens machten keinen verärgerten Eindruck, dass das Team die Kreatur tötete, aber sie waren verärgert, dass sie eine Waffe verwendeten. Das Team brachte vier Handfeuerwaffen im Kaliber .45 Colt (Standardmilitärwaffe) und vier M2-Karabiner-Gewehre. Nachdem das Team die Kreatur getötet hatte, sezierten sie es. Die internen Organe waren seltsam und ähnelten in keiner Weise denen einer Schlange auf der Erde. Die Kreatur war etwa 4,5 Meter lang und hatte einen Durchmesser von knapp einem halben Meter. Das Team war an den Augen interessiert. Beim Untersuchen der Augen kamen Stäbchen zum Vorschein, ähnlich wie bei Menschenaugen. Das Auge hatte eine Iris und an der Hinterseite war ein großer Nerv, ähnlich dem Sehnerv, der zum Gehirn der Kreatur führte. Das Gehirn war groß, viel größer als bei irgendeiner Schlange auf der Erde. Das Team wollte das Fleisch der Kreatur essen, aber der Eben-Begleiter sagte höflich „Nein".

In den Gewässern auf Serpo gab es keine Fische, wie wir sie kennen. In manchen Gewässern in Äquatornähe gab es aber sonderbar Kreaturen, die so ähnlich wie Aale aussahen (klein und etwa 20–25 cm lang) und wahrscheinlich mit der „Landschlange" verwandt waren. In der Nähe des Sumpflands gab es so etwas wie einen Dschungel, aber nicht die Art von Dschungel, die uns bekannt ist.

COAST TO COAST

Das folgende Posting von Anonymous in Release 10a am 8. Dezember 2005 erfolgte als Stellungnahme zu einem Radiointerview von *Coast to Coast* mit Richard (Rick) C. Doty, einem pensionierten Spezialagenten des Air Force Office of Special Investigation (AFOSI), und Bill Ryan, dem Gründer der Serpo-Website, über das Project Crystal Knight am Vorabend. Informationen in Klammern wurden von Victor Martinez hinzugefügt.

Ja, ich habe die ganze Show gehört. Habe davor nie von diesem George Noory gehört, aber er schien ein sehr aufgeschlossener Sprecher zu sein, was mir und meinen DIA-Kollegen sehr gefiel. Die Show sorgte für jede Menge Aufregung in den Hallen der DIA! Bill [Ryan] und Rick [Doty] leisteten beide hervorragende Arbeit. Ich hoffte, du [Victor Martinez] würdest auch auftauchen und deine eigenen Kommentare hinzufügen, da du mehr über mich weißt als sonst irgendjemand, so wie auch das Programm, aber ich vermute, das war wohl nicht möglich. Ich rief heute Morgen Mr. _____ an *[EHEMALIGER BEAMTER DER US-REGIERUNG, DER DIE KONTROLLIERTE FREIGABE DES „Project SERPO"*

FÜR DIE ÖFFENTLICHKEIT VERWALTET]. Ich habe ein paar Unstimmigkeiten bezüglich der Tiere gefunden, die in der Show erwähnt wurde. Die gürteltierähnliche Kreatur war nicht aggressiv; sie jagte den Teammitgliedern einfach nur einen Schrecken ein. Der Eben-Begleiter richtete einen (sehr hohen) Ton auf die Gürteltierkreatur, um sie zu verjagen. Diese Kreaturen wurden an mehreren Orten auf dem Planeten gesichtet. Manche waren größer als andere, aber sie waren nicht aggressiv. Nur die schlangenartige Kreatur war aggressiv, weshalb das Team sie töten musste. Die schlangenartigen Kreaturen kamen nur an einem Ort vor und wurden vom Team nur dieses eine Mal gesichtet. Was Vögel angeht, gab es zwei Arten von fliegenden Kreaturen. Eine ähnelte einem Falken und die andere sah aus wie ein großes fliegendes Eichhörnchen. Keine der beiden war aggressiv und das Team schaffte es nicht, eines für Untersuchungszwecke zu fangen. Unter den Insekten gab es kleine Käfer, ähnlich wie Kakerlaken, aber kleiner. Sie waren harmlos, aber mischten sich unter die Ausrüstung des Teams. Sie hatten eine verhärtete Schale mit einem weichen Innenkörper. Das Team sah nie fliegende Insekten wie Fliegen, Wespen, etc. Es wurden verschiedene andere kleine Käfer entdeckt und identifiziert.

STRAHLUNG

Der Mannschaftskommandant wusste, dass sie einer hohen Strahlenbelastung ausgesetzt waren und schrieb darüber in einem Tagebucheintrag, der bereits zitiert wurde. Ein Kommentar vom 15. November 2005 behandelte das Strahlungsproblem.

Modernes Dosimeter

Eine Sache, die mich beschäftigt, ist die Strahlung, der das Team ausgesetzt war. Ich gehe davon aus, dass das Team irgendwelche Vorrichtungen zur Strahlungserkennung hatte. Damals gab es Radacs. Wir hatten außerdem Dosimeter. Ich bin mir sicher, dass jedes Teammitglied solch ein Gerät bei sich hatte und es regelmäßig überprüfte. Nachdem es sich bekanntlich um eine militärische Mission handelte, muss irgendjemand dazu ausgewählt worden sein, den Gesundheitszustand der Teammitglieder zu beobachten, wahrscheinlich die Mediziner. Wenn das Team wusste, dass sie einer hohen Strahlenbelastung ausgesetzt waren, warum machten sie die Ebens nicht darauf aufmerksam. Wenn die Ebens so wohlwollend waren, dann hätten sie den Teammitgliedern vielleicht irgendeinen Schutz, eine Antistrahlungspille oder etwas Ähnliches zur Verfügung gestellt. Oder warum brachten die Ebens das Team nicht nach Hause, wenn die maximale Dosis erreicht war? Einer meiner ehemaligen Kollegen denkt, dass die Strahlung etwas Anderes sein könnte, mit einer anderen Wellenlänge, und dass das Team deshalb diese bestimmte Strahlungsdosis nicht registrierte.

Die Tatsache, dass die Strahlungsbelastung in der nördlichen Hemisphäre niedriger war, war ein weiterer Grund für ihren Entschluss, in Quadrant 1 zu bleiben. Es ergibt Sinn, dass die Strahlungsbelastung an einem Ort mit weniger direktem Sonnenlicht niedriger ist. Die Teammitglieder blieben in Quadrant 1 für die verbleibenden sieben Jahre ihres Aufenthalts auf Serpo. Das löste jedoch nicht das Strahlungsproblem. Anonymous schreibt:

> Jedes Teammitglied war während des Aufenthalts auf Serpo einer hohen Strahlendosis ausgesetzt. Die meisten Teammitglieder starben später an strahlungsbedingten Krankheiten.

Endnoten

1   Ein zugesendeter Kommentar von Paul McGovern bestätigt dies. Er schreibt: „Es herrschte nie absolute Dunkelheit auf dem Planeten der Besucher. Es wurde dunkel, aber nicht vollständig."

2   Es scheint nicht sehr wahrscheinlich, dass Schnee von sechs Metern Tiefe bei Temperaturen um 0,5° intakt bleibt. Möglicherweise ist dies aber durch das indirekte Sonnenlicht in diesen Breiten zu erklären.

16

DIE RÜCKKEHR

Das Team blieb 13 Jahre lang auf Serpo. Ihr Unvermögen, den Überblick über die Erdenzeit zu behalten, kostete sie drei weitere Jahre. Nachdem sie mit keinem ihrer Zeitmesser Erfolg hatten, versuchten sie verzweifelt, einen Umlauf von Serpo in einen Umlauf der Erde umzurechnen, schafften es aber nicht, eine Zähldisziplin aufrechtzuerhalten.[1] Sie wussten, dass ein Tag auf Serpo 43 Erdenstunden entsprach. Das heißt, um Erdenmonate aus Serpomonaten zu errechnen, müssten sie 43 mit 30,2 multiplizieren und durch 24 dividieren. Das bedeutet, dass pro Serpomonat 54,11 Erdentage vergingen. Sie mussten also nur die Serpomonate mit jeweils 30,2 Serpotagen im Auge behalten und dann mit 54,11 multiplizieren, um die vergangene Zeit auf der Erde zu berechnen. Doch etwas ging schief mit ihren Aufzeichnungen, woraufhin sie ihre Ergebnisse nicht wiederherstellen konnten. Es ist leicht nachzuvollziehen, wie das passieren konnte, trotz ihrer besten Absichten, eine militärische Disziplin aufrechtzuerhalten. Serpo-Tage anhand der Bewegungen der zwei Sonnen zu markieren, war möglicherweise schwieriger als es scheint. Und abgesehen davon: Wie misst man präzise 20 Prozent eines Tages?

SIEBEN KEHRTEN ZURÜCK

Das Team kehrte am 18. August 1978 zur Erde zurück. Nur sieben Teammitglieder kamen zurück.[2] Drei starben, einer im außerirdischen Raumschiff auf dem Weg nach Serpo und zwei auf dem Planeten. Zwei beschlossen, auf Serpo zu bleiben und ihren Lebensabend dort zu verbringen. Anonymous antwortet auf eine Frage, warum zwei Teammitglieder beschlossen zu bleiben. Er schreibt:

> Warum manche Teammitglieder dort blieben! Laut dem Nachbesprechungsdokument blieben diese Teammitglieder auf freiwilliger Basis. Sie verliebten sich in die Kultur der Ebens und den Planeten. Ihnen wurde nicht befohlen, zurückzukehren. Es gab Kommunikation mit der verbleibenden Mannschaft [den beiden Mitgliedern, die auf Serpo blieben] bis etwa 1988. Keine weitere Kommunikation wurde von diesen Teammitgliedern empfangen. Die beiden, die auf dem Planeten Serpo starben [899 und 754] wurden in Särge gelegt und begraben. Ihre Leichen wurden zur Erde zurückgebracht.[3]

In Bezug auf die Nachbesprechungen schreibt Anonymous:

Die Rückkehrer wurden von 1978 bis 1984 an verschiedenen militärischen Einrichtungen abgeschottet. Das Air Force Office of Special Investigation (AFOSI) war für ihre Sicherheit verantwortlich. Das AFOSI führt auch Nachbesprechungen mit den Rückkehrern durch.

Ein Kommentar an die Website von jemandem, der sich selbst Anonymous II nennt, fügt Folgendes hinzu:

> Wir hatten in der Tat eine Spezialeinheit, die sich um die Nachbesprechungen kümmerte, aber es gab auch wertvolle Informationen durch die US Air Force. Ich war nie an diesem Programm beteiligt, aber ich kenne Agenten, die es waren.

Es besteht die allgemeine Auffassung, dass mit den Rückkehrern ein volles Jahr lang Nachbesprechungen abgehalten wurden und die daraus erworbenen Informationen in einem 3.000-seitigen Dokument enthalten sind. Anonymous behauptet, dass er Zugang zu diesem Dokument hat und alle Informationen, die an den E-Mail-Moderator Victor Martinez gesendet wurden, aus diesem Buch gesammelt hat. Rick Doty gab in einem Artikel, den er 2006 für das *UFO Magazine* schrieb, einen Kommentar dazu ab. Doty schreibt:

> Wir müssen im Kopf behalten, dass Mr. Anonymous den 3.000-Seiten-Bericht wohl kaum wie einen Versandhauskatalog in seinem Wohnzimmer herumliegen hat. Es ist anzunehmen, dass der Bericht unter den strengsten nur denkbaren Sicherheitsvorkehrungen mit uns unbekannten Zugangsvoraussetzungen gehütet wird. Möglicherweise hat Anonymous überhaupt gar keinen Zugang zu den Dokumenten und er verlässt sich rein auf sein Gedächtnis, das Gedächtnis von jemand anderem oder eine Person, die ihm die Informationen vielleicht über Telefon oder Tonband unter Bedingungen jenseits seiner Kontrolle zuspielt.

Dies könnte einige der Inkonsistenzen erklären. Allerdings ist Anonymous als Historiker auf dem Gebiet außerirdischen Kontakts hoch qualifiziert. Detaillierte Informationen bezüglich seiner Beteiligung am Red Book, einer vollständigen Geschichte des Kontakts zwischen Regierung und Außerirdischen, sind in der Einleitung nachzulesen. Laut Anonymous starb 2002 in Florida der letzte Überlebende des gesamten Teams, inklusive der Ersatzpersonen, die auf der Erde blieben.

DIE MANNSCHAFTSPROTOKOLLE

Im August 2006 erhielt Bill Ryan, der Webmaster, die folgende Nachricht von einer anonymen Quelle eines US-Nachrichtendienstes, die er am 30. August 2006 auf der Website veröffentlichte:

> Jede kleinste Information aus den Postings bezüglich der Mannschaftsprotokolle ist absolut korrekt. Ich konnte verifizieren, dass die Protokolle echt sind und von offiziellen Tonaufnahmen der Mannschaft transkribiert wurden. Es existieren 5.419 Kassettenbänder mit Sprachaufnahmen. Ich habe eines davon gehört, aber alle in einer sicheren Umgebung gesehen.

Ich weiß, dass diese Protokolle authentisch sind. Man gab mir die Möglichkeit, sie zu sehen und eines davon vollständig anzuhören, das vom Mannschaftskommandanten selbst aufgenommen wurde.[4] Wie könnte jemand 5.419 Tonbänder × 90 Minuten fälschen? Zur Nachrechnen: Das Anfertigen der Tonbänder wäre ein Aufwand von 338 Tagen. Diese speziellen Kassettentonbänder der Regierung sind heute nicht mehr erhältlich, doch damals fanden sie Verwendung im Militär. Für die Öffentlichkeit waren Kassettenbänder bis 1968 nicht erhältlich. Die Mannschaft nahm 60 Schachteln mit jeweils 100 Kassetten × 90 Minuten mit, was 6.000 Tonbändern entspricht.

Diese Tonbänder wurden während der Mission nach Serpo im Verlaufe der Jahre, die sie von der Erde entfernt verbrachten, aufgenommen. Jedes Mannschaftsmitglied hatte ein Aufnahmegerät, womit sie ihre Beobachtungen aufnahmen. Nach ihrer Rückkehr wurden die Tonbänder über sieben Jahre hinweg transkribiert.

Man betrachte die Kritiker, die diese fantastische wahre Geschichte zu zerstören versuchen. Hätte ich diese Informationen in meiner Obhut, würde ich sie niemandem zugänglich machen … abgesehen von der Öffentlichkeit mithilfe der Nachrichtenmedien. Es gibt einige wahre Ungläubige in der UFO-Gemeinschaft, die die Geschichte nicht glauben würden, selbst wenn Gott selbst ihnen davon berichtete.

DIE FOTOS

Die Freigabeversuche der Fotos, die auf Serpo aufgenommen wurden, erwiesen sich als schwierig. Victor Martinez tat alles in seiner Macht Stehende, um die besten 100 der über 3.000 Fotos, die das Team zur Erde zurückbrachte, zu erlangen und zu veröffentlichen. Doch trotz der unermüdlichen und heroischen Bemühungen von ihm selbst, Bill Ryan und Anonymous, wurde ihnen bei jeder Gelegenheit der Weg versperrt. Letztendlich mussten sie sich geschlagen geben. Anonymous schickte Martinez schließlich einen Datenträger mit sechs Fotoaufnahmen, aber wie wir später sehen werden, waren fünf davon beschädigt, sodass letztendlich nur ein fragwürdiges Foto erhalten blieb. Die Kräfte, die gegen die Veröffentlichung der Fotos wirkten, waren einfach zu mächtig.

Nachfolgend befindet sich eine gekürzte Zeitleiste der Ereignisse bezüglich der Veröffentlichung der sechs Fotos, die von Anonymous eingesendet wurden. Sie setzt sich aus Auszügen direkter Zitate von Release 22 zusammen, verfasst von Victor Martinez. Die Wiedergabe hier soll dem Leser einen Geschmack der komplexen Umstände hinsichtlich Beschaffung und Reproduktion der Fotos geben, sowie als Antwort auf die unvermeidbaren Einwände der Begebenheiten von Serpo dienen, die sich aufgrund der gescheiterten Fotofreigabe ergaben.

> Am späten Samstagnachmittag [9. Dezember 2006] gehe ich zu meinem Postfach, wo in einer unauffälligen Verpackung eine CD auf mich wartete. Ich wusste sofort, um was es sich handelte, und ich ging direkt zu Kinko's, um den Inhalt anzusehen. Da ich nicht einmal weiß, wie man eine CD in einen Computer einlegt, „engagiere" ich sofort einen der Mitarbeiter, der den Inhalt für mich öffnet und alle Funktionen übernimmt, die ich

ausführen möchte/muss. Ich biete ihm 20 $ pro Stunde über seinem Stundenlohn an. Die Bilddateien waren jeweils 13,946 Megabytes groß und hätten mich auf WebTV nie erreicht, wo ich eine Downloadkapazität von insgesamt 10 Megabytes habe. Ich bat ihn, jeweils zwei (2) Farbkopien für mich anzufertigen und machte mich daraufhin schnell wieder auf den Weg. Ich informierte ihn und andere neugierige Mitarbeiter, dass das, was er/sie sah(en), Bilder von einem Sci-Fi-Film waren, der in Hollywood von SKG [Spielberg Katzenberg Geffen] produziert wurde.

Montag, 11. Dez. 2006: Ich schicke die CD per Express einem pensionierten Daten-/Foto-/Digitalanalysten in der Signalaufklärung der National Security Agency [pensioniert in Linthicum, Maryland] …

An dieser SERPO-FOTOFREIGABE wurde seit September 2006 gearbeitet. „Untergang der Sonnen" ist zu dem Zeitpunkt das einzige Foto, das ich parat habe und Bill [Ryan] und Kerry [Cassidy] zeigen kann.[5] Bill verschafft mir Zugang zur Website SERPO.org mit etwas, das sich FTP nennt, und ich gebe ihm Bescheid, dass ein Freund von mir mit NSA-Kontakt die Bilder direkt in seine Website herunterladen wird.

Donnerstag, 14. Dez.: Mein Freund mit NSA-Kontakt ruft mich gegen 18 Uhr an, um mich [bedauerlicherweise] über eine ganze Reihe von Problemen bezüglich dessen, was mir ANONYMOUS' Torhüter geschickt hatte, zu informieren. Ich bin sprachlos, EXTREM ENTTÄUSCHT und durch seine Worte entmutigt; vier Stunden später ist das Telefongespräch endlich vorbei.

Freitag, 15. Dez.: Um 10:24 schicke ich Bill eine Kopie der CD mit den UNkomprimierten Originalbildern; ich selbst habe KEINE Kopie(n).

Freitag, 15. Dez.: Gegen 20 Uhr waren mithilfe meines NSA-Bekannten alle Bilder [komprimiert] erfolgreich auf Bills Website SERPO.org heruntergeladen.

Sonntag, 17.Dez.: Nach dem Sonntagsbrunch schockiert mich Bill mit einem Mobiltelefonanruf um 13:30, um mir mitzuteilen, dass die Website SERPO.org erfolgreich GEHACKT wurde und zwei (2) der Fotos auf einer Entlarvungswebsite veröffentlicht wurden! Sie wurden als FÄLSCHUNGEN „geoutet" – ein Schluss, den Bill, mein NSA-Kontakt und ich selbst bereits gezogen hatten – und wir hatten NICHT vor, sie als authentisch/unverfälscht zu präsentieren … niemals. Auf eine seltsame Weise hat uns dieser KRIMINELLE AKT aber sogar gehol-

Foto „Untergang der Sonnen" (siehe auch Farbtafel 14)

fen! Es ist wichtig anzumerken, dass die Bilder, die der COMPUTERKRIMINELLE (wahrscheinlich aus dem Vereinigten Königreich) erlangte, NICHT die Originalbilder waren, die ich vom „Torhüter" erhielt; es waren komprimierte JPG-Dateien und wir wussten durch eine weitere eingebaute Sicherheitsfunktion sofort, dass diese Fotos von Bills Website stammten: Die Bilder auf der ORIGINAL-CD, die mir zugeschickt wurde, hatten vollkommen andere Datei–namen; die, die von Bills Website heruntergeladen wurden, waren zur Anpassung an die Datenstromabfolge durch meinen NSA-Kontakt NEU nummeriert. Und SO WISSEN wir, dass sie Illegal von Bills Website genommen wurden.

Wir schließen die Datenplanung ab und Bill informiert mich, dass er, nachdem er die Bilder selbst sah (zur Erinnerung: Donnerstagmittag hatte er sie noch nicht gesehen), seine Meinung ändern möchte und ALLE fünf (5) Bilder bis zur weiteren Abklärung durch ANONYMOUS der Öffentlichkeit VORENTHALTEN/vor der Öffentlichkeit verbergen will. ANMERKUNG: Zu diesem Zeitpunkt ist „Untergang der Sonnen" als „94 von 100" das einzige freigegebene Foto. Ich lasse ihn wissen, dass ich ihn in seiner Entscheidung vollkommen unterstütze … was auch immer er an dieser Stelle beschließt zu tun; ich vertraue auf, unterstütze und beteuere sein gesundes Urteil.

Betreff: BERICHT VON PENSIONIERTEM SIGNALAUFKLÄRUNGSANALYSTEN, NATIONAL SECURTY AGENCY, Fort Meade, Maryland / FOTOANALYSTENBERICHT ZU SECHS SERPO-FOTOS, 17. Dez. 2006 RE: Konvertierung von sechs Bilddateien in JPG-Format

KURZFASSUNG: Sechs Bilder in digitalem Format wurden zur Bearbeitung bereitgestellt. Das Fazit des beauftragten Analysten lautet, dass diese sechs Bilder zusätzliche Untersuchungen, Analysen und Verifizierung erfordern und in vielen technischen Aspekten unglaubwürdig sind. Sie liegen qualitativ weit unter NASA/JPL-Standards [Jet Propulsion Labs] der 1960er Jahre. Die sechs zusammengemischten Bilder, als Gruppe aufgenommen, sind unzureichend erklärt. Die Wahrscheinlichkeit, dass diese sechs Bilder mit einer echten Serpo-Bekanntmachung in Zusammenhang stehen, ist gering.

Details der Bildbearbeitung: Die sechs Originalbilder wurden in .BMP-Format mit den Dateinamen „serpoimages0001.bmp" bis „serpoimages0006.bmp" bereitgestellt. Die empfangenen Dateien waren nicht verschlüsselt. Die ursprünglichen Bilddateinamen wurden während der Erstellung der JPG-Dateien geändert, um eine erweiterte Nummerierung für interne Referenzzwecke zu ermöglichen, sollten im Laufe der Zeit mehrere Bilderreihen mit den gleichen Namen empfangen werden. Kennzeichnungen gaben an, dass die Originalbilder dieser Reihe in „Band 12, Abschnitt 24" waren [Bolling Air Force Base, Fallakten zu „Project SERPO"].

Die Bilder waren (inklusive überschüssigen weißen Bereichen) jeweils 1.700 x 2.800 Pixel und ungefähr 14,3 Megabytes groß. Zum einfacheren Anzeigen und Abrufen im Internet waren die Bilder auf eine Breite von 800 Pixel mit einer proportionalen Länge zwischen 427 bis 935 Pixel skaliert. Es wurde eine Rotreduktion von 2 % durchgeführt, um für die Umwandlung in nicht-progressives JPG-Format bei einer Kompression von 15 % farblich zu kompensieren.

Abgesehen vom Entfernen weißer Bereiche, wurden die Bilder bewusst nicht mit Software-Filtern und Standtechniken korrigiert. Das Originalquellbild für #97 war auf den Kopf gestellt. Es wurde um 180 Grad gedreht. Die ursprünglichen sechs .BMP-Bilder wurden keiner detaillierten steganografischen Analyse unterzogen. Es gibt Hinweise auf Moiré-Muster in den Bildern, vor allem #94a und #94b. Dieser Bildfehler ergibt sich typischerweise beim Scannen eines farbigen Halbtonbilds. Diese Muster oder Interferenzlinien sind in den .BMP-Originaldateien wesentlich ausgeprägter als in den kleineren JPG-Versionen.

Solche Moiré-Muster sind nicht mit direkten Scans von 35-mm-Film oder Halbtondrucken in digitales Format vereinbar. Moiré-Muster (sowie verräterische unregelmäßige schwarze Rahmen um Bilder #98 und #99) sind hingegen üblich bei Bildern, die aus Büchern, Zeitschriften und anderen gedruckten Quellen grob ausgeschnitten und gescannt wurden.

– NSA-Analyst außer Dienst

NACHFOLGENDE EBEN-BESUCHE

In Release 32 gibt Anonymous die Daten vergangener und zukünftiger Eben-Besuche auf der Erde an. Dies bestätigt die Rückkehr des Teams 1978, 13 Jahre und einen Monat nach dem Abreisedatum. Die ersten sechs Gegenbesuche ereigneten sich am Nevada Test Site (NTS), dem Testgelände von Nevada.

Die EBEN-Besuche von ZETA RETICULI I und II ereigneten sich/werden sich an den folgenden Tagen und Daten ereignen:

Freitag, 18. August 1978

Donnerstag, 28. April 1983

Sonntag, 7. April 1991

Dienstag, 22. Oktober 1996

Sonntag, 28. November 1999

Mittwoch, 14. November 2001

Donnerstag, 12. November 2009 auf dem JOHNSTON-ATOLL, nichtinkorporiertes Territorium der USA auf der Insel AKAU

DIE LANDUNG AUF DEM JOHNSTON-ATOLL

Letzten Monat am Donnerstag, den 12. November 2009 besuchten die Ebens IN DER TAT einen abgelegenen Ort auf der Erde, aber es war NICHT das NTS, sondern stattdessen die wenig bekannte unbewohnte Insel JOHNSTON-ATOLL/INSEL im Nordpazifik. Die Ebens statteten uns freundlicherweise einen Besuch von zwölf Stunden zwischen 0600 – 1800 auf diesem US-Territorium ab [US-Militärzeit, Ortszeit]. Das Treffen ereignete sich gezielt auf der AKAU-INSEL, der nördlichen Insel des ausgedehnten JOHNSTON-ATOLL-Systems. Die Ebens landeten auf einem flachen Abschnitt des nordwestlichen Bereichs der Insel. Es waren 18 (achtzehn) Funktionäre aus aller Welt vor Ort, die die EBENS trafen. Darunter befanden sich die folgenden Vertreter unseres Planeten, Sol III:

1 = Der VATIKAN

2 = Die VEREINTEN NATIONEN

9 = DIE VEREINIGTEN STAATEN von AMERIKA

Aufgeschlüsselt in

1 = VERTRETER DES WEISSEN HAUSES der OBAMA-REGIERUNG

2 = US-GEHEIMDIENSTBEAMTE

1 = LINGUIST

5 = US-MILITÄRVERTRETER

Andere Länder / Sonst.

1 = Die VOLKSREPUBLIK CHINA

1 = Die RUSSISCHE FÖDERATION

4 = EINGELADENE EHRENGÄSTE

= INSGESAMT 18 EINGELADENE GÄSTE

Johnston-Atoll inmitten des Pazifik

Monsignore Corrado Balducci (1923–2008), Hauptvertreter des Vatikanglaubens hinsichtlich außerirdischer Besuche (siehe auch Farbtafel 26)

Darüber hinaus wurden ganz besondere Geschenke ausgetauscht. Die Ebens überreichten uns sechs (6) Geschenke, die uns bei zukünftigen technologischen Entwicklungen eine Hilfe sein würden. Im Gegenzug schenkte der Vatikan den Ebens zwei (2) Gemälde mit religiösen Motiven aus dem 12. Jahrhundert. Zudem wurde zusätzlich zum zuvor festgelegten offiziellen Besuch am Donnerstag, den 11. November 2010 am NTS ein weiteres Treffen im November 2012 vereinbart.

Wie uns heute bekannt ist, kehrten die Ebens tatsächlich am 11. November 2010 und im November 2012 (Datum unbekannt) wie geplant zum NTS zurück. Victor Martinez stellt die folgenden Informationen über das Johnston-Atoll bereit:

> Das JOHNSTON-ATOLL ist ein Atoll von 130 Quadratkilometern und eines der ABGESCHIEDENSTEN ATOLLE DER WELT im nordzentralen Bereich des Pazifischen Ozeans, circa 1.200 Kilometer südwestlich von Honolulu; das nächstgelegene Land von JOHNSTON-ATOLL bilden die kleinen Inseln des French Frigate Shoals, etwa 800 Kilometer nordöstlich in den Nordwestlichen Hawaii-Inseln. Es befindet sich nach etwa einem Drittel des Weges von Hawaii zu den Marshallinseln. Es liegt auf 16° 45' nördlicher Breite und 169° 30' westlicher Länge und besteht aus vier (4) Inseln auf der Korallenriffplattform, zwei natürlichen Inseln – JOHNSTON-INSEL und SAND-INSEL – die durch Korallenausbaggerungen stark erweitert wurden, sowie die nördliche Insel AKAU und die östliche Insel HIKINA, die beide allein durch Korallenbaggern künstlich gebildet wurden. JOHNSTON-INSEL ist ein nichtinkorporiertes Territorium der USA, das durch den U.S. Fish and Wildlife Service des Innenministeriums verwaltet wird, und gehört zum Pacific Remote Islands Marine National Monument, das dem National Wildlife Refuge System unterliegt. Die Verteidigung des Johnston-Atolls wird vom US-Militär verwaltet; KEINE der Inseln ist für die Öffentlichkeit zugänglich. Es ist eine ehemalige Anlage für ATOMWAFFENTESTS, wo während der 1960er Jahre im Rahmen der „Operation FISHBOWL" unter dem größeren, ehemals geheimen Projekt „Operation DOMINIC" fünf (5) Atomtests in hohen Höhen mit der Bezeichnung „STARFISH PRIME" durchgeführt wurden.

DER ENDBERICHT

Die sieben überlebenden Serpo-Teammitglieder kamen im August 1978 zurück. Uns ist bekannt, dass nach ihrer Rückkehr zur Erde ein volles Jahr lang Nachbesprechungen mit ihnen durchgeführt wurden, woraus ein 3.000-seitiges Buch mit all ihren Berichterstattungen entstand. 1980 wurde schließlich ein Endbericht verfasst. Wie zuvor bereits erwähnt war Carl Sagan ein Mitunterzeichner des Berichts. Der Endbericht wird gemeinsam mit dem Nachbesprechungsbuch und allen anderen Dokumenten, Audioaufnahmen und Fotos mit Bezug auf Serpo in einem Tresor der DIA-Hauptzentrale in der Bolling Air Force Base in Washington, D.C. aufbewahrt. Zur Unterstützung zukünftiger Historiker, die mithilfe des Informationsfreiheitsgesetzes möglicherweise Zugriff auf all dieses Material erhalten, ist es wichtig, die Bundesdokumentnummer des Berichts zu identifizieren. Diese Nummer ist etwas umstritten. Laut Gene Loscowski (siehe Einleitung und Anhang 2) ist diese Nummer 80HQD893-20. Paul McGovern (siehe Einleitung) ist derselben Meinung und fügte hinzu, dass das Dokument als T/S (Top Secret), Codewort eingestuft ist. Diese Nummer wurde von Victor Martinez bestätigt, nach dessen Angaben es sich um dieselbe Nummer handelt, die er auch von Anonymous erhielt. Darüber hinaus ist sie identisch mit der Nummer auf dem Titelbildschirm des Videos „Film From the Box", das in Anhang 13 behandelt wird. Es gibt demnach genug Grund zur Annahme, dass es sich um die tatsächliche Endberichtnummer handelt. Der Schreiber eines Kommentars an die Website, der angibt, dass „der Großteil der veröffentlichten Informationen der Wahrheit entspricht", schreibt allerdings auch: „Der Endbericht ist in einem Dokument mit dem Titel ‚QW' enthalten. Der Titel war geheim. Die Dokumentnummer lautet #80-0398154." Während hinreichende Beweise die vorherige Nummer bekräftigen, wird diese Angabe rein im Interesse zukünftiger Forscher gemacht, um ihnen alle verfügbaren Informationen bereitzustellen.

Damit kommt das letzte Kapitel dieses bemerkenswerten Unternehmens zum Abschluss. Uns ist bekannt, dass der letzte Überlebende des Serpo-Abenteuers 2002 in Florida verstarb. Ihre Leben wurden als Folge der intensiven Strahlenbelastung, der sie auf Serpo ausgesetzt waren, verkürzt. Sie starben wie sie lebten, „desinfiziert" und der Welt unbekannt. Wir hoffen zutiefst, dass sie nicht die letzte Demütigung erleiden mussten, nicht ihre echten Namen auf ihre Grabsteinen graviert zu bekommen. Wir stellen uns nur ungern vor, dass sie im Tod wie auch im Leben nur durch eine dreistellige Ziffer identifiziert werden. Wir werden manche von ihnen als „Skipper", „Sky King", „Flash Gordon", „Doc 1" und „Doc 2" in Erinnerung behalten. Dessen ungeachtet sind sie heute als große Persönlichkeiten im unaufhaltsamen Vormarsch der Menschheit durch die Galaxie zweifellos ein fester Bestandteil der Geschichte.

Endnoten

1   Serpo umkreist den Stern Zeta 2. Siehe Anhang 4 für Details.

2   Bezüglich dieser Angabe herrscht etwas Verwirrung. Anonymous gibt an mehreren Stellen an, dass acht Teammitglieder zurückkehrten. Doch dieser Schluss ist nicht begründet, da wir aus dem Tagebuch des Mannschaftskommandanten wissen, dass drei Mitglieder starben.

3   Dies ergibt natürlich keinen Sinn. Es ist nicht sehr wahrscheinlich, dass sie die beiden Leichen zuerst begraben und dann später wieder ausgegraben haben, wo sie doch, wenn man ihre tiefgreifenden Kenntnisse in der Biowissenschaft bedenkt, bestimmt wussten, wie sie sie konservieren konnten, so wie auch wir es mit den Eben-Leichen taten. Sie wussten, dass das Team 1975 abreisen würde. Sie mussten also nur eine Konservierung der Überreste von etwa sieben Jahren planen, wenngleich später doch zehn Jahre daraus wurden.

4   Wir haben bereits gesehen, dass manche der Tagebucheinträge des Mannschaftskommandanten handgeschrieben waren. Offenbar verwendete er beide Methoden, um seine Anmerkungen festzuhalten. Die handgeschriebenen Einträge wurden am ersten und zweiten Tag der Mission verfasst. Höchstwahrscheinlich wechselte er nur wenig später zu den Kassettenaufnahmen.

5   Es scheint das einzige authentische Serpo-Foto zu sein, das all die komplexen Verhandlungen überlebte. Die untere linke Ecke ist abgedunkelt, was ein Hinweis darauf ist, dass irgendjemand Details auf dem Foto verbergen wollte, was wiederum die Authentizität des Fotos bezeugt. Siehe Abbildung auf S. 144 sowie Farbtafel 14.

TEIL DREI

NACHWORT

Was wir aus der Wissenschaft und Technologie der Ebens gelernt haben, kam einer Revolution unseres Verständnisses von Physik und Biotechnologie gleich. Dass dieses Verständnis noch nicht in die irdischen Industrien „durchgesickert" ist, geht eher auf internationale Beziehungen, politische und wirtschaftliche Angelegenheiten zurück als auf die Bereitschaft unserer Universitäten, Unternehmen und medizinischer Einrichtungen, dieses erstaunliche Wissen in die Praxis umzusetzen. Unsere Wissenschaftler hatten bereits begonnen, dieses neue Paradigma des Universums in Bereichen wie Quantenphysik und fortgeschrittener Elektromagnetik zu begreifen, während unsere Biologen Durchbrüchen in der DNA-Biotechnologie nah waren. Wir könnten heute also Eben-Wissenschaft anwenden und in geradezu utopischen Verhältnissen leben. Es ist inspirierend zu wissen, dass diese erstaunlichen bahnbrechenden Innovationen quasi unmittelbar vor uns liegen, wenn erst einmal unser Wirrwarr an irdischen Angelegenheiten aufgeräumt ist. Wir fliegen schon heute Antigravitationsflugzeuge und verwenden Stammzellentechnologie, um Wirtszellen ehemals unfügsamer Krankheitszustände zu heilen. Dies ist lediglich der Anfang. In diesem Teil des Buchs habe ich die Hauptkategorien der Eben-Technologie zusammengefasst.

Während uns diese fortgeschrittenen technologischen Durchbrüche vorenthalten werden, gibt es dennoch eine Quelle zukunftsweisender Informationen, die sie nicht kontrollieren können. Wir können zumindest aus Science-Fiction-Filmen lernen, welch unglaubliche Lebensweise uns erwartet. Diese Filme regen unsere Vorstellungskraft an und helfen uns, die Wartezeit zu überbrücken. Sie ermöglichen es uns, unwirklich in der neuen Welt zu leben, bis die Realität eintritt, vor allem nachdem wir erkannt haben, dass sie möglicherweise ein Teil des Programms zur Akklimatisierung der Öffentlichkeit und somit wahre Darstellungen dessen sind, was bereits existiert. Meiner Meinung nach war „Stargate", 1994 erschienen, ein gutes Beispiel dafür.

Steven Spielbergs Klassiker „Unheimliche Begegnung der dritten Art" von 1997, in dem zwölf amerikanische Militärangehörige an Bord eines außerirdischen Schiffs gingen und sich auf den Weg von unserem Planeten in ein fernes Sternensystem machten, gab Kinobesuchern einen spannenden Vorgeschmack auf die Zukunft. Einerseits dachten wir alle, dass es sich um Fiktion handelte, doch irgendetwas an der Szene ließ uns glauben, dass es tatsächlich passieren könnte und passieren würde. Und mit den Enthüllungen über Project Serpo, die 28 Jahre später ans Licht kamen, wissen wir nun, dass es sich in der Tat um wahre Begebenheiten handelte. In Anbetracht dessen hielt ich es für aufschlussreich, den Film nochmals aufzugreifen, zu analysieren und mit der Realität zu vergleichen, um zu verstehen, wie uns Sci-Fi-Filmemacher in Hollywood möglicherweise in vielen anderen Filmen, die im Moment vielleicht auch wie Fantasiewelten wirken, die Zukunft zeigen. Der relativ neue, sehr erfolgreiche Film „Avatar" lässt sich in diesem Zusammenhang nennen. Diese Filme lassen sich mehr und mehr als Sci-Fakt betrachten, so wie „Unheimliche Begegnung". Wie Filmemacher es schafften, die Zukunft derart detailliert vorherzusehen, bleibt ein Rätsel, solange bis wir alle die gleichen Fähigkeiten erwerben und die Zeit, wie wir sie kannten, nicht länger existiert.

17

EBEN-TECHNOLOGIE

Ein paar der bemerkenswertesten Beispiele fortgeschrittener Eben-Technologie wurden bereits in anderen Kapiteln besprochen. Andere beachtenswerte Technologien erwähnt Anonymous allerdings nur beiläufig und ohne Details, meistens in nur einer oder zwei Zeilen pro Beispiel. Es wäre hilfreich, diese anderen Technologien hier aufzulisten und zu spekulieren, wie sie wohl funktionierten. Unsere Regierung erhoffte sich natürlich diese Informationen von den Ebens und es ist ziemlich wahrscheinlich, nachdem die Außerirdischen sehr offen und kooperativ sind, dass sie uns bereits dabei geholfen haben, diese Technologien zu entwickeln. Es wäre keineswegs überraschend herauszufinden, dass wir bereits all diese Fähigkeiten besitzen. Die Arbeit an diesen Projekten würde man selbstverständlich in „Black Projects" verborgen halten; das heißt in Untergrundeinrichtungen und geheimen Labors ausgewählter Universitäten und Unternehmen. Diese anderen Eben-Technologien, die von Anonymous zuvor erwähnt wurden, werden hier mit bekannten Informationen und/oder Spekulationen aufgelistet.

1. Freie Energie.

Anonymous schreibt: „Sie waren in der Lage, sich ein Vakuum zu Nutze zu machen und enorme Mengen an Energie aus diesem Vakuum zu gewinnen." Diese Forschung und Entwicklung ist uns nicht unbekannt. In den frühen 1920er Jahren baute Dr. T. Henry Moray, der bereits während seiner Kindheit Nikola Tesla bewunderte, eine Vorrichtung freier Energie, die etwa 27 Kilogramm schwer war und ohne offenkundigen Netzeingang über mehrere Stunden 50.000 Watt elektrische Leistung produzierte. Trotz der öffentlichen Aufmerksamkeit für dieses Gerät, wurde ihm vom US-Patentamt bis zuletzt kein Patent erteilt. Moray sah sich konstantem Widerstand gegenüber. Es wurde ihm regelmäßig gedroht; sein Labor wurde aufgebrochen und geplündert und es wurde auf der Straße und in seinem Büro sogar auf ihn geschossen. In jüngerer Vergangenheit arbeitete Thomas E. Bearden daran, der den bewegungslosen elektromagnetischen Generator entwickelte (siehe Farbtafel 21). Er hat keine beweglichen Teile. Am 26. März 2002 wurde ein US-Patent darauf erteilt. Laut Beardens Website erzielte er kürzlich ein Verhältnis der Ausgangsleistung zur Eingangsleistung von 100:1. Interessierte sollten Beardens 977-seitiges Hauptwerk „Energy from the Vacuum" studieren (Cheniere Press, 2004).

2. Teilchenstrahlwaffen.

Anonymous teilt uns mit, dass die Ebens wie auch ihr Feind in ihrem hundertjährigen Krieg Teilchenstrahlwaffen verwendeten. Die Ebens siegten und zerstörten die feindliche Zivilisation. Diese Waffen sind zweifellos der berühmten Strahlenkanone von Nikola Tesla ähnlich, die von der Boulevardpresse als „Todesstrahl" bezeichnet wurde. Sie gehören zu den Strahlenwaffen, die Ionen- oder Elektronenstrahlen mit enormer Geschwindigkeit nahe Lichtgeschwindigkeit aussenden, wobei in jedem einzelnen Ion eine Spannung von bis zu einer Milliarde Volt steckt (siehe Farbtafel 22). In seiner Abhandlung schrieb Tesla, dass seine Teilchenkanone „konzentrierte Teilchenstrahlen durch den freien Raum aussendet, die eine so gewaltige Energie besitzen, dass sie von der Grenze der verteidigenden Nation auf eine Entfernung von 320 Kilometern eine Luftflotte mit 10.000 feindlichen Flugzeugen zerstören und so ganze Armeen zum Stillstand bringen könnten". Der konzentrierte Strahl würde die Molekularstruktur des Ziels zerstören. Im Ion Beam Laboratory der Sandia National Laboratories an der Kirtland Air Force Base in New Mexico wird bereits an solch einer Vorrichtung gearbeitet.

3. Antigravitationslandfahrzeuge.

Der Mannschaftskommandant erwähnt in einem Tagebucheintrag, dass die Ebens Fahrzeuge nutzten, die sich vorwärtsbewegten, ohne den Boden zu berühren, und daher keine Räder hatten. Wir haben bereits erfahren, dass die Ebens die Fähigkeit besitzen, schwere Ausstattungen schwerelos zu machen, als sie 45 Tonnen Mannschaftsvorräte und Ausrüstungsgegenstände in einem Zug in ihren Raumtransporter „schweben" ließen. Antigravitationsfluggeräte haben wir bereits entwickelt und es scheint nicht allzu schwierig zu sein, diese Technologie für den Landverkehr zu adaptieren, wenn sie erst einmal für die amerikanische Automobilindustrie freigegeben wurde. Das Prinzip ist das gleiche. Kinobesucher sind daran gewohnt, diese Fahrzeuge in bewegten Bildern in den meisten Kinos vor jedem Film zu sehen. Dies ist nicht unbedingt verwunderlich. Es ist ein weiteres Beispiel dafür, wie das öffentliche Bewusstsein mithilfe scheinbar fiktionaler Mittel auf zukünftige Ereignisse vorbereitet wird.

4. Klonen und Schaffung von künstlichen Lebensformen.

Die DIA-6 identifizierte fünf außerirdische Gruppen, mit denen wir Erfahrung haben. In der folgenden E-Mail, die in Release 23 gesendet wurde, identifiziert Anonymous die fünf außerirdischen Arten und ein Mitglied der Gruppe erklärt, was diese fünf Arten von Außerirdischen gemeinsam haben. Dies sollte den Lesern einen Eindruck von den unglaublichen biotechnologischen Fähigkeiten der Eben-Wissenschaftler verschaffen.

> **VICTOR**: Bezüglich der Frage, wo manche der Außerirdischen herkommen, hier eine vollständige Liste der außerirdischen Spezies, die die US-Regierung kennt und katalogisiert hat:
>
> Ebens = Planet SERPO in Zeta Reticuli
>
> Archquloids = Planet PONTEL nahe Cygnus-Arm

17. EBEN-TECHNOLOGIE

Quadloids = Planet OTTO in Zeta Reticuli (gentechnisch erzeugte „Gottesanbeterin" und echsenartige Kreaturen, von den Ebens erschaffen)

Heplaloids = Planet DAMCO nahe Cygnus-Arm

Trantaloids = Planet SILUS in Zeta Reticuli

ANMERKUNGEN: Die beiden Planeten DAMCO und PONTEL befinden sich in der Milchstraße in der Nähe des Cygnus-Arms. DAMCO ist der vierte Planet eines Sonnensystems mit elf Planeten und ist etwas größer als die Erde. PONTEL gehört zu einem anderen Sonnensystem mit einer Sonne, die etwa gleich groß wie unsere ist. PONTEL ist der fünfte Planet und nur etwas kleiner als unserer. Weitere Informationen folgen.

– ANONYMOUS

Eine weitere E-Mail von einem anderen Mitglied der DIA-6:

Zwischen den Ebens und den verschiedenen außerirdischen Gruppierungen bestehen jeweils zwei Gemeinsamkeiten. Die erste Verbindung ist, dass die Ebens die einzelnen Gruppierungen entdeckten, sie zivilisierten und dann ihre Spezies mit anderen KLONTEN. Es ist ein äußerst kompliziertes Thema, auf das ich gegenwärtig nicht näher eingehen möchte. Die vollständigen Einzelheiten sind uns zwar nicht bekannt, aber grundsätzlich verwendeten die Ebens die DNA der einzelnen außerirdischen Gruppierungen, um ANDERE SPEZIES VON AUSSERIRDISCHEN ZU SCHAFFEN.

Die zweite Gemeinsamkeit ist ihre DNA. Die außerirdischen Gruppierungen haben alle die EXAKT GLEICHE DNA. Wie das möglich ist, ist uns nicht bekannt. Level 2 der S-2-Anlage ist der Ort, wo J-Rod und der andere Außerirdische [Archquloid] lebten. Dort gibt es spezielle Sicherheitsunterkünfte für die einzelnen Außerirdischen.[1] Victor, eine Sache, die bisher nicht offengelegt wurde, ist der Name des zweiten Außerirdischen, der, der angeschossen wurde [der Archquloid]. Die US-Regierung nannte diesen Außerirdischen CBE-1, oder CLONED BIOLOGICAL ENTITY-1. DIES WURDE BISHER NICHT OFFIZIELL DER ÖFFENTLICHKEIT BEKANNTGEGEBEN; du wärst damit der Erste.

Das Wort Archquloid wurde von Wissenschaftlern in A51

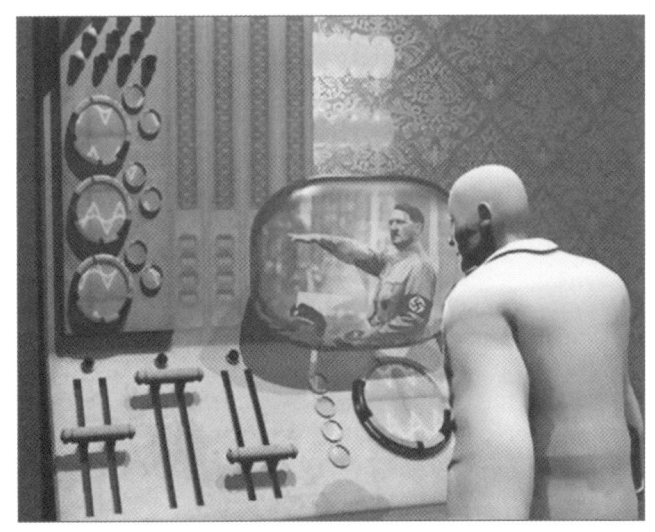

Der Chronovisor, ein Gerät zum Ansehen vergangener Ereignisse, das von zwei italienischen Priestern entwickelt wurde (siehe Farbtafel 27), reproduziert offenbar die Technologie des Yellow Book. Bildrechte Lee Krystek.

[Area 51] zur Klassifizierung der einzelnen außerirdischen Rassen geprägt. Wir kennen fünf, die wir alle von den Ebens haben. Wir ließen uns weitere Namen für die einzelnen Rassen einfallen, vor allem für den Archquloid, die Kreatur, die beim Zwischenfall am Gate 3 angeschossen wurde.[2] Die Ebens klonten weitere außerirdische Rassen. Wie einer meiner Kollegen kürzlich schrieb und dir mitteilte, handelt es sich wirklich um eine unglaublich komplexe Geschichte. Aber der Archquloid war eine GEKLONTE BIOLOGISCHE ENTITÄT [CBE-1], die von den Ebens erschaffen wurde. Es würde Hunderte von Stunden und Tausende von Seiten geschriebener Erläuterungen erfordern, um dies vollständig zu erklären. Ich bin weder zum einen noch zum anderen bereit. Die QUADLOIDS wurden auch gentechnisch von den Ebens geschaffen. Die Quadloids wurden von zwei anderen Spezies geklont. Man sieht also, wie kompliziert die Sache wird; von daher mein Widerwillen, mich zu sehr darin zu vertiefen.

5. Betrachten/Aufnehmen vergangener Ereignisse.

Das Yellow Book, das uns die Ebens bei ihrer Ankunft im April 1964 als Geschenk überreichten, wies eine außergewöhnliche Technologie auf. Hier ist eine vollständige Beschreibung dieses technischen Wunderwerks durch Anonymous.

(1) Angaben zum Yellow Book: Es handelt sich um ein 20 x 28 cm großes und circa 6,4 cm dickes Objekt aus einem klaren, schweren, glasfaserähnlichen Material. Der Rand des Buchs ist hellgelb, wovon sich der Name Yellow Book ableitet.

Wörter und Bilder leuchten vor einem auf, wenn man das Buch nahe vor die Augen hält. Je nachdem, in welcher Sprache man denkt, erscheint genau diese Sprache. Die US-Regierung hat bisher 80 verschiedene Sprachen identifiziert.

Es erscheinen auch Bilder. Das Yellow Book erzählt vom Leben der Ebens, ihrer Erkundungen des Universums, ihrem Planeten, ihrem gesellschaftlichen Miteinander und anderen Aspekten einschließlich ihrer langjährigen Beziehung zur Erde. Es berichtet von ihrem ersten Besuch der Erde vor etwa 2.000 Jahren. Es stellt die Erde dar, wie sie zu jener Zeit war. Es bildet auch einen Eben ab, der das Aussehen eines Erdenmenschen angenommen hat [Jesus Christus]. Laut dem Yellow Book begründete dieser Erdenmensch Religion auf der Erde [Christentum] und stellte den ersten AUSSERIRDISCHEN BOTSCHAFTER auf der Erde auf.

Das Yellow Book geht weiter und weiter und weiter ... Ich habe drei (3) aufeinander folgende Tage jeweils zwölf Stunden damit verbracht und trotzdem NICHT das Ende erreicht. Ich vermute, dass keiner weiß, wie umfangreich es ist, oder dass es irgendeinen Weg gibt, das „Ende" des Buchs zu ermitteln. Das Buch hat KEIN bekanntes Ende. Wie ich höre, liegt der Rekord bei 22 Stunden durchgehend, der durch den Wissenschaftsberater des Präsidenten unter der XXXXX-Regierung erfolgte. Darüber hinaus gibt es KEINE bekannte Methode, an einer bestimmten Stelle zu lesen aufzuhören, das Yellow Book beiseite zu legen und später an der gleichen Stelle fortzufahren. Wenn das Yellow Book einmal abgelegt ist, beginnt es beim erneuten Aufnehmen von vorne. Das Buch kann zwar irgendwie die Sprache des Lesers bestimmen, aber NICHT die Einzigartigkeit der Person. Anders ausgedrückt ist das „Problem" beim „Lesen" des Yellow Book, dass man von vorne beginnen muss, nachdem es abgelegt wurde. Wenn man zwölf Stunden brauchte, um S. 564 [Ereignisse] zu erreichen, und es daraufhin ablegt, müsste man von Anfang an mit den allerersten Wörtern und Bildern, die bereits beim ersten Lesen erschienen, neu beginnen und erst nach erneut zwölf Stunden würde man NEUE Informationen zu sehen bekommen, die beim ersten Durchgang nicht auftauchten.

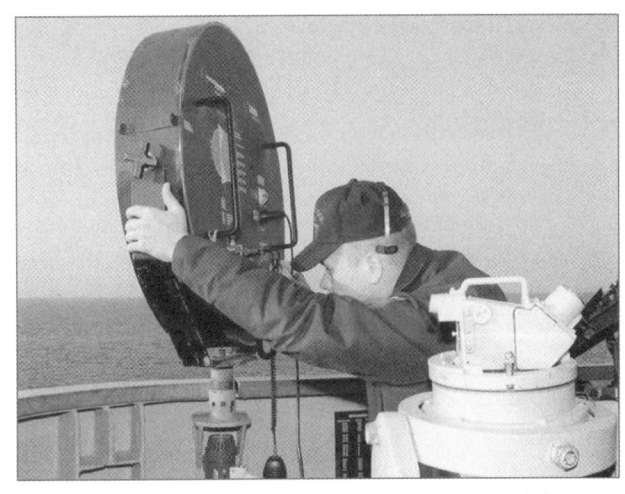

Akustisches Fernortungsgerät, von der Navy entwickelt

Wie ich zuvor erwähnte, reicht das Yellow Book bis etwa 2.000 Jahre in die Vergangenheit zurück. Allerdings habe ich das Yellow Book NICHT vollständig betrachtet und vermutlich hat das auch sonst niemand. Möglicherweise beinhaltet es Ansichten/Bilder/Geschichteauszüge, die sogar weiter als 2.000 Jahre v. Chr. [?] zurückreichen.

Das Yellow Book besitzt die folgenden Eigenschaften:

- Es kann die Sprache bestimmen, in der der Leser denkt, und Texte in eben dieser Sprache anzeigen. Das bedeutet, dass es, sobald es sich innerhalb der Aura des Betrachters befindet, dessen mentales Feld erkennen und abrufen, die Gedanken darin lesen und daraus die Sprache aus einer umfangreichen Datenbank bestimmen kann.

- Es zeigt reale Bilder aus der Vergangenheit an, die bis 2.000 Jahre zurückreichen. Das bedeutet, dass die Ebens in der Lage sind, in die ferne Vergangenheit zurückzukehren und dort Bilder aufzunehmen. Die Speicher- und Anzeigefunktionalität dieser Bilder ist nicht unbedingt verblüffend, da wir uns selbst rapide dieser Leistungsfähigkeit annähern, doch 1964 wäre dies ein wahres Wunder gewesen. Eine andere mögliche Erklärung wäre, dass die Ebens auf etwas zugreifen können, das wir die „Akasha-Chronik" nennen, und damit auf irgendeine Weise die Ereignisse aufzeichnen können. Diese Erklärung ist sogar wahrscheinlicher, nachdem Edgar Cayce selektiv auf die Akasha-Chronik zugreifen konnte. Wenn die Ebens diese Fähigkeit besitzen, können sie also nur bedeutende Ereignisse unserer Vergangenheit sehen und aufzeichnen.

- Es liest nur bedeutungsvolle Ereignisse der Vergangenheit aus; zum Beispiel die Ankunft Jesu.

6. Interstellare Kommunikation.

Anonymous schreibt:

„Project Gleam" ist ein hochvertrauliches Projekt in Los Alamos, das sich mit direkter Kommunikation mit den „Besuchern" befasst. Neue Kommunikationstechnologie mit Multifrequenzsendeeinheiten. Einheiten richten mehrere Frequenzen in eine bestimmte Richtung. Der Strahl wird durch ein Hochgeschwindigkeitssystem mit enormer Geschwindigkeit angetrieben. Nicht viel mehr ist darüber bekannt. Los Alamos und mehrere Vertragsunternehmen wie EG&G, BDM, Motorola, Risburn Corporation sowie Sandia sind [alle] an diesem Projekt beteiligt. Anlage wurde auf Site 40 am Nevada-Testgelände errichtet.

Laut einem Gerücht (dem einzigen Gerücht von meiner Quelle) erhielten wir diese Technologie von den Besuchern. Sie ermöglicht uns eine schnellere Kommunikation mit den Besuchern als in der Vergangenheit. Das Programm umfasst die Verwendung von chemischen Lasern zum Antrieb des Kommunikationsstrahls.

Wie mir (in einfachen Worten) erklärt wurde, werden mehrere Frequenzen in einem Strahl zusammengebündelt und auf ein Ziel oder einen Empfänger gerichtet. Der Empfänger verstärkt die Energie und sendet das Signal an eine andere Stelle weiter (Übertragung?). Der chemische Laser treibt den Strahl auf irgendeine Weise an, wodurch er eine schnellere Geschwindigkeit als normal erreicht.

7. Übersetzungsgeräte.

Die Ebens brachten bei der ersten Landung 1964 Übersetzungsgeräte mit. Anonymous beschreibt sie in seinem Bericht.

Die Ebens hatten ein unausgearbeitetes Übersetzungsgerät dabei. Es schien eine Art von Mikrofon mit einem Auslesebildschirm zu sein … Der ranghöchste US-Beamte erhielt eines dieser Geräte und der Eben behielt das andere. Die Beamten sprachen in das Gerät und der Bildschirm zeigte die gesprochene Nachricht in geschriebener Form, sowohl in der Sprache der Ebens als auch auf Englisch.

Die Geräte kommunizierten offensichtlich kabellos miteinander. Zu jener Zeit war dies eine verblüffende Technologie, doch mittlerweile haben wir diese Leistung ebenso erreicht und übertroffen. Mit Dragon-Software lassen sich nun Spracheingaben augenblicklich in geschriebener Form wiedergeben, die auf einem Computer oder iPad-Monitor angezeigt und kabellos an einen anderen Computer oder ein anderes iPad weitergesendet werden können. Darüber hinaus bietet Google neben der Suchmaschine nun auch Sofortübersetzungen zwischen den geläufigsten Weltsprachen an. Wie viele andere unserer Technologiesprünge könnte auch diese Fähigkeit auf das, was wir von den Ebens gelernt haben, zurückzuführen sein.

8. Klangwaffen.

Wie im Tagebuch des Mannschaftskommandanten berichtet und zuvor bereits besprochen, hatte der Eben, der das Team bei den Erkundungen des Planeten begleitete, eine Waffe bei sich, die mit einer Schallwelle eine gefährliche Kreatur zurückwies, die dem Team unterwegs begegnete. Der Kommandant beschreibt die Kreatur in diesem Fall als „wie ein Gürteltier". Sowohl in den USA als auch in anderen Ländern wird umfangreiche Forschung und Entwicklung im Bereich von Akustikwaffen betrieben. So ist es uns bereits möglich, mit bestimmten Frequenzen Mengen zu zerstreuen oder mit leistungsstarken Schallwellen Desorientierung und neurologische Schäden hervorzurufen. Die Entwicklung einer tödlichen Akustikwaffe ist ohne Frage im Bereich des Möglichen.

Endnoten

[1] Area S-2 ist ein Teil der ausgedehnten Anlage Area 51, die an Groom Lake angrenzt. J-Rod, beziehungsweise J-ROD, war ein gentechnisch veränderter Eben, der für unsere Studien hergeschickt wurde. Anonymous sagt über ihn: „J-Rod war eine Kreatur, die von den Ebens kreiert wurde. Er war intelligent, hatte einen ausgezeichneten Verstand und passte sich schnell an unsere Umgebung an." J-Rod und der Archquloid verständigten sich telepathisch (siehe Farbtafel 17).

[2] Der Archquloid tötete bei einem Fluchtversuch vom Gelände eine Wache am Gate 3. Er wurde daraufhin angeschossen und von einer anderen Wache schwer verletzt. Er starb ein Jahr später.

18

DER FILM

Ich fand regelrecht meinen Glauben, als ich herausfand, dass die Regierung gegen den Film war. Wenn die NASA sich die Zeit nimmt, mir einen 20-seitigen Brief zu schreiben, dann weiß ich, dass etwas vor sich geht.

Steven Spielberg

Spielberg erzählt mir vom Film. Er sagt, es geht um UFOs, aber es ist nicht Science-Fiction. Er nennt es „Science-Fakt".

Bob Balaban, Schauspieler in
„Unheimliche Begegnung der dritten Art"

DER SPIELBERG-ZAUBER

Die Geschichte von Serpo nahm eine neue Dimension an, als die Menschen zu ahnen begannen, dass Steven Spielbergs Film „Unheimliche Begegnung der dritten Art" [engl. Originaltitel: „Close Encounters of the Third Kind"], der 1977 veröffentlicht wurde, möglicherweise eine fiktionale Version wahrer Begebenheiten war. Die rückwirkende Anerkennung der Verbindung zum Film, der aus eigener Kraft einen hohen Stellenwert in der Filmindustrie erlangte, verlieh den Ereignissen, die 25 Jahre nach dem Film an die Öffentlichkeit gelangten, eine überzeugende Glaubwürdigkeit. Diese Anerkennung und die Tatsache, dass „Unheimliche Begegnung" den Status eines zeitlosen Klassikers erlangte, bezeugt die verblüffende neorealistische Art und Weise Spielbergs, fantastische Geschichten zu erzählen. In Spielbergs Filmen wird Unglaubliches glaubwürdig. Die Art, wie Fakten und Fiktion nahtlos zusammenfließen, hinterlässt bei den Kinobesuchern auf einer tiefen Ebene den überzeugenden Eindruck, dass das, was sie soeben gesehen haben, tatsächlich geschah. Diese Technik erklärt den beeindruckenden Erfolg seines ersten großen Films „Der weiße Hai". Erstaunlicherweise erzielte er diesen Effekt in diesem Film, obwohl er mit einem schwerfälligen mechanischen Hai arbeiten musste. Als die Begebenheiten von Serpo im November 2005 im Internet offengelegt wurden, war also aufgrund des tiefen Eindrucks und der anhaltenden Nachwirkungen des Films „Unheimliche Begegnung", der zu der Zeit bereits weltweit einen permanenten Platz in der Massenkultur eingenommen hatte, das öffentliche Bewusstsein bereits vorbereitet.

AKKLIMATISIERUNG DER ÖFFENTLICHKEIT

In UFO-Kreisen kursiert die Überzeugung, dass Steven Spielberg über direkte Kontakte zu streng geheimen militärischen Informationen verfügt und sich nicht bloß „Geschichten zusammenreimt". Es gibt Hinweise darauf, dass er aufgrund seiner neorealistischen Filmkompetenzen und seiner Popularität vom Pentagon ausgewählt wurde, an einem Plan langsamer Freigaben geheimer Informationen mitzuwirken, dem sogenannten „Programm zur Akklimatisierung der Öffentlichkeit". Seine Themenwahlen unterstützen die Annahme solch einer Verbindung. Mehrere seiner Filme lassen sich leicht mit möglichen Regierungs-/Militärplänen in Verbindung bringen, die ausgearbeitet wurden, um geheime Informationen auf eine Weise zu verbreiten, die allgemeinen Anklang finden würde. In „E.T. – Der Außerirdische" zum Beispiel, 1982 veröffentlicht, entwickeln wir Zuneigung zu einem eher grotesken außerirdischen Wesen, das aufgrund seines „Herzlichts" liebenswürdig wird.

Doch im Falle von „Unheimliche Begegnung der dritten Art" sind die Beweggründe weniger eindeutig. Genau genommen sind sie absolut unergründlich. Man stellt sich die Frage: Wenn der Film Teil des Programms zur Akklimatisierung der Öffentlichkeit war, warum wurde er veröffentlicht, während diese streng geheime Operation der DIA/Air Force noch im Gange war? Spielberg begann die Dreharbeiten für „Unheimliche Begegnung der dritten Art" 1976. Aber die Serpo-Astronauten kamen erst 1978 zur Erde zurück. Falls das Ziel war, die Öffentlichkeit auf eine mögliche Offenlegung des interstellaren Austauschprogramms vorzubereiten, hätte man diese Informationen nicht vor der erfolgreichen Beendigung des Programms veröffentlicht, denn wären die Astronauten niemals zur Erde zurückgekehrt, hätte dies zu einer Katastrophe führen können. Darüber hinaus ist diese Wahrscheinlichkeit leicht zu verwerfen, falls es möglicherweise Dr. J. Allen Hynek war, der Spielberg all die Details über die Serpo-Operation zukommen ließ. Hynek war der technische Hauptberater bezüglich UFOs und Außerirdischen für den Film und dementsprechend in einer hervorragenden Position, um Spielberg zu informieren.

Doch trotz Hyneks langer Verbindung mit geheimen UFO-Aktivitäten der

Dr. J. Allen Hynek

Regierung, lässt nichts, was er je geschrieben oder gesagt hat, auch nur annähernd vermuten, dass er irgendeine Ahnung vom Project Serpo hatte. Darüber hinaus gibt es allen Grund zur Annahme, dass Hyneks Beteiligung weitgehend zeremoniell war. Er wurde teilweise aufgrund seiner Klassifikation von Nahbegegnungen bzw. „unheimlichen Begegnungen" der dritten Art in den Film involviert, die er in seinem 1972 veröffentlichten Buch „The UFO Experience" definiert hatte, wodurch man ihn für die Rechte am Titel kompensieren könnte. Er sagte selbst, dass seine Beteiligung am Film eher oberflächlich gewesen sei und er hauptsächlich daran interessiert war, mehr über die Produktion von Filmen zu lernen. In der letzten Szene des Films hatte er, möglicherweise als weitere Kompensation, einen Kurzauftritt.

DAS DREHBUCH

1974 erkannte man Spielberg bereits als aufstrebenden Starregisseur in Hollywood. Er gehörte zu den prominentesten Vertretern der Generation von „Filmgören", die New Hollywood prägte. Sie umfasste junge talentierte Filmregisseure der 1970er Jahre, die eindeutig zu Großem bestimmt waren, vornehmlich George Lucas, Martin Scorsese, Francis Ford Coppola und Brian De Palma. Spielbergs Arbeit an *Sugarland Express* und sein großer Erfolg mit „Der weiße Hai" sicherten ihm einen langfristigen Vertrag mit Universal und das Privileg, seine eigenen Projekte zu wählen. Es stand ihm frei, auch mit anderen Studios arbeiten. Er erhielt einen halbprivaten Bungalow auf dem Grundstück von Universal und traf die richtigen Leute. Er freundete sich mit Michael Phillips an, der gemeinsam mit seiner Frau Julia Mitregisseur bei Phillips Productions war. Mit „Der Clou" hatten sie einen durchschlagenden Erfolg hinter sich, der ihnen eine Reihe von Academy Awards, darunter auch für den besten Film von 1973, einbrachte. Julia Phillips hielt Spielberg für einen der talentiertesten Menschen in Hollywood und drängte auf ein Projekt mit ihm. Er erzählte ihr, dass er einen Film über UFOs drehen wollte. Sie war vollkommen dafür und begann, alles Notwendige für die Durchführung zusammenzutragen. Phillips befand sich zu jener Zeit inmitten der Produktionsarbeiten für den Film „Taxi Driver", an dem sie mit Drehbuchautor Paul Schrader und David Begelman, Präsident von Columbia Pictures, arbeitete.

Schrader schrieb ein Drehbuch mit dem Titel „Kingdom Come" über einen engagierten zivilen UFO-Forscher, der mit der Air Force in Konflikt gerät. Letzten Endes beschließt er, mit seinen außerirdischen Freunden den Planeten zu verlassen. Sci-Fi war ungewöhnlich für Schrader, der eher für seine Arbeit mit schonungslosem Realismus bekannt war. Phillips brachte Schraders Drehbuch zu Spielberg, der dazu meinte, dass es ein guter Ausgangspunkt wäre, aber weitgehend umgeschrieben werden müsste. Phillips kaufte das Drehbuch und Spielberg änderte den Titel zu „Close Encounters of the Third Kind". Daraufhin überzeugte sie Begelman, dem das Konzept sofort gefiel, problemlos zu einer Finanzierung und einen Vertrieb durch Columbia.

Hollywood-Produzentin Julia Philips (1944–2002)

Laut Julia Phillips in ihrem Buch „You'll Never Eat Lunch in This Town Again" schrieb Spielberg an einem Wochenende im Jahr 1975 im Sherry Netherland Hotel in New York das komplette Drehbuch um, so dass im endgültigen Produkt fast nichts mehr von Schraders Arbeit zu finden war und Schrader letztendlich nicht als Drehbuchautor genannt wurde. Die Tatsache, dass Spielberg ein solch komplexes Drehbuch so schnell in einem Hotel und ohne die Recherchearbeiten, die dieses Drehbuch offensichtlich erforderte, verfassen konnte, ist ein Hinweis darauf, dass ihm die Geschichte im Vorhinein zugespielt wurde. Nachdem uns heute bekannt ist, dass all die Fakten des Drehbuchs mit den tatsächlichen Ereignissen des Project Serpo übereinstimmten, ist dies die einzige plausible Schlussfolgerung. Das Drehbuch stand daraufhin grundsätzlich fest und es folgten nur geringfügige Änderungen, die von Spielberg genehmigt wurden. Dies war eine sehr ungewöhnliche Vorgehensweise in Hollywood, wo Drehbücher üblicherweise von Drehbuchautoren, nicht von Regisseuren, häufig über Wochen oder Monate hinweg geschrieben werden und nach Rücksprache mit Produzenten und Studios normalerweise eine Vielzahl an Änderungen durchlaufen. Nicht dieses Drehbuch. Mit der Unterstützung von Julia Phillips und Begelman konnte niemand außer Spielberg oder von ihm eingestelltes Personal auch nur ein Wort ändern.

EIN GEHEIMES SET

Und dann war da noch die Verschwiegenheit. Das Set von „Unheimliche Begegnung" in der Nähe von Mobile, Alabama ähnelte einer hochgeheimen Militäreinrichtung. Laut John Baxter in „Steven Spielberg: The Unauthorized Biography":

> Kein abgeschlossenes Set war besser abgedichtet als Mobile. Besetzung und Filmcrew arbeiteten, aßen und schliefen manchmal sogar im stickigen Hangar, der mit 150 Tonnen Klimaanlagen, genug für 30 große Häuser, nur geringfügig bewohnbarer gemacht wurde … Niemand ohne Namensschild hatte Zutritt. Selbst Spielberg selbst, der in einem außerhalb geparkten Winnebago wohnte, wurde kurzfristig der Zutritt verweigert, als er seines vergaß. Nummerierte Rollenhefte wurden erst bei Bedarf den berechtigten Personen ausgeteilt. Die meisten Schauspieler erhielten nur ihre eigenen Rollentexte.

Aus verständlichen Gründen versuchen Regisseure üblicherweise zu vermeiden, dass Informationen über die Handlung vor der geplanten Werbekampagne an die Öffentlichkeit gelangen. Ebenso wollen sie aber ein Interesse am Film wecken, weshalb kleine und kontrollierte Informationslecks durchaus wünschenswert sind. In diesem Fall waren die Sicherheitsstandards so hoch, dass offensichtlich etwas Anderes dahintersteckte. Es ist zu erwarten, dass Spielberg wohl wusste, dass er mit der Veröffentlichung streng geheimer Informationen zu tun hatte, und demnach nicht riskieren wollte, aufgrund einer Gefährdung der nationalen Sicherheit von Regierungsseite entfernt zu werden.

DER FILM IM VERGLEICH ZU DEN TATSACHEN

Falls ihm die Informationen über Serpo nicht vom Militär als Teil der Akklimatisierung der Öffentlichkeit und ebenso wenig von Hynek übergeben wurden, woher hatte dann Spielberg all die korrekten Einzelheiten eines Programms, dass so supergeheim und aufgegliedert war, dass nur ein paar wenige hochstehende Geheimdienstagenten und Militärangehörige überhaupt etwas davon wussten? Präsident Johnson wurde sehr wahrscheinlich nicht eingeweiht. Nach unserem Kenntnisstand war Johnson nicht unter den 16 Anwesenden der diplomatischen Begrüßungsgruppe bei der ersten Landung des Eben-Schiffs im April 1964 bei der Holloman Air Force Base. In Kapitel 8 wurde der Entschluss der Außerirdischen diskutiert, die Astronauten zu jenem Zeitpunkt nicht mitzunehmen, obwohl sie bereit waren und in einem Bus am Landeplatz warteten, sondern stattdessen nur die Leichen der zehn toten Ebens zu bergen. Diese Landung wurde von Spielberg nicht dargestellt, aber seine Inszenierung der zweiten Landung im Juli 1965 am Nevada-Testgelände entsprach all den grundlegenden Tatsachen. Der Film stimmt mit allen Einzelheiten überein, die von Anonymous enthüllt und von Victor Martinez der Serpo-Website zugesendet wurden. Die Details, die Spielberg abänderte, waren vorwiegend für dramatischen Effekt. Er wusste, dass der Besuch im Vorhinein vereinbart war. Er wusste, dass es sich nicht um das offizielle diplomatische Treffen handelte, das 1964 stattfand. Er wusste, dass es im Sommer stattfand, da im Film alle Anwesenden im nördlichen, üblicherweise kalten Wyoming hemdsärmelig waren. Er wusste, dass die Ebens in in einer melodischen Sprache kommunizierten, daher die 5-Töne-Begrüßung und die musikalische „Konversation" nach der Landung des Mutterschiffs. Er wusste, dass die Astronauten in einem Bus ankamen. Im Film werden die Astronauten gezeigt, wie sie in einen Geryhound-Bus einsteigen. Er wusste auch, dass die Besucher Zeichensprache verwendeten, um mit den Erdbewohnern zu kommunizieren. Dies war eine esoterische Information, die erst 25 Jahre später in einem einzigen Satz im sechsten Posting von Anonymous im Internet offenbart wurde. Er wusste, dass zehn Männer und zwei Frauen für die Mission ausgewählt wurden, oder zumindest vermutete er dies aufgrund glaubwürdiger Beweise. Er wusste, dass sie paramilitärisch, hochqualifiziert und diszipliniert waren, wie aus ihrem soldatischen Auftreten beim Einsteigen in das Raumschiff hervorgeht. Er wusste, dass sie extrastarke Sonnenbrillen benötigten, um ihre Augen vor den schonungslosen Strahlen der zwei Sonnen von Serpo zu schützen. Sie trugen die Sonnenbrillen bereits, als sie in das außerirdische Schiff einstiegen. Er wusste, dass ein Eben hier auf der Erde blieb. Er wusste, dass die Astronauten tonnenweise Vorräte mitnahmen. Im Film war der Vorrätewagen als Piggly-Wiggly-Wagen getarnt. Er wusste, dass das Raumschiff riesig war, da es 45 Tonnen Ausrüstung und Vorräte der Astronauten fassen musste. Und er wusste, dass der Präsident nicht anwesend war. Und dann gab es noch andere subtile Andeutungen, dass Spielberg Insiderinfos hatte; der Geistliche

Steven Spielberg 1976 bei den Dreharbeiten für „Unheimliche Begegnung der dritten Art"

beim letzten Gottesdienst vor der Abreise bezeichnete die Astronauten als „Pilger" und die Astronauten, die dem Dienst beiwohnten, wirkten verunsichert, fast verzweifelt. Dies ist ein Hinweis darauf, dass sie wussten, dass sie für eine lange Zeit nicht auf der Erde sein würden. Laut Plan sollten sie zehn Jahre lang auf Serpo bleiben. Das bedeutet, dass Spielberg darüber Bescheid wusste und die Schauspieler anwies, entsprechende Emotionen zu zeigen.

Es ist nicht schwer nachzuvollziehen, warum Spielberg den Ort der Landung von der kargen Landschaft des Nevada-Testgeländes, wo sich die Landung im Juli 1965 tatsächlich ereignete, zum dramatischen anmutenden Devils Tower im Black Hills National Forest in Wyoming verlegte. Diese Änderung ermöglichte es ihm, den kompletten ersten Akt des Drehbuchs einzubringen, in dem sich Roy Neary in das eingeprägte Bild des Devils Tower verrannte. Nearys Besessenheit ging auf das Bild zurück, das sich bei einer „Nahbegegnung der zweiten Art" in seinem Lastwagen telepathisch in seinen Kopf einprägte. Es ist ein ausgefeiltes Konzept, das nur ein sehr sachkundiger Insider begreifen konnte. Dieses Phänomen, von dem George Adamski bereits berichtete, trat bei vielen Kontaktierten auf. Und genau das geschah auch mit Miriam Delicado, Autorin von „Blue Star: Fulfilling Prophecy", 2007 veröffentlicht, die 1988 auf einer einsamen Straße im entfernten British Columbia eine Nahbegegnung der dritten Art erlebte und seitdem von Shiprock im nördlichen New Mexico besessen ist, von dessen Existenz sie zu jenem Zeitpunkt noch nicht einmal wusste. Doch Spielberg hätte eine Menge Bücher lesen müssen, um diese Information in der umfangreich vorhandenen Literatur über UFO-Kontakte aufzuspüren und daraufhin in die Serpo-Geschichte einzubauen. Das war nicht sehr wahrscheinlich. Jemand von hohem geheimdienstlichem Rang musste ihm diese Idee übermittelt haben.

Doch dieser Teil der Geschichte entbehrt jeder Grundlage. Anonymous erwähnt niemanden, der verzweifelt in das außerirdische Schiff wollte und dem dies erlaubt wurde. Es ist genau genommen ein Schwachpunkt der Handlung, da es keinen Sinn ergibt, dass Neary so einfach die Menschheit einschließlich seiner Familie hinter sich lässt, um sich impulsiv zu einem fernen Planeten zu begeben und mit Außerirdischen zu leben. Er hatte keinen wirklichen Beweggrund so zu handeln, es sei denn, er war in Wahrheit ein Außerirdischer in menschlicher Form. Darauf gibt es im Film in der Tat Hinweise, denn es waren die Ebens, die seine Besessenheit auslösten, und am Ende führten sie ihn liebevoll an Bord des Schiffs. Doch seltsamerweise entschieden sich in Wirklichkeit zwei der Astronauten tatsächlich dazu, nach 13 Jahren auf Serpo dort zu bleiben und nicht zur Erde zurückzukehren. Neben Nearys Besessenheit baute Spielberg noch ein weiteres fortschrittliches Konzept in die Geschichte ein – Zeitreisen. Die Marine-Flugzeuge von Flug 19 im Zweiten Weltkrieg, die 1945 bei Fort Lauderdale, Florida verschwanden, wurden in der „Gegenwart" im Film, was 1975 entspricht, in der Sonora-Wüste in Mexiko intakt und betriebsfähig vorge-

Der Devils Tower in Wyoming

Flug 19 verschwand im Bermudadreieck

funden. Wie es scheint, gelangten die Flugzeuge durch eine Zeitschleife in die Zukunft, während die Piloten von den Außerirdischen entführt wurden. Die Piloten wurden dann in der letzten Szene des Films gemeinsam mit anderen Entführten aus dem Mutterschiff freigelassen. Spielberg beschäftigte sich später in „Zurück in die Zukunft" noch eingehender mit dem Thema Zeitreisen, einem seiner größten Interessen.

EIN SCI-FAKT-FILM

Es ist offensichtlich, dass Spielberg einen anonymen Informanten gehabt haben musste, der ihm detaillierte Einzelheiten über das Project Serpo zuspielte. Und aufgrund des Zeitpunkts ist es eindeutig, dass dies nicht Teil eines offiziellen Plans war, um das Bewusstsein der Masse zu akklimatisieren, sondern eher ein bewusstes Informationsleck durch einen abtrünnigen Insider, der die Geschehnisse an die Öffentlichkeit bringen wollte. Es ist mittlerweile bekannt, dass sich viele hochrangige Militärangehörige in dieser Kategorie befinden. Doch dieses spezielle Leck hatte seinen Ursprung wahrscheinlich in der Defense Intelligence Agency, denn nur dort waren alle Details des Programms bekannt, und Anonymous, der die Ereignisse 2005 letztendlich im Internet veröffentlichte, war ein DIA-Beamter im Ruhestand. Nachdem Anonymous es sich scheinbar zum Ziel gemacht hatte, diese Informationen öffentlich zu machen, war möglicherweise er derjenige, der Spielberg 30 Jahre zuvor die Geschichte zukommen ließ! Zu jener Zeit wäre er aktiv am Projekt beteiligt gewesen. Auf jeden Fall war es mit großer Wahrscheinlich ein idealistischer, unzufriedener, hochrangiger DIA-Beamter, der Spielberg nach seinem Erfolg mit „Der weiße Hai" kontaktierte und ihm diese einmalige Geschichte anbot. Der junge Spielberg, der ohnehin schon in Science-Fiction-Filme vernarrt war, ergriff die Gelegenheit und brachte einen mit Science-Fiction kaschierten Sci-Fakt-Film heraus.

Mit „Unheimliche Begegnung" wagte sich Spielberg zum ersten Mal in die Welt von Regierungsgeheimnissen bezüglich UFOs und Außerirdischen und dies keinesfalls unter Einholung behördlicher Genehmigungen jeglicher Ebene. Sowohl die Air Force als auch die NASA weigerten sich, an der Produktion des Films mitzuwirken. Er spielte weltweit fast 300 Millionen Dollar ein und bewahrte Columbia Pictures vor der Insolvenz. Ray Bradbury erklärte ihn zum besten Science-Fiction-Film, der je produziert wurde. Er wurde bei den 50. Academy Awards 1978 für neun Oscars nominiert. „Unheimliche Begegnung" ist laut Erklärung der US Library of Congress von 2007 von „großer kultureller, historischer oder ästhetischer Bedeutung" und wurde zur Archivierung im National Film Registry ausgewählt. Erst nach dem spektakulären Erfolg des Films wurden scheinbar auch hochrangige Militär- und Nachrichtendienstangehörige auf Spielberg aufmerksam und erkannten, dass er für einen zukünftigen Film für das Programm zur Akklimatisierung der Öffentlichkeit die perfekte Wahl war.

Spielberg wusste vielleicht von seinem DIA-Kontakt, dass Präsident Kennedy für die Verordnung des Project Crystal Knight verantwortlich war und dass er nur fünf Monate vor der ersten Landung ermordet wurde. So viel ist bekannt. Aber er wurde vielleicht auch informiert, dass Kennedy, der eine intransparente Form der Regierung verabscheute, eine Veröffentlichung der Ereignisse und eventuell eine Übertragung der Landung im Fernsehen plante. Und Spielberg, der zum Zeitpunkt der Ermordung Kennedys 17 Jahre alt und angesichts des Attentats wie wir alle wohl tief betrübt war, fasste daraufhin möglicherweise den Entschluss, das Vorhaben des verstorbenen, geliebten Präsidenten, wenn auch nur eine inszenierte Version, zu realisieren. Dabei handelt es sich natürlich nur um Spekulationen. Unabhängig davon bekamen wir die Szenen dank Steven Spielberg am Ende doch zu sehen.

ANHANG 1

TEAMAUSBILDUNGSPLAN

Dieses Trainingsprogramm wurde Anonymous von Listenmitglied Gene Loscowski (siehe Einleitung) zugesendet, um den veröffentlichten Informationen mehr Spezifizität zu verleihen. Anonymous gab die Liste als Teil von Posting 10 wieder.[1] Loscowski war offensichtlich in Project Serpo involviert, aber es ist nicht bekannt, ob er ein DIA-Beamter war.

1. Einführung in die Weltraumforschung (Unterrichtung durch NASA-Personal)
2. Astronomie, Sternenbestimmung, Teleskopeinsatz und allgemeine Astrophysik
3. Eben-Anthropologie (Informationen von Ebe1 erhalten)
4. Eben-Geschichte (grundlegende Informationen von Ebe1 erhalten)
5. Praktische Medizinerausbildung der US-Army (Traumabehandlung). Nicht-medizinisches Personal im Team erhielt dieses Training.
6. Höhentraining – Fallschirmspringen und Training in schwereloser/sauerstoffloser Umgebung [fand wahrscheinlich an der Tyndall Air Force Base in Florida statt]
7. Überlebens-, Flucht- und Ausweichtraining
8. Ausbildung mit grundlegenden Waffen und Sprengstoffen (etwa 2,7 kg C4 wurden mitgenommen)
9. Psychologisches Einsatztraining und Anti-Verhör-Vorbereitung
10. Taktiktraining für kleine Einheiten (Miniwochenkurs durch US-Army-Ranger)
11. Informationsgewinnungskurs
12. Weltraumgeologie – Erfassungsmethoden und Einsatz von geologischer Spezialausrüstung
13. Körperliches Belastungstraining
14. Methoden zur Bewältigung von Beengtheit und Isolation
15. Ernährungskurs
16. Geräteeinsatztraining
17. Individuelles Spezialtraining

18. Grundlegende Biologie
19. Weiteres Training, das selbst nach 40 Jahren noch [1965–2005] als höchst geheim eingestuft wird.

Endnotes

1   Die Bezeichnung „Posting" durch Anonymous endete mit Posting Achtzehn. Danach wurde der Begriff „Release" verwendet.

ANHANG 2

VORRÄTE UND AUSRÜSTUNG

Diese Liste wurde am 3. April 2006 von Anonymous als „Posting 18"gemeinsam mit der folgenden Nachricht an das E-Mail-Netzwerk gesendet: „Victor: Die folgenden Informationen betreffen die Ausrüstung, die unser Team mit zum Planeten SERPO nahm. Die militärischen Ausrüstungsgeräte waren alle echt ... zumindest zu jener Zeit." Mit „echt" meint Anonymous offensichtlich, dass sie einsatzfähig waren. Diese Informationen wurden offensichtlich in das Nachbesprechungsdokument aufgenommen.

1. **MUSIK; Die Mannschaftsmitglieder nahmen folgende Musik mit**[1]**:**
   Elvis Presley
   Buddy Holly
   Ricky Nelson
   The Kingston Trio
   Brenda Lee
   The Beach Boys
   Bob Dylan
   Peter, Paul & Mary
   The Beatles
   Loretta Lynn
   Simon & Garfunkel
   The Hollies
   Chubby Checker
   Bing Crosby
   Dinah Shore
   Vera Lynn
   Tommy Dorsey
   Ted Lewis
   Ethel Merman
   The Everly Brothers
   Lesley Gore
   Marlene Dietrich
   The Platters
   Doris Day
   Connie Francis
   The Shirelles

ANHANG 2: VORRÄTE UND AUSRÜSTUNG

Frank Sinatra
Dean Martin
Perry Como
Guy Lombardo
Glenn Miller
Rosemary Clooney
Al Jolson
Weihnachtsmusik
US-patriotische Musik
Klassische Musik:
Mozart
Händel
Bach
Schubert
Mendelssohn
Rossini
Strauss
Beethoven
Brahms
Chopin
Tchaikovsky
Vivaldi
Indische Gesangsmusik
Tibetische Gesänge
Afrikanische Gesänge [diese letzten drei waren für die Eben-Gastgeber gedacht][2]

2. **KLEIDUNG; Die Mannschaftsmitglieder nahmen folgende Kleidung mit**:
24 Spezialfliegeranzüge
112 Paar Unterwäsche (Unterhosen/Unterhemden)
220 Paar Socken
18 Kopfbedeckungen, einschließlich Dschungelstil- und regulären Baseball-Mützen
50 verschiedene Arten von Schuhwerk
Militärkleidung, Tragegürtel und -gurte
Militärrucksäcke
30 informelle Zivilhosen
Kurze Hosen
Ärmellose Shirts
15 Paar Sportschuhe
100 Paar Sportsocken
8 Suspensorien
24 Paar Thermounterwäsche
24 Paar Thermosocken
6 Paar Kaltwetterstiefel
Militärkleidung für heißes Wetter
60 Paar Militärarbeitshandschuhe
10 Behälter mit Militärhygienehandschuhen

6 Paar Kaltwetterhandschuhe
10 Wäschebeutel
Entsorgungsoperationshandschuhe
Militärische Warmwetterjacken
Militärische Kaltwetterjacken
Zivile Warm- und Kaltwetterjacken
10 Paar Warmwettersandalen
24 militärische Schutzhelme
24 militärische Fliegerhelme
914 Meter Stoff für Reparaturen und Kleidungsherstellung

3. **MEDIZINISCHE AUSRÜSTUNG; Die Mannschaftsmitglieder nahmen folgende medizinische Ausrüstung mit:**
Tragbares Röntgengerät
100 abgepackte Medizinsätze zur Traumabehandlung (militärische Medizinsätze für den Einsatz im Gefecht)
Untersuchungsgeräte für Magen, Blase und Rektum
Sehtestausrüstung
120 abgepackte Operationssätze (militärisch)
120 abgepackte militärische Medikamentensätze für den Einsatz vor Ort (mit verschiedenen Medikamenten)
30 militärische Sätze zur ärztlichen Versorgung für den Einsatz for Ort
75 Wassertestsätze (militärisch)
50 Wassertestsätze (zivil)
75 FAST-Kits
1.200 Nahrungsmitteltestsätze (militärisch)
500 Stück diverse chirurgische Instrumente
5.000 Packungen Insektenschutzmittel (militärisch)
250 medizinische Infusionssätze, mit Flüssigkeiten
16 abgepackte medizinische Testsätze (militärisch)
50 abgepackte medizinische Testsätze (zivil)
5 militärische tragbare Krankenhauszelte mit Basis zur medizinischen Versorgung
2 militärische tragbare Stationsausstattungen zur medizinischen Versorgung
18 militärische Blutuntersuchungssätze
3 tragbare militärische Chemieteststationen
2 fortgeschrittene biologische Testsätze (Zivilversion)
15 militärische Strahlenbehandlungssätze
454 Kilogramm diverse medizinische Ausstattung

4. **TESTAUSRÜSTUNG; Die Mannschaftsmitglieder nahmen folgende Testausrüstung mit:**
100 Stück geologische Testeinheiten
2 militärische Bodenteststationen
2 Chemieteststationen (zivil)
6 Strahlentestmeter
2 militärische Strahlenteststationen

2 biologische Teststationen (zivil)
2 Traktoren 100 ccm
4 Traktoren 100 ccm mit Grabungsausstattung
10 abgepackte militärische Bodentestsätze
16 astronomische Teleskope
2 militärische Sternstationen
4 militärische Stromerzeuger (1–10.000 Watt)
4 zivile Stromerzeuger
Experimentelle Solarkollektoren (militärisch)
50 tragbare Funksprechgeräte mit FM-Frequenzen
6 militärische Funkplattform-Kits
50 abgepackte militärische Funkreparatur-Kits
1.000 Rohre mit verschiedenen Frequenzen
30 abgepackte militärische elektrische Prüfungs- und Reparatursätze
3 Solarteststationen (militärisch)
1 experimentelle Solarteststation
10 Solarpaneele mit Sammeleinrichtungen
10 Sätze zur Luftprobensammlung (militärisch)
5 Sätze zur Luftprobensammlung (zivil)
6 Diamantbohrer
10 militärische Spezialzugangssätze
454 Kilogramm C4-Sprengstoff mit 500 Sprengkapseln
Sprengschnur
Zeitzünder
Militärische Hohlladungen
1 Kernexplosionssatz

5. **SONSTIGE AUSRÜSTUNG und GEGENSTÄNDE; Die Mannschaftsmitglieder nahmen folgende sonstige Ausrüstung/Gegenstände mit**:
100 militärische Decken
100 militärische Laken
24 abgepackte militärische Stationsausstattungen
80 abgepackte militärische Zeltausstattungen
4 militärische Mobilküchen-Stationsausstattungen
6 militärische Überlebensstationen für warmes Wetter
6 militärische Überlebensstationen für kaltes Wetter
2 militärische Wetterstationen im Kampfstil
50 Wetterballons
24 militärische Handfeuerwaffen
24 militärische Gewehre (M16)
6 M66-Waffen
2 M40-Granatwerfer
2 militärische 60mm-Motor-Röhren (30 Ladungen)
100 militärische Luftdetonationsleuchtkugeln
5.000 Ladungen .223-Munition (für M16-Sturmgewehre)
500 Ladungen .45-Munition

60 M40-Ladungen
15 Freon-Dispersionsbehälter
15 Druckluft-Dispersionsbehälter
20 Sauerstofftanks
20 Stickstofftanks
20 Tanks mit verschiedenen Gasen für Schneidanlagen und Tests
75 militärische Schlafsäcke
60 militärische Kissen
55 militärische Schlafflächen
6 abgepackte militärische Stationswohnflächen zum Einsatz vor Ort
250 verschiedenartige Vorhängeschlösser
1.829 Meter verschiedene Seilarten
24 Abwehrsätze
10 seismische Tieflochbohrer
3785 Liter Treibstoff
4 militärische Phonographen
10 militärische Kassettenspieler
10 Spulentonbandspieler
60 Bänder
10 militärische Tonaufnahmeausstattungen
25 militärische Informationsgewinnungsausstattungen
1.000 andere diverse Gegenstände

6. FAHRZEUGE; Die Mannschaftsmitglieder nahmen folgende Fahrzeuge mit:
10 militärische Kampfmotorräder
3 militärische M151-Jeeps
3 militärische Anhänger
10 militärische Reparatursätze für Jeeps
10 militärische Reparatursätze für Motorräder
1 militärischer Rasenmäher[3]
5678 Liter Treibstoff für die oben aufgelisteten Fahrzeuge

7. NAHRUNG; Die Mannschaftsmitglieder nahmen folgende Nahrungsmittel mit:
C-Rationen
25 abgepackte Behälter
100 abgepackte Behälter mit gefriergetrockneten Nahrungsmitteln
100 Kisten mit verschiedenen Konserven
7-Jahresvorrat an Vitaminen
100 Behälter mit Energieriegeln/Snacks
3785 Liter Wasser
150 militärische Überlebensrationen
16 Boxen mit verschiedenen alkoholischen Weinen
150 Kisten mit Trinkflüssigkeiten
Kaugummi, Lifesaver-Bonbons und verschiedene andere Nahrungsmittel

8. SONSTIGE GEGENSTÄNDE; Die Mannschaftsmitglieder nahmen 907 Kilogramm verschiedene andere Gegenstände mit.

Endnoten

1. Audiokassettenaufnahmen wurden 1963 eingeführt. Diese Aufnahmen waren also wahrscheinlich alle auf Kassetten und manche vielleicht auf Spulentonbändern.
2. Da wir so viel über die musikalischen Interessen der Ebens wussten, bestätigt das unsere vorausgehende Schlussfolgerung, dass wir bereits vor der Abreise des Raumschiffs 1965 detaillierte Informationen über ihre Zivilisation hatten.
3. Sie gingen offensichtlich davon aus, den Motor des Rasenmähers für andere Zwecke verwenden zu können.

ANHANG 3

SERPO-STATISTIKEN

Anonymous sendete diese Statistiken als „Posting 3" am 7. November 2005 mit der folgenden einleitenden Nachricht: „Statistiken zum Planeten Serpo wurden von unserem Team gesammelt. Hier sind die entsprechenden Daten für deine UFO-Themenliste." Diese Daten wurden offensichtlich von den Mannschaftsmitgliedern auf Serpo zusammengetragen.

Durchmesser:	11.616 km
Masse:	5,06 x 10^{24}
Entfernung von Sonne 1:	155,3 Millionen km
Entfernung von Sonne 2:	147,1 Millionen km
Monde:	2
Oberflächengravitation:	9,60 m/s
Rotationsperioden:	43 Stunden
Umlaufzeit:	865 Tage
Neigung:	43 Grad
Temperatur:	Min: 6,1°/Max: 52,2°
Entfernung von der Erde:	38,43 Lichtjahre
Planet vom Team benannt:	SERPO
Nächster Planet:	Benannt: OTTO
Entfernung:	142 Millionen km (von Ebens kolonisiert mit Forschungsbasis, aber ohne natürliche Bewohner auf dem Planeten)
Planetenanzahl im Eben-Sonnensystem [Zeta Reticuli 2]:	6
Nächster bewohnter Planet:	Benannt: SILUS
Entfernung:	698 Millionen km (mit verschiedenartigen Wesen, aber ohne natürliche Bewohner auf dem Planeten)

ANHANG 4

KOMMENTARE ZUR MESSUNG VON PLANETENBEWEGUNG UND ZEIT AUF SERPO

Die Offenlegungen durch Anonymous regten eine lebhafte Diskussion an. Viele Kommentare, die der Website zugesendet wurden, sprachen vermeintliche wissenschaftliche Diskrepanzen und Anomalien an. Andere stellten Versuche dar, das Zeitdilemma zu lösen, aufgrund dessen die Mannschaft drei Jahre später nach Hause kam. Die Kommentare werden alle hier wiedergegeben, um eventuell die leeren Stellen des Puzzles aufzufüllen und um den Offenbarungen von Anonymous mehr Tiefe zu verleihen. Ich habe mich um eine wortgetreue Wiedergabe bemüht, doch in manchen Fällen mussten kleinere Korrekturen vorgenommen werden.

> Nachdem ich Dr. Sagans Bemerkungen zum Serpo-Projekt gelesen hatte, das aus etwa 60 Seiten vollgepackt mit Berechnungen besteht, fand ich einen Absatz, in dem es heißt, dass man die exakte Anziehungskraft auf Serpo durch die zwei Sonnen variieren muss, um die Keplerschen Gesetze auf den Planeten Serpo anwenden zu können. Serpo hat im Gegensatz zur Erde keine großen Planeten wie Jupiter oder Saturn, die die Anziehungskraft beeinflussen. Die Anziehungskraft auf Serpo war mit nichts vergleichbar, das Dr. Sagan je zuvor gesehen hatte. Zahlreiche Darstellungen und Berechnungen unterstützen dies. Ich werde sie zu einem späteren Zeitpunkt weiterleiten. Die Liste soll gespannt bleiben ...

> In Erwiderung auf die intensive andauernde Debatte, die im Kommentarbereich dieser Seite geführt wird, möchte ich dieser Klarstellung eines prominenten Physikers auf der Liste beipflichten:
>
>> Die führende Theorie (im Wesentlichen bewiesen) ist Newtons Abstandsgesetz für Gravitation. Für ein einfaches System beschreiben die Keplerschen Gesetze, wie eine Planetenlösung aussieht (für den simplen Fall eines einzelnen Planeten, der eine massive Sonne umkreist). Für eine komplexe Situation (wie bei einem Planeten, der mit zwei Sonnen, mehreren Planeten oder anderem interagiert) muss man auf das Newtonsche Gesetz zurückgreifen und ein Vielkörperproblem lösen, was einen Computer erfordert. In diesem Fall sind die Keplerschen Gesetze nur eine Annäherung, da sie nur für den einfachsten Fall gelten.
>
> – Anonymous

Es gibt einige Widersprüche mit anderen Daten. Laut Rick Doty, der dem Ebe2-Interview beiwohnte[1], hatte Zeta 1 elf Planeten ... Zeta 2 war weit außerhalb der Umlaufbahn des elften Planeten. Zeta 1 und 2 sind kein Doppelsternsystem. Sie liegen weit voneinander entfernt. Astronomische Beobachtungen unterstützen dies. Die Rotationsperiode lag laut Ebe2 bei 38 Stunden. Temperaturen: 18,3°C–32,2°C. Die Orbitalneigung lag bei 54 Grad. All das stammt aus dem Ebe2-Interview im Buch [siehe Fußnote]. Epsilon Eridani ist ein Stern der Klasse K2. Sein Alter wird auf eine halbe Milliarde bis eine Milliarde Jahre geschätzt. Nicht einmal für die Entwicklung von Amöben lang genug. ANONYMOUS hat viele Dinge richtig verstanden, aber andere Dinge nicht, oder sie sind durcheinander, was mich misstrauisch macht.

– Kommentar 7. November 2005

Nichts wirklich Neues hier, abgesehen von zusätzlichen Informationen zur Zusammensetzung des Planeten. Was die physikalischen Gesetze betrifft, spiegelt euer Anonymous falsche Tatsachen vor. Die Umlaufbahnen der beiden Sterne, Zeta 1 und 2, sind durch Beobachtung gewonnene Tatsachen und nicht irgendein physikalisches Gesetz, auch wenn alle Galaxien, Sterne und Planeten den Beobachtungen nach diesen Gesetzen entsprechen. Die beiden Sterne bilden ein weites Doppelsternsystem mit einer Entfernung von 563 Milliarden Kilometern. Und die Keplerschen Gesetze wurden auf die Planeten von Zeta 2 angewandt, was selbst für elliptische Umlaufbahnen ziemlich gut funktionierte. Damit liegt der Heimatplanet von Ebe1 ... genau da, wo er sein sollte, siehe Tabelle. Die Strategie ist, denke ich, alle davon zu überzeugen, dass Anonymous in der Tat einige gute Informationen hat. Aber Vorsicht: Unter die guten Informationen mischen sich, soweit ich sehe, auch schlechte Informationen oder Desinformationen. Siehe Link für Informationen zu Zeta 1 und 2 (http://www.solstation.com/stars2/zeta-ret.htm). Für die Planeten von Zeta 2 siehe Tabelle. Ebe1 kam vom vierten Planeten von Zeta 2. Siehe die AE [Astronomische Einheit] der Bahn, auf der Planet 4 um Zeta 2 herum platziert liegt, bzw. 1,12 AE. Ein schöner Ort zum Leben ... Man beachte die Zeta-4-Umlaufperiode von 432 Tagen bei einer Lage weiter außerhalb als SERPO in jenem Anonymous-Bericht, in dem von irrwitzigen 865 die Rede war.

Planeten des Netzsystems Zeta 2

Planet	Große Halbachse	Periode (Tage)	Periode (Jahre)
Netz 1	0,14 (AE)	8,9	0,052
Netz 2	0,28	54,0	0,1481
Netz 3	0,56	152,9	0,4196
Netz 4*	1,12	432,6	1,12
*Serpo			

Ein Netz-4-Jahr entspricht also ungefähr 1,12 Erdenjahren oder 432 Tagen. Und es befindet sich ungefähr in der gleichen Position in der „Lebenszone" des Zeta-2-Netzes wie die Erde in der der Sonne. Netz Zeta 2 ist ein Stern der Spektralklasse G1V, die Sonne ist G2V.

– Kommentar 9. November 2005

Wenn das „Auswärtsteam" ihre Messgeräte nicht ordentlich zum Funktionieren bringen konnten, warum werden dann überhaupt solche Zahlen angegeben? Entspricht eine Meile auf der Erde einer Meile auf SERPO? Man denke daran, dass Längen nun als Lichtwellenlänge bezeichnet werden. Kann man der Lichtwellenlänge vertrauen? Hat durch angeregte Neonatome erzeugtes rotes Licht mit einer Wellenlänge von 6.328 Ångström auf der Erde einen anderen Wert in SERPIANISCHEN Längenmaßeinheiten? Existiert Neon auf SERPO? (Sind ihre Elemente die gleichen [wie unsere]?) Manche haben Vermutungen angestellt, dass es in verschiedenen Universen verschiedene Werte für Plancks Konstante c, etc. geben könnte. Wenn sich SERPO in einem anderen Universum befindet, ist alles möglich, ob wir nun verstehen können, was für sie „normal" ist oder nicht. (Die Rede ist vom sprichwörtlichen „Blick über den Tellerrand".) Manche erkennen dies vielleicht als die Wellenlänge des Lichts eines Helium-Neon-Lasers wieder. Wenn man auf SERPO einen Helium-Neon-Laser baute und das Laserlicht zur Erde richtete, wäre die Wellenlänge beim Erreichen der Erde 6.328 Å? Falls dem so wäre, dann müsste es ein einfaches Verhältnis zwischen SERPIANISCHEN und unseren Längeneinheiten geben. Falls nicht, dann wäre es wesentlich schwieriger oder vielleicht unmöglich, SERPO-Physik von unserer eigenen abzuleiten. Monde: SERPO hat zwei. Komplizierte Gezeiten? Entfernungen vom Planeten? Relative Größen? Perioden? Tag: 43 Stunden. Wessen Stunden? Es macht keinen Sinn, solch eine Angabe in Stunden zu machen, es sei denn, es sind unsere Stunden gemeint, die sich auf unsere Sekunden beziehen (3.600 pro Stunde), wobei eine Sekunde einer Anzahl von Schwingungen der Atomuhr entspricht. Wenn sich Atome auf SERPO „anders verhalten", dann unterscheiden sich nicht nur Wellenlängen (siehe oben) sondern auch Frequenzen (Schwingungsperioden). Welche Art von Tag? Bezieht sich dies auf die Rotation des Planeten im Verhältnis zu einem der Sterne in der Umgebung oder zu den entfernt liegenden Sternen? (Wir messen „Sonnentage" und „Sterntage"; sie unterscheiden sich geringfügig aufgrund der Erdrotation um die Sonne.) ANGENOMMEN, dieser „Tag" entspricht 43 unserer Stunden, gibt es also 154.800 UNSERER Sekunden in IHREM Tag im Gegensatz zu 86.400 UNSERER Sekunden in unserem Tag (grobe Annäherungswerte!) Jahr: 865 Tage. Bedeutet dies unsere Jahre? Wahrscheinlich nicht! Für jemanden auf SERPO wäre es natürlich, für die Umdrehungen des Planeten eine vollständige Rotation um die Sonne (im Verhältnis zu entfernt liegenden Sternen) zu messen. Wenn wir davon ausgehen, dass sich dies auf IHRE Tage mit 43 Stunden bezieht, dann beträgt ihr Jahr (ungefähre Richtwerte) $1,3 \times 10^8$ UNSERER Sekunden, während unser Jahr $3,1 \times 10^7$ UNSERER Sekunden entspricht. Die Keplerschen Gesetze wurden zuvor unter der Annahme angewendet, dass die Masse der Sonne, um die sich der Planet dreht, derjenigen unserer Sonne entspricht.

Ich habe allerdings, vermutlich fälschlicherweise, 865 Tage als 865 „unserer" Tage verwendet, was 2,37 unserer Jahre entspricht. Ich hätte den 43-Stunden-Tag mit in die Rechnung nehmen müssen. Mit einem so langen Tag entspricht die Rotationsperiode in Wirklichkeit 865/365 x 43/24 = 4,2 unserer Jahre. In Bezug auf die Erde kann Keplers Regel unter Verwendung von Jahren und AE als Messeinheit (mit 1 AE = Radius der Erde von der Sonne) auf folgende Weise geschrieben werden: $(1)^3/(1)^2 = 1$ $(AE)^3/(Jahr)^2$. In Bezug auf einen Planeten, der sich in 4,2 Jahren um eine Sonne mit der Masse der unsrigen dreht, wird Keplers Regel als $r^3/(4,2)^2 = 1$ geschrieben, woraus sich ein Radius von 2,6 AE oder 386 Millionen Kilometern ergibt, deutlich größer als die 164 Millionen, die ich zuvor errechnet hatte.

Ein Problem mit diesen Sonnendaten: Da die Distanz von einer Sonne IMMER 147,1 Millionen Kilometer und die von der anderen IMMER 155,3 Millionen Kilometer beträgt, haben wir bei einer strengen Auslegung eine „Unmöglichkeit" ... oder zumindest kann ich mir keine Umlaufbahn vorstellen, die die Distanz von einer Konstante auf einem Wert hält und zur gleichen Zeit die Distanz zur anderen ebenfalls auf einem Wert hält. Ich könnte mir eine Umlaufbahn vorstellen, bei der die Distanz zu einer Konstante beibehalten wird, während die Distanz zur anderen mit einer Periodizität variiert, die von der gegenseitigen Rotationsperiode der Sonnen und der Rotationsperiode (SERPO-Jahr) des Planeten abhängt. Bei einer Auslegung als durchschnittliche Distanzen von den Sonnen, da SERPO auf einer elliptischen (oder komplizierteren) Bahn verläuft, könnte es dafür eventuell eine Erklärung geben. Die Sonnen würden sich natürlich mit einer gewissen Entfernung voneinander gegenseitig umdrehen. Falls die Umlaufbahn von SERPO also tatsächlich beide Sonnen einschließt, dann muss deren Zentrum der Massenschwerpunkt der Sonnen sein (es sei denn, es handelt sich wie oben erwähnt um eine komplexe Umlaufbahn, wie etwa eine Achterform oder eine verzerrte Ellipse). Benötige mehr Infos zu den Sonnen, Umlaufbahn, etc.

– Kommentar, 11. November 2005

Prima! Eine Alternative ist natürlich, dass die Sonnen etwas weniger massenreich sind als unsere Sol < (was das Masseverhältnis der ihrigen/Sol 1 an die Stelle der normierten „1,0" schieben würde (mit der Umlaufdistanz und -periode der Erde, der jeweiligen Längen- und Zeiteinheiten), was längere Perioden bei ähnlicher Zentralstern-Planet-Distanz bedeuten würde, oder geringere Distanz bei ähnlicher Umlaufperiode im Vergleich zum Erde-Sol-System. Falls sie ÄLTER sind (relative Zeit über erwarteter Lebensdauer von soundso schwerem Stern) als Sol, dann haben sie vielleicht bereits die Heliumverbrennung und einen Helligkeitsanstieg begonnen, wodurch sie etwas weniger schwer sein könnten als Sol bei der gleichen Helligkeit. Neuartige Mehrkörperkonfigurationen wurden vereinzelt während des letzten Jahrhunderts gefunden, doch die größten Bemühungen wurden dem beschränkten 3-Körper-Problem AUF EINER EBENE gewidmet. Ich kann mir eine Möglichkeit mit zwei ähnlichen Sternen vorstellen – es besteht vielleicht die Möglichkeit einer stabilen Mannigfaltigkeit für einen kleinen Planeten in einer „langsamen schwankenden Umlaufbahn" um den Massenschwerpunkt der beiden Sonnen mit annähernd „normaler" Achse, der Augenblickslinie zwischen den beiden Sternen. Ich setze „normal" in Anführungsstriche, da ich die Umlaufbahn NICHT auf einer Ebene, sondern VIELMEHR in einem Torus vermute, dessen Zentrum auf dem Massenschwerpunkt der beiden Sterne liegt.

Der sonderbare Zufall für den unten angegebenen Fallbeschleunigungswert an der Oberfläche (9,97 und 9,96, verglichen mit der in der Technik angenommenen Erdnormalbeschleunigung von 9,806 m/s2) deutet jedoch darauf hin, dass manche der „Daten" auf skurrile Weise frisiert wurden.

Falls Serpo ungefähr so groß wie die Erde ist, aber eine höhere Massendichte hat, dann kann ich mir eine Möglichkeit mit weniger der leichteren Mantelelemente O, K, Mg, S, Si als auf der Erde durchaus vorstellen, jedenfalls weniger Hydratationswasser im oberen Mantelgestein und vielleicht weniger Krustenporenraum.

– Kommentar, 11. November 2005

Ich bin Militärwissenschaftler. Hier sind meine Bemerkungen in Bezug auf die SERPO-Informationen: Die Frage, ob die „Gesetze der Physik" von Galaxie zu Galaxie je nach Drehung unterschiedlich anzuwenden sind, spielt in jeglicher Diskussion zu Reticuli-Doppelsternen keine Rolle, insofern als sie beide der gleichen Milchstraßengalaxie angehören wie auch unsere Sonne. Darüber hinaus hätten Verzerrungen in unseren Beobachtungen ANDERER Galaxien, die MÖGLICHERWEISE auf die Drehung unserer eigenen zurückzuführen sind, allgemeine Gültigkeit und würden sich daher im Wesentlichen selbst aufheben, da es keine Möglichkeit gäbe, logische Vergleiche mit ähnlichen verzerrenden Effekten anzustellen, die auf unsere Beobachter aus anderen Galaxien wirken, vorausgesetzt, dass beide Beobachtungen im exakt gleichen Moment der universellen Zeit eingeleitet wurden. Das heißt, wenn ein dritter Beobachter in einer anderen Dimension 1 Zeiteinheit (z. B. eine einzelne Schwingung eines Cäsiumatoms) mit den Beobachtungen auf dem Planeten Erde vergleichen könnte, wobei 1 Zeiteinheit auf dem Planeten X in der fernen Galaxie XXXXX gleich gemessen wird, käme dieser Beobachter vielleicht zum Schluss (nachdem alle weiteren Variablen beseitigt wurden), dass sich die zwei Einheiten aus seiner Perspektive unterscheiden, obwohl beide Beobachter in beiden Galaxien vielleicht Ergebnisse beobachteten und berichteten, die sie für identisch hielten.

Eine Cäsiumuhr lässt auf dem Planeten Erde eine Sekunde verstreichen. Eine Doppelcäsiumuhr, die sich mit Orbitalgeschwindigkeit in der Umlaufbahn bewegt, lässt ebenfalls eine Sekunde verstreichen. Beobachter an beiden Orten sind sich einig, dass eine Sekunde vergangen ist, wie auf der Anzeige ihrer Messausrüstung bestätigt wird. Nur wenn die beiden Uhren verglichen werden, wird eine Art von Verzerrung deutlich; doch beim Versuch, sie zu vergleichen, wird ebenso deutlich, dass der gleiche Beobachter niemals beide zur EXAKT gleichen Zeit beobachten kann (mit einer Verneigung vor Heisenberg). Unterschiede ergeben sich demnach NICHT durch die Beobachtung, sondern durch die Perspektive, die bei der Auslegung besteht.

Der Grundsatz: Ein Beobachter könnte Verzerrungen, die in DIESEM Universum durch unterschiedliche Drehungen der verschiedenen enthaltenen Galaxien lokal entstehen, nur von einer Beobachtungsplattform in einem ANDEREN Universum aus feststellen und hätte nur so eine Grundlage, sie genau zu vergleichen. All dies beiseite, solange die Bewohner von SERPO nicht üblicherweise an Decken und durch Wände laufen, gelten die Gesetze der Physik dort genauso wie auch bei uns.

– Lieutenant Colonel ___ ___
USAF Scientific Advisory Group
Kommentar, 11. November 2005

Mir wurde bereits von drei unabhängigen Quellen bestätigt, dass der verstorbene Dr. Carl Sagan durchaus an solch einem Projekt beteiligt war und Project Serpo ihm als Inspiration für seinen Roman von 1985 und seinen Film von 1997 *Contact* diente.

– Kommentar, 14. November 2005

Übrigens, die oben erwähnte „führende Theorie" betr. das Newtonsche Gravitationsgesetz ist nur ein Teil des Problems. Die anderen Teile sind:
1) die Äquivalenz träger und schwerer Masse und
2) die Fliehkraft durch die Umlaufbewegung ist ausgeglichen und verhindert einen Zusammenstoß der Sonnen: $M_1 \omega^2 R_1 = M_2 \omega^2 R_2$, wobei omega die Rotationsdrehrate ist ($v_1/R_1 = v_2/R_2$). M ist jeweils die träge Masse, die nachgewiesen gleich der schweren Masse ist und eine Grundlage für Einsteins Gravitationstheorie darstellt.

Die Fliehkraft (gegenseitige Anziehungskraft der Sonnen) führt zur Drehung um den Massenschwerpunkt an einem Punkt entlang der Verbindungslinie zwischen den beiden Sonnen. Der Massenschwerpunkt wird durch $R = R_1 + R_2$ und $M_1 R_1 = M_2 R_2$ ermittelt, wobei R die Distanz zwischen den Sonnen und die Gravitationskraft zwischen den Sonnen GM_1M_2/R^2 ist. Wenn $M_1 = M_2$, liegt der Massenschwerpunkt am Mittelpunkt der Linie, die die Mittelpunkte der Sonnen verbindet. Wenn eine Masse im Vergleich zu anderen sehr groß ist (wie bei einem Planeten, der eine Sonne umkreist), liegt der Massenschwerpunkt sehr nahe am Zentrum der massereichen Sonne und die Sonne „steht still", während der Planet sie umkreist. Man beachte, dass die jüngsten Entdeckungen von Planeten auf der Tatsache beruhen, dass der Massenschwerpunkt des Sonne-Planet-Systems nicht am Mittelpunkt der Sonne liegt, wenn ein Planet schwer genug ist. In diesem Fall umkreist die Sonne den Massenschwerpunkt und diese Umkreisung kann einen Doppler-Effekt im Spektrum des Sonnenlichts bewirken, während sich die Sonne um den Massenschwerpunkt bewegt.

– Kommentar, 28. November 2005

Endnote

1   Bericht in seinem Buch „Exempt From Disclosure". Siehe Kapitel 16.

ANHANG 5

DAS EBEN-ENERGIEGERÄT

CRYSTAL RECTANGLE

Die Mannschaftsmitglieder verwendeten während des Aufenthalts auf Serpo das Crystal Rectangle als Stromquelle für all ihre elektrischen Ausrüstungsgegenstände. Dieses wurde auch an einer der Roswell-Absturzstellen gefunden und zur Stromversorgung des Apparats verwendet, der in Los Alamos zur Kommunikation mit Serpo eingesetzt wurde. Anonymous antwortete am 21. Dezember 2005 in „Posting 11" auf eine Frage zu diesem Gerät.

FRAGE: Bitte erklären Sie zur Aufklärung aller das Eben-Stromgerät, das an der Roswell-Absturzstelle gefunden wurde.

ANONYMOUS: OK, ich werde auf diese Frage antworten. Abmessungen: 22,9 x 27,9 x 3,8 cm, Gewicht 757 Gramm. Das Gerät ist durchsichtig und aus etwas Ähnlichem wie Hartplastik. Links unten ist ein quadratisches Metallplättchen, möglicherweise ein Chip. Es ist einer der Verbindungspunkte. Rechts unten ist eine weitere kleine quadratische Metallstelle, der zweite Verbindungspunkt. Unter einem Elektronenmikroskop lassen sich kleine kreisrunde Blasen im Stromgerät erkennen. Innerhalb dieser Blasen befinden sich extrem kleine Teilchen. Wenn ein Energiebedarf auf das Gerät einwirkt, bewegen sich die Teilchen immer im Uhrzeigersinn mit einer hohen, nicht messbaren Geschwindigkeit.

Um die Blasen herum befindet sich außerdem eine unbekannte Flüssigkeit. Bei einem Energiebedarf im Gerät ändert sich die klare Farbe der Flüssigkeit zu einem blassen Rosa. Die Flüssigkeit erwärmt sich auf 38,9°–46,1°C. Die Blasen erhitzen sich jedoch nicht, NUR die Flüssigkeit. Die Blasen hielten eine konstante Temperatur von 22,2°C. Die Umgrenzung des Stromgeräts enthält kleine (mikrometergroße) Drähte. Wenn ein Verbraucher an das Stromgerät angeschlossen wird, erweitern sich die Drähte. Dieser Erweiterungsvorgang hängt vom Ausmaß des Verbrauchs ab. Wir führten zahlreiche umfangreiche Experimente mit dem Stromgerät durch. Von einer 0,5-Watt-Glühbirne bis zu einem ganzen Haus konnten wir alles mit Strom versorgen. Das Stromgerät erkennt automatisch den notwendigen Bedarf und gibt die exakte Menge aus. Es funktionierte mit allen elektrischen Geräten, ausgenommen derer mit einem Magnetfeld. Unser Magnetfeld scheint den Ausgangsleistung des Stromgeräts zu stören. Wir haben allerdings einen Abschirmungsvorgang entwickelt, um dies zu korrigieren.

Zusätzliche Informationen zum Crystal Rectangle wurden mit einem Dokument bereitgestellt, das mit dem Titel „Nationales Sicherheitsgeheimdokument zu Pentagon/Crystal Rectangle/Nevada-Testgelände" der Serpo-Website zugesendet wurde. Es wurde ohne

Verfassername und Datum als Release 19 gesendet. Der folgende Abschnitt hatte den Titel „2. Update zum CR (Crystal Rectangle – Stromquelle)".

A. Seit 1956 wurden viele Experimente mit dem CR durchgeführt. Die meisten Experimente wurden in Los Alamos oder von einem Auftragnehmer des Energieministeriums durchgeführt. Man bedenke, dass das CR wie folgt beschrieben wurde: Die Ausmaße waren 26 cm x 17 cm x 2,5 cm. Das CR wiegt 728 Gramm. Es besteht die Möglichkeit, dass „zwei" CRs existierten – eines mit 668 Gramm und eines mit 728 Gramm. Der folgende Vermerk fand sich in einem Geheimdokument: PVEED-1 [Particle Vacuum Enhanced Energy Device]. Dies weist darauf hin, dass ein PVEED-2 existiert. Wissenschaftler bezeichnen das CR nicht als CR, sondern als PVEED oder „Magic Cube".

B. Ich möchte an den kleinen Punkt erinnern, der sich unter Last im CR herumbewegte. Unsere Wissenschaftler haben die Substanz in diesem Punkt entdeckt. Der Punkt stellte sich als ein perfekt rundes Teilchen geladener (?) Antimaterie heraus. Unsere Wissenschaftler verstehen nach wie vor nicht, wie dieses Stück Antimaterie stabil bleibt, bis es mit Bewegung „beauftragt" wird. Sie verstehen immer noch nicht, wie die Antimaterie sich zu bewegen beginnt und Energie erzeugt, wenn im CR ein Bedarf entsteht.

C. Unsere Wissenschaftler haben herausgefunden, dass das CR aus einem unbekannten Material mit mehreren unbekannten Elementen besteht, die darin nachgewiesen wurden. Eines dieser Materialien ist kohlenstoffähnlich, aber nicht genauso wie Kohlenstoff, wie wir ihn kennen. Eine andere Substanz ist ähnlich wie Zink, aber nicht mit der gleichen Beschaffenheit wie Zink.

D. Unsere Wissenschaftler können die Bewegungen der Antimaterie und der Neutronen, die erzeugt werden und bei Ende des Verbrauchs wieder verschwinden, nicht erklären.

E. Unsere Wissenschaftler können nicht erklären, warum das CR eine konstante Temperatur von 22,2°C hat. Selbst wenn das CR Hitze ausgesetzt wird, wird die Temperatur von 22,2°C aufrechterhalten. Es gibt keine Erklärung dafür, wie es dazu kommt.

F. Manche Wissenschaftler glauben, dass das CR ferngesteuert ist, vielleicht durch einen unbekannten Satelliten in der Erdumlaufbahn. Doch selbst abgeschirmt funktioniert das CR normal.

G. Wenn eine Energielast auf das CR wirkt, erzeugt es ein Signal, das bei 23,450 MHz gemessen werden kann. Doch bei einer erhöhten Last im CR wird die Frequenz von 23,450 MHz auf 46,900 MHz bzw. das Doppelte der ursprünglichen Frequenz moduliert. Wenn aber die Last reduziert wird, fällt die Frequenz auf 1,25 KHz, die konstante Frequenz ist, die im CR bei keinem Bedarf vorherrscht. Ungeachtet dessen, welche Last am CR anliegt, steigt die Frequenz NIEMALS auf mehr als 46,900 MHz an!

H. Ich erinnere an die kleine Quadratanordnung mit horizontalen Drähten. Man stellte fest, dass die Drähte Wolfram ähnlich waren. Die Drähte leiten irgendwie Energie, indem sie Neutronen von den Drähten zurück in die Flüssigkeit abprallen lassen. Der kleine Punkt prallt gegen den Draht, wenn eine Last an das CR angelegt wird. Man bedenke, dass nur bestimmte Drähte reagieren oder sich erweitern, wenn eine

Last am CR anliegt. Wissenschaftler glauben, dass sich je nach Bedarf nur bestimmte Drähte erweitern. Die Energieabgabe wird irgendwie durch die Anzahl an verwendeten Quadraten kontrolliert.

I. Die US-Regierung fertigte eine Kopie des CR an. 2001 wurde eines hergestellt, das tatsächlich funktionierte ... für kurze Zeit. Die Operation war EXTREM GEHEIM und das Gerät flog am Nevada-Testgelände in die Luft, wobei zwei (2) Beschäftigte verletzt wurden.

J. Die Chronik des CR:
   1) 1947: CR wurde an der zweiten Absturzstelle gefunden.
   2) 1949: Wissenschaftler in Los Alamos führten erste Experimente mit dem CR durch. Zu jener Zeit wusste niemand, was es war. Manche Wissenschaftler glaubten, es handelte sich nur um ein Fenster.
   3) 1954: Sandia Labs führte mehrere Experimente mit dem CR durch, aber kannten nach wie vor nicht die eigentliche Verwendung.
   4) 1955: CR wurde für Experimente an Westinghouse verliehen.
   5) 1958: CR wurde an Corning Glass verliehen, um dessen Baumaterial zu ermitteln.
   6) 1962: Der erste „offizielle" Test des CR wurde in Los Alamos durchgeführt und in einem geheimen Bericht veröffentlicht.
   7) 1970: Man stellte fest, dass das CR mehr als ein Fenster war. Es zeigte sich, dass das CR in eine Stelle im Raumschiff passte. Wissenschaftler ermittelten, dass das CR eine Art von Energievorrichtung war.
   8) 1978: Man stellte fest, dass das CR eine hochleistungsfähige Energievorrichtung war, die das Raumschiff mit elektrischer Leistung versorgte.
   9) 1982: CR wurde erstmals getestet und erzeugte Energie.
   10) 1987: CR wurde für umfassende Tests an E-Systems übergeben.
   11) 1990: Man wies nach, dass das CR ein SYSTEM UNBEGRENZTER LEISTUNG war. Man erkannte die Bauweise und Inhalte des CR. Aber niemand verstand, wie es denn nun funktionierte.
   12) 1998: CR-Projekt „The Magic Cube" wurde gestartet, um die Kenntnisse über das Gerät zu beschleunigen.
   13) 2001: CR-Projekt „The Magic Cube" wurde von der „Futures Division" in Los Alamos in seine Division „Special Projects Section K" verlegt.

K. Derzeit [Stand September 2002] wird das CR in der Division Section K in Los Alamos aufbewahrt.

ANHANG 6

DAS EBEN-ANTRIEBSSYSTEM

In Release 32 antwortet Anonymous auf verschiedene Fragen, die der Serpo-Website zugesendet wurden. Diese hier betrifft Eben-Raumfahrttechnologie.

FRAGE: Besitzen wir Teletransporter-Technologie, die wir uns von den Besuchern angeeignet oder nachgebaut haben, ja oder nein?

Anonymous antwortet:

> Bezüglich der Frage zu „Teletransporter"-Technologie, die Ebens hatten diese Technologie NICHT. Sie beherrschen die Raumfahrttechnologie und sie können sich der Zeitbarriere trotzend durch den Raum bewegen. Hinsichtlich unserer eigenen Technologie, ich bezweifle, dass wir sie haben. Wir haben keine „Beam-me-up-Scotty"-Technologie à la Star Trek.

Anonymous gab diese Frage an einen Physiker bei der DIA weiter, der eine umfassende Antwort bereitstellte. Eingeklammerte Informationen wurden von Victor Martinez hinzugefügt.

FRAGE: In einem privaten Austausch mit eurem Rechtsbeistand habe ich erfahren, dass ein Mitglied der DIA-6 in [theoretischer] Physik promoviert hat … Könnt ihr diese Person darum bitten, näher darauf einzugehen, WIE GENAU die Ebens die unendlichen Distanzen im Raum durchqueren und das Problem der ZEIT bewältigen, nachdem sie frei von Punkt A nach Punkt B in unserer Milchstraßengalaxie zu reisen scheinen?

> **ANONYMOUS:** Die Ebens verwenden ein „Universalraster"-System beim Reisen von einem Ort im Raum zu einem anderen. Ihre Raumschiffe können sich FAST mit Lichtgeschwindigkeit fortbewegen. Dadurch wird es möglich, dass sich die Raumschiffe in eine modifizierte Raum-Zeit-Kammer begeben. START- und ZIELPUNKT können sich in Echtzeit dadurch näher sein. Es ist so ähnlich, als würde man den Raum falten, indem man zwei (2) Punkte – Start und Ziel – näher aneinander bringt. Man bedenke, dass die Ebens weit über 50.000 [unserer] Jahre lang daran gearbeitet haben, um diese Art von Raumfahrt – unter Überwindung der Zeitbarriere – zu perfektionieren. Bis zum heutigen Zeitpunkt haben Sie diese Form von Raumfahrt in der Tat perfektioniert.

> Wir haben zwar die grundlegenden Entwürfe für ihr Raumschiff, den Antriebsmechanismus und das Gesamtbetriebssystem erhalten, aber wir verstehen es nach wie vor nicht. Sie verwenden Mineralstoffe, die wir hier auf der Erde einfach nicht haben [Element 115,

ANHANG 6: DAS EBEN-ANTRIEBSSYSTEM

nach Robert Lazar?]. Ein bestimmtes Mineral, ähnlich unserem Uran3 – aber nicht so radioaktiv – stellt die zusätzliche Energie für ihr Antriebssystem bereit. Sie verwenden außerdem eine Art von RAUMVERSCHIEBUNGS-System, das im Wesentlichen ein VAKUUM vor dem Antrieb bewirkt, wodurch NICHTS den erzeugten SCHUB beeinträchtigen kann. Zum gegenwärtigen Zeitpunkt können wir NICHT nachvollziehen, wie sie dies bewerkstelligt haben. Sie verwenden eine Vakuumkammer, die aus einem Mini-Kernreaktor besteht, der irgendeine Materie in den Raum drängt, die die Moleküle annulliert und diesen sehr kleinen Raumbereich zu einem Vakuum werden lässt. Sie verwenden außerdem Antimaterie, um mit ihrem Antriebssystem „Ströme" [Wellen] von Energie vor ihrem Raumschiff zu bewirken, wodurch sich dieses wesentlich leichter OHNE REIBKRAFT der ATMOSPHÄRE durch den Raum bewegen kann.[1]

All dies kommt von unserem Physikermitglied.

Kommentar vom 20. November 2005:

In Dan Shermans Buch „Above Black", in dem er offenlegt, wie er zum telepathischen Kontakt mit einer Rasse von ETs ausgebildet wurde, von denen und über die er Informationen erhielt, die er aber nie traf, berichtet Sherman von seiner Erkenntnis, dass „Zeit" – wie wir Menschen sie kennen – nicht die gleiche Bedeutung für „sie" hat. Sie altern zwar so wie wir, sind aber nicht an die Physik der Zeit gebunden, so wie wir es derzeit sind. Ihr Reisemittel für weite Distanzen ist in hohem Maße von der Manipulation der Zeit abhängig, aber nicht so wie wir es wahrnehmen.

Sherman fragte, ob sie durch die Zeit reisen können: Können sie sich z. B. in der Zeit zurück- und vorwärtsbewegen? Es wurde ihm mitgeteilt, dass es nicht möglich war, eine Realität zu beobachten, die sich zu einer anderen Zeit als der Gegenwart ereignete. Um sich in der Zeit zurückzubewegen, muss die Existenz eines Referenzpunkt angenommen werden, von dem vor- und zurückgemessen werden kann. Dies ist unmöglich. Grundsätzlich konnten sie nicht durch die Zeit reisen, sondern um die Zeit und von der Zeit. Sherman sagt, er konnte nie wirklich verstehen, was das bedeutete. Ihre Antriebsmethode war, dass sie irgendwie „Zeit" und elektromagnetische Energie verwendeten. Sie sagten außerdem, dass unsere Sonne sehr einzigartig sei; und dass wir eines Tages verstehen würden, wie sie wirklich funktionierte und wie wir die gleichen Methoden verwenden könnten, die sie selbst verwenden, aber in kleinerem Umfang.

Auszug aus einem Kommentar vom 22. November 2005:

Es ist wohl bekannt, dass in der verfügbaren Literatur eine große Menge an Informationen zu finden ist, die angeblich von Kontakten mit außerirdischen Lebewesen stammen, die Shermans Aussage dazu, was ihm mitgeteilt wurde, unterstützen. Im Besonderen, dass die Beschaffenheit der „Zeit" keineswegs so ist, wie wir sie verstehen. In vielen Fällen sagten die Wesen sogar, dass „Zeit" nicht existiert. Ich habe das Gefühl, sie meinen, dass sie für sie selbst und ihre Technologie nicht existiert. Wenn man schließlich beliebig in die Vergangenheit und die Zukunft reisen kann, existiert „Zeit" dann dennoch? Hätte man einen Teleporter, in den man einsteigen kann und der einen im gleichen Moment an einen anderen Ort auf der Erde schickt, könnte man sagen, dass „Distanz" (mit dieser Technologie) nicht mehr existiert. Wenn die Transportzeit beinahe auf einen

Moment reduziert wird, spielt Distanz dann noch eine Rolle? Begrifflich, nein! Distanz ist nicht länger ein Reisehindernis und unsere gegenwärtigen Distanzbarrieren umfassen normalerweise auch die Zeitkomponente, um sich über die Distanz hinweg zu begeben. Manche meinen, dass Zeit selbst der Hauptfaktor ist. Wenn nicht, warum würden wir dann schnellere und schnellere Düsenjets und bauen, um uns noch schneller dort hinzubringen?

Einem Fall nach, den ich ausgiebig untersucht habe, sind die Lebewesen zu nahezu sofortigen Distanzsprüngen fähig, die für uns nicht vorstellbar sind. Sie behaupten, dass, wenn die Technologie erst einmal den Punkt erreicht, wo ein gewisser „extradimensionaler" Bereich des Universums betreten werden kann, Millionen von Lichtjahren innerhalb eines Augenblicks zurückgelegt werden können. Unsere Science-Fiction-Medien können sich das vorstellen, aber in unseren Köpfen ist es für die meisten von uns einfach unglaubwürdig. Aber, falls wahr, wie im Teleporter-Beispiel oben, dann sind Distanz und Zeit nur noch begriffliche Konzepte und nicht länger Hindernisse. Distanz und Zeit würden also „nicht mehr existieren". Dies ist natürlich nur eine Formalität, ein Konzept, denn die Meilen zwischen den Punkten sind gleich wie vorher – aber die „Zeit", die benötigt wird, um die Distanz zurückzulegen, hat sich im Wesentlichen aufgelöst. Irgendein System zum Messen von Personalwechseln, Schlafperioden, Besprechungszeiten, etc. müsste weiterhin existieren, schlichtweg der Einfachheit und der Planung halber, damit die Dinge aufeinander abgestimmt ihren Lauf nehmen können.

Auszug aus Release 26A aus *„The Day after Roswell"*, von Col. Philip J. Corso:

> Es gab keine konventionellen technologischen Erklärungen dafür, wie das Antriebssystem des Roswell-Schiffs funktionierte. Es gab keine Atommotoren, keine Raketen, keine Düsenjets und keine propellergetriebene Schubkraft. Das Schiff konnte durch Übertragung magnetischer Wellen Gravitation verlagern. Die Magnetpole um das Schiff wurden dabei versetzt, um nicht ein Antriebssystem, sondern eine ABSTOSSKRAFT wie von Ladungen zu kontrollieren bzw. zu übertragen.
>
> Als sie dies erkannten, versuchten Techniker der primären Rüstungskonzerne des Landes um die Wette herauszufinden, wie das Schiff seine elektrische Leistung beibehalten konnte und wie die Piloten, die es steuerten, innerhalb des Energiefelds einer Welle leben konnten. Die ersten Enthüllungen zur Beschaffenheit des Raumschiffs und der Pilotensteuerung kamen frühzeitig während der ersten Testjahre an der Norton Air Force Base. Die Air Force stellte fest, dass das ganze Schiff wie ein riesiger Kondensator funktionierte. Anders ausgedrückt lagerte das Schiff selbst die notwendige Energie, um die Magnetwelle auszubreiten, die es anhob, die es Fluchtgeschwindigkeit von der Gravitation der Erde erreichen ließ und Geschwindigkeiten über 11.200 km/h ermöglichte.
>
> Die Piloten wurden von den enormen G-Kräften, die sich bei der Beschleunigung in konventionellen Luftfahrzeugen aufbauen, nicht beeinträchtigt, denn für Außerirdische darin war es, als ob sich die Schwerkraft außen um die Welle herum faltete, die das Schiff umhüllte. Vielleicht war es wie im Inneren des Auges eines Orkans. Aber wie steuerten die Piloten die Wellenform, die sie erzeugten?

Das Erfolgsgeheimnis dieses Systems liegt in den einteiligen hautengen Overalls, in die die Wesen gewickelt waren. Die atomare Längsrichtung des seltsamen Gewebes war ein Hinweis darauf, dass die Piloten auf irgendeine Weise selbst Teil der elektrischen Lagerung und Erzeugung des Schiffs selbst wurden.

Sie steuerten oder navigierten das Fahrzeug nicht nur ... sie wurden Teil der elektrischen Schaltung des Fahrzeugs und übertrugen es auf ähnliche Weise, wie wenn ein Bewegungsbefehl an einen willkürlichen Muskel geschickt wird. Das Fahrzeug war schlichtweg eine Erweiterung ihrer eigenen Körper, denn es war in ihre neurologischen Systeme auf eine Weise eingebunden, die wir gegenwärtig gerade erst zu beginnen nutzen.

Die Wesen konnten also über ausgedehnte Intervalle in einer Hochenergiewelle überleben, indem sie zur Primärschaltung unter der Kontrolle der Welle wurden. Durch ihre Anzüge, die sie von Kopf bis Fuß umhüllten, waren sie geschützt, aber IHRE ANZÜGE ERMÖGLICHTEN ES IHNEN, EINS MIT DEM FAHRZEUG ZU WERDEN, buchstäblich ein Teil der Welle.

1947 war dies eine vollkommen neuartige Technologie für uns und demnach beängstigend wie auch frustrierend. Wenn wir nur die Energiequelle entwickeln könnten, die zur Erzeugung einer konsistent klar abgegrenzten Magnetwelle um ein Fahrzeug herum notwendig ist, könnten wir eine Technologie nutzbar machen, mit der wir alle Formen von Raketen- und Düsenantrieben übertreffen würden. Es ist ein Vorgang, den wir noch heute zu meistern versuchen, 50 Jahre [mittlerweile 60 Jahre], nachdem das Schiff in unseren Besitz fiel.[2]

Endnoten

1   Dies kann in der Raumfahrt vermutlich außer Betracht gelassen werden, nachdem es im Raum keine Atmosphäre gibt.
2   Wie in Kapitel 3 bemerkt wurde, wusste Colonel Corso nichts von der Nachkonstruktion des außerirdischen Schiffs, an der seit 1953 gearbeitet wurde. Er erreichte nicht die notwendige Freigabestufe. Als er 1997 sein Buch schrieb, hatten wir bereits funktionierende Antigravitationsschiffe.

ANHANG 7

GLAUBENSÜBERZEUGUNGEN DER EBENS

Im untenstehenden Auszug aus Release 28, ohne Datum, behandelt Anonymous ein Treffen zwischen einem Eben-Besucher, den er als OSG (Our Special Guest) bezeichnet, und Papst Benedikt XVI in Washington, D.C. Das Treffen ereignete sich während des Papstbesuchs im April 2008, gefolgt von Treffen mit Vertretern des Vatikans in Groom Lake. Diese Besuche waren günstige Gelegenheiten, um die spirituellen Ansichten und Überzeugungen der Ebens mit dem Katholizismus zu vergleichen.

> Bei jedem der Besuche WAR ein Vertreter des Vatikans anwesend. Der Papst war besonders an den religiösen Aktivitäten der Ebens interessiert. Die Ebens verehren einen Gott. Der Papst glaubt, dass ihr Gott der gleiche wie der unsere ist. Die Ebens verehren Gott auf eine andere Weise, aber NICHT so sehr. OSG [„Our Special Guest" als Bezeichnung für einen „Botschafter" der Ebens] brachte sogar Artefakte des Eben-Gottes, die genau UNSEREM [christlichen] Gott entsprachen.
>
> Mehrere Eben-Gemälde, gemeißelte Statuen und geschnitzte Fetische ähnelten unserem Gott. Genau genommen ähnelt sogar die Geschichte ihres Gottes – der vor Tausenden von Jahren auf SERPO erschien und religiöse Sekten auf ihrem Planeten gründete – der Geschichte von Jesus. Die Ebens singen Verse, die übersetzt UNSEREN Gebeten ähnlich sind. Die Eben-Gesänge bestehen aus 26 Versen, die sie jeden Tag zu ihrer Gebetsstunde am Nachmittag (SERPO-Tag) wiederholen. Die Gesänge klingen wie tibetische Gesänge. An einem bestimmten Eben-Tag während ihres Jahres erweitern die Ebens die Gesänge auf 38 Verse. Die zusätzlichen zwölf Gesänge betreffen „Engel" – die wir in der Bedeutung von „Heiligen" übersetzt haben – die der Eben-Gesellschaft geholfen haben. Diese Information wurde NIE veröffentlicht.
>
> Der grundlegende religiöse Glaube der Ebens ist simpel. Doch ihre Praktiken sind sehr komplex. Die Ebens verehren einen Gott, den sie „Entität" nennen, und sie haben religiöse Symbole, die andere religiöse Entitäten widerspiegeln, die sie „Subentitäten" nennen. Dies würde unserer Identifikation mit Heiligen ähneln.
>
> Der Glaube der Ebens an ein Leben nach dem Tod ähnelt dem der römisch-katholischen Kirche und manchen östlichen Glaubenslehren. Wenn ein Eben stirbt, wird [seine oder ihre] Seele [bioklastischer Körper] durch die Subentitäten (Heiligen) vom Körper entfernt und von allen Sünden gereinigt. Die Seele wird dann zu einem Ort in der Mitte (Katholi-

ken würden diesen Ort „Fegefeuer" nennen) zwischen Himmel und diesem Mittelpunkt gebracht. Wenn die Seele bereit ist, wird sie zur „höchsten Ebene" (Himmel) gebracht, wo sie auf ewig verbleibt.

An dieser Stelle werden ihre Glaubensüberzeugungen wesentlich komplexer. Manche Seelen, die „die Arrangierten" genannt werden (das ist ihre Bezeichnung), werden für eine Rückkehr in die Gesellschaft der Lebenden vorbereitet, d. h. diese Existenzebene. Die Ebens glauben, dass, wenn sie während ihrem regulären Leben eine bestimmte Tat vollbringen – auf der Erde als „Karma" bezeichnet – sie in einem anderen Körper zurück zu den Lebenden kommen können. Die Ebens glauben an Wiedergeburt und die Ewigkeit der Seele. Die Ebens glauben NICHT, dass Tiere oder ihre geschworen Feinde anderer raumreisenden Rassen Seelen haben.

Möglicherweise hilft dies in Bezug auf das Thema „Project SERPO" kurzfristig weiter, bis all unsere Akten und Materialien vom Verteidigungsministerium an uns retourniert werden.

ANHANG 8

DIE DEFENSE INTELLIGENCE AGENCY

VON VICTOR MARTINEZ

Dieser Beitrag von Victor Martinez, dem Moderator der Serpo-Website, bietet eingehende Informationen über die DIA zum Verständnis ihres Engagements für Transparenz, das unter Regierungsgeheimdiensten einzigartig ist.

Die DEFENSE INTELLIGENCE AGENCY besteht aus sechs (6) Hauptabteilungen und dem Joint Military Intelligence College (ehemals Defense Intelligence College). Die Abteilungen sind:

Administration

Analysis

Human Intelligence [HUMINT]

Information Management and Chief Information Center

Intelligence Joint Staff

Measurement and Signature Intelligence [MASINT] and Technical Collection

Das DIA-Hauptquartier befindet sich im Pentagon. Das DEFENSE INTELLIGENCE ANALYSIS CENTER ist eine Erweiterung dieses Hauptquartiers, das sich bei der Bolling Air Force Base im südwestlichen Washington, D.C. befindet, so wie auch das Joint Military Intelligence College. [Bolling Air Force Base ist der Ort, wo sich sämtliche Akten zum Project Serpo befinden, darunter Tausende von Fotografien der Eben-Zivilisation in mehreren großen Fotoalben; Proben von Tieren, Pflanzen und Boden; Audioaufnahmen der Eben-Musik; sowie Fotos anderer außerirdischer Spezies, die Serpo besuchten bzw. dort geklont wurden.] Ein paar DIA-Mitarbeiter sind am Armed Forces Medical Intelligence Center in Maryland und am Missile and Space Intelligence Center in Alabama beschäftigt. Die Militärattachés der DIA werden außerdem weltweit in US-Botschaften und als Verbindungsoffiziere in den einzelnen vereinigten Militärkommandos eingesetzt. Das russische Gegenstück zur DIA ist die *Glawnoje Raswedywatelnoje Uprawlenije*, kurz GRU [Hauptverwaltung für Aufklärung].

Auftakt: Wie und warum alles begann

Die Errichtung eines einheitlichen Verteidigungsministeriums 1947–49 hatte KEINE Vereinheitlichung von Verteidigungsaktivitäten zur Folge. Die einzelnen Militärdienste behielten jeweils ihre [eigene] Geheimdienstorganisation bei. Die Aufrechterhaltung der unterschiedlichen Kompetenzen war in der Tat sogar eine der Hauptforderungen des Militärs während der Beratungen zur Errichtung der CIA. Aber es gab auch einige Geheimdienstvoraussetzungen, die über mehrere oder alle Abteilungen hinweg gültig sind. Es musste demnach eine zusätzliche Geheimdienstorganisation konzipiert und ausgearbeitet werden, um diese breiteren waschsenden Bedürfnisse in Zukunft abzudecken.

Die Entstehung der DIA

Das US-Verteidigungsministerium gründete die DIA am Sonntag, dem 1. Oktober 1961 zur Koordination der nachrichtendienstlichen Aktivitäten der Militärdienste. Die DIA dient als Nachrichtendienst für die Joint Chiefs of Staff [JCS] sowie für den Verteidigungsminister und die US-Militärführer vereinigter Kommandos oder in Einsatzgebieten. Als hochrangige Militäraufklärungskomponente der US-Nachrichtendienstgemeinschaft ist die DEFENSE INTELLIGENCE AGENCY ein Kampfunterstützungszweig, der den amerikanischen Streitkräften, verteidigungspolitischen Entscheidungsträgern und anderen Mitgliedern der US-Nachrichtendienstgemeinschaft Informationen aller Quellen bereitstellt. Unter dem Verteidigungsumwandlungsgesetz von 1958 wurden mehrere vereinigte Militärkommandos errichtet, aber so lange jeder einzelne Dienst seinen eigenen Nachrichtendienst hatte, würden die vereinigten Kommandos keine vereinigten Informationen erhalten. Die Dienste hatten Beschränkungen festgelegt, die den freien Austausch von Geheimdienstinformationen verhinderten.

Beschwerden bezüglich extrem unterschiedlicher Einschätzungen und bürokratische Machtkämpfe regten die Errichtung der DIA unter der KENNEDY-Regierung an, auch wenn konkrete Bemühungen des Verteidigungsministeriums, hinsichtlich geheimdienstlicher informationen „Ordnung zu schaffen", bis 1959 zurückreichen. In seiner ersten Rede zur Lage der Nation sagte Präsident Kennedy: „Die Fähigkeit, genau dann entscheidend zu handeln, wenn Handeln erforderlich ist, wurde nur allzu oft erstickt, und es bildete sich eine wachsende Kluft zwischen Entscheidung und Durchführung, zwischen Planung und Realität."

Die DIA, geistiges Produkt von Präsident JOHN F. KENNEDY und seines Verteidigungsministers ROBERT S. McNAMARA, wurde 1961 als militärisches Nachrichtenorgan gegründet, das unter Umgehung der „Zuständigkeitsfrage", die sich aus Rivalitäten zwischen den Diensten entwickelt, unabhängige Informationen bereitstellen würde. [Siehe Ende dieses Abschnitts.]

Der Verteidigungsminister ROBERT S. McNAMARA errichtete die DIA und erteilte ihr als primäre Aufgabe die Koordination von Geheimdienstdossiers, die zuvor von den einzelnen Diensten jeweils separat erstellt wurden. Die DIA ist ein Mitglied der Nachrichtendienstgemeinschaft und liegt als solches theoretisch im nominalen Verantwortungsbereich des Director of Central Intelligence [DCI] sowie des Verteidigungsministers. Darüber hinaus übernimmt der DIA-Vorsitzende in der ursprünglichen Organisation die Aufgaben des J-2 (Nachrichtendienst) innerhalb der JCS; die DIA bietet J-2 nach wie vor Unterstützung. Der geheime Plan for the Activation of the Defense Intelligence Agency (1961) sah im DIA-Hauptquartier eine maximal 250-köpfige Belegschaft vor – militärisch und zivil.

Das Verteidigungsministerium in neuer Gestalt

Die Militärdienste behielten ihre Nachrichtendienste – die der Air Force, Army und Navy – und Zuständigkeiten in den Bereichen Geheimdienstausbildung, Lehraufstellung für kampfstrategische Nachrichtenbeschaffung, innere Sicherheit und Spionageabwehr innerhalb ihrer jeweiligen Dienste. Andere beibehaltene Aufgaben der Dienste, die aber auch für die Mission der DIA verfügbar sind, umfassten die Sammlung technischer Informationen und nachrichtendienstliche Unterstützung für JCS-Untersuchungen.

Die DIA mühte sich häufig – mit Umstrukturierungen und Pentagon-Lobbying – ab, um ihre Bedeutsamkeit innerhalb der Nachrichtendienstgemeinschaft zu erhöhen. Doch um ihren Chartervertrag, militärische und militärbezogene Informationen zu sammeln, zu erfüllen, ist die DIA auf andere Organisationen angewiesen: das National Reconnaissance Office [NRO] für militärische Informationen, die durch Satelliten und strategische Aufklärungsflugzeuge erhalten wurden; die National Security Agency [NSA] für die Erstellung und das Knacken von Codes; und die CIA für militärische Informationen, die durch ausländische Nachrichtendienste gewonnen wurden. Wenn zum Beispiel die CIA einen russischen GRU-Beamten „umdreht", muss sich die DIA auf die CIA verlassen, um die Informationen dieses GRU-Beamten zu erhalten.

1975 hatte die DIA bereits mehr als 4.600 Beschäftigte und ein geschätztes Jahresbudget von über 200 Millionen Dollar. Allerdings zählte die DIA zu jenen Nachrichtendiensten, die zum Ende des Kalten Krieges am härtesten getroffen wurden, was zu einem Personalabbau von 25 Prozent führte. Der ehemalige DCI-Admiral STANSFIELD TURNER schrieb 1986: „Nachdem sich die DIA ihrer Existenz im Schatten der kompetenteren CIA bewusst ist, nimmt sie oft gegensätzliche Positionen ein, nur um ihre Unabhängigkeit geltend zu machen … In den meisten Fällen, wenn die DIA eine andere Ansicht vertritt, kann – oder wird – sie diese nicht unterstützen." Turner kritisierte die DIA außerdem, wie auch viele andere CIA-Beamte im Laufe der Jahre, für ihre Unfähigkeit, mit den konkurrierenden Militärdiensten zu dominieren.

Es erfolgten große Veränderungen im nachrichtendienstlichen Netzwerksystem für Kommandeure auf dem Schlachtfeld und auf See. Im Februar 1991 begann die DIA, eine geschlossene Fernsehübertragung für etwa 1.000 Verteidigungsdienst- und Einsatzoffiziere im Pentagon und 19 Militärkommandos in den USA zu produzieren.

Die DIA heute

Die *Defense Intelligence Network Show* ist verschlüsselt, sodass sie AUSSCHLIESSLICH auf autorisierten Bildschirmen angezeigt werden kann. Bestandteile der Übertragungen umfassen Luft- und Satellitenaufklärungsbilder und Audioberichte von der NSA. „Wir müssen in der Geheimdienstgemeinschaft leisten, was CNN in der Nachrichtenwelt geleistet hat," teilte ein Pentagon-Beamter der WASHINGTON POST mit.

Die DIA versorgte auch Friedenstruppen der Vereinten Nationen und US-Reaktionen auf terroristische Aktivitäten mit Informationen. Die DIA unterstützt außerdem Exekutivorgane, die an Antidrogenaktionen beteiligt sind. Die Leistungen stiegen deutlich, als sich die Einstellung des Militärs gegenüber Geheimdiensten änderte, bislang eine Sackgasse für fachfremde Beamtenkarrieren.

Die DIA wurde zwar als militärisches Organ wahrgenommen, doch Mitte der 1980er Jahre waren etwa 60 % der DIA-Beschäftigten Zivilpersonen. Zuweilen fand sich die DIA hin- und hergerissen zwischen ihren militärischen Auftraggebern (die JCS und ihre Organisation) und den zivilen Auftraggebern des Verteidigungsministeriums. Während die Joint Chiefs vielleicht Analysen anstreben, die bestimmte oder bevorzugte Positionen befürworten, zeigen sich die Zivilisten möglicherweise skeptisch gegenüber militärisch angeforderten Analysen, die häufig eher zu pessimistischen Annahmen hinsichtlich Konflikten und Gefechten neigen.

Eine mögliche Wiedergeburt kam für die DIA 1995 mit der Ernennung von JOHN M. DEUTCH, ehemals Vize-Verteidigungsminister, zum DCI. Während seiner Zeit im Pentagon zeigte Deutch ein reges Interesse an der DIA und errichtete innerhalb derer den Defense HUMINT Service [DHS] mit der Berechtigung, Vertreter und Privatgesellschaften im Ausland zu leiten.

Nachdem Saddam Hussein im Dezember 2003 gefasst worden war, wurde die führende Rolle bei seiner Vernehmung der CIA erteilt. Aber Spezialisten in der DIA, die viel im Irak tätig waren, waren auch Teil des Vernehmungsteams. DIA-Analysten waren auch an der Jagd nach Massenvernichtungswaffen beteiligt.

DIA vs. CIA: „Geschwisterrivalität" und nachrichtendienstliche Revierkämpfe

Die sogenannte „Geschwisterrivalität" ist nur ein Begriff der CIA zur Bezeichnung der Beamten, die an der manchmal rivalisierenden DIA beschäftigt sind. Die Inoffizielle Rivalität zwischen den beiden Behörden begann, als die DIA 1961 gegründet wurde. Von Beginn an hatten manche CIA-Beamte das Gefühl, dass sich die DIA über ihren Herrschaftsbereich ausdehne. Man glaubte, dass sich die DIA zu stark an CIA-kontrollierten Spionagesatellitenunternehmen beteiligte. Mit ihrem Budgetwettkampf ging die Rivalität der beiden Behörden auch auf finanzielle Überlegungen zurück. Doch aufgrund der Koordinations- und Aufsichtsbefugnis des DCI hatte die CIA einen höheren Rang als die DIA innerhalb der US-Nachrichtendienstgemeinschaft. Heute schränkt die DIA die Rolle der individuellen Streitkräfte im Bereich strategischer Ermittlungen effektiv ein.

ANHANG 9

TIEFRAUMSONDEN

Zusätzlich zu den bekanntgemachten Raumsonden wie Voyager haben die USA seit 1965 weitere, geheim gehaltene Sonden in den Weltraum geschickt. Wir erfahren von Anonymous, dass der primäre Zweck dieser Sonden die Errichtung eines verlässlichen Kommunikationssystems mit Serpo ist. Clark McClelland, ehemaliger Raumfahrtingenieur bei der NASA, sagte 1999: „Manche dieser NSA-Sonden werden vom Kennedy Space Center (KSC) auf geheimen Missionen gestartet, die als Verschlusssache eingestuft waren. Die Nutzlast wurde in der Nacht unter strengen Sicherheitsvorkehrungen auf das Raumschiff geladen und nur wenige Techniker erhielten Freigabe zur Teilnahme. Eine Mannschaft, die ausschließlich aus männlichen Militärastronauten mit Spezialausbildung bestand, absolvierte diese Missionen."

Anonymous stellt die folgenden Informationen zu diesen Sonden zur Verfügung:

> NSA/NASA schlossen sich zusammen, um neue Technologien zur Erkundung des Universums zu entwickeln. Sie haben die folgenden Tiefraumsonden stationiert. Diese Sonden wurden zur Errichtung einer Kommunikationsverbindung mit den AUSSERIRDISCHEN verwendet. Sie bildeten eine Art von Verstärkersystem für den Nachrichtenaustausch. Viel mehr ist nicht bekannt.

Eine Liste bekannter Sonden:

A. 1965: 1. Tiefraumsonde, Codename: „Patty"
B. 1967: 2. Tiefraumsonde, Codename: „Sween"
C. 1972: 3. Tiefraumsonde, Codename: „Dakota"
D. 1978: 4. Tiefraumsonde, Codename: unbekannt
E. 1982: 5. Tiefraumsonde, Codename: unbekannt
F. 1983: 6. Tiefraumsonde, Codename: unbekannt
G. 1983: 7. Tiefraumsonde, Codename: unbekannt
H. 1983: 8. Tiefraumsonde, Codename: „Moe"
I. 1985: Raumsonde auf Space-Shuttle-Mission 51-J gestartet, Codename: „Sting Ray"
J. 1988: 9. Tiefraumsonde, Codename: „Amber Light"
K. 1988: 10. Tiefraumsonde, Codename: „Sandal Slipper"
L. 1989: 11. Tiefraumsonde, Codename: „Cocker Peak"
M. 1992: 12. Tiefraumsonde, Codename: „Twinkle Eyes"
N. 1997: 13. Tiefraumsonde, Codename: „Kite Tangle"

ANHANG 10

NACHBAU AUSSERIRDISCHER RAUMSCHIFFE

EINE OFFENLEGUNG

Dr. Steven Greer nahm im Rahmen des „Disclosure Project" Interviews mit Hunderten von Augenzeugen und Teilnehmern hochgeheimer Verfahren und Ereignisse im Zusammenhang mit UFOs und Außerirdischen auf. Dieses Video-Interview mit dem verstorbenen Captain Bill Uhouse ist auf YouTube (http://tinyurl.com/z6b9svc), wo Uhouse als „Witness #2" bezeichnet wird. Es wurde im Oktober 2000 geführt. Es handelt sich um eine Aufnahme von entscheidender Bedeutung, da sie die Tatsache bekräftigt, dass uns außerirdische Wissenschaftler mit dem Kingman-Schiff als Vorlage bei der Entwicklung von Antigravitationsschiffen in Area 51 ab 1953 behilflich waren, wie in Kapitel 5 besprochen wurde.

Bill Uhouse berichtet:

> Ich habe zehn Jahre im Marinekorps verbracht und vier Jahre lang als Zivilperson mit der Air Force gearbeitet, wo ich seit meinen Marinekorpszeiten experimentelle Tests mit Luftfahrzeugen durchgeführte. Ich war ein Pilot im Dienst und ein Kampfpilot. Ich habe in der zweiten Hälfte des Zweiten Weltkriegs und im Koreakrieg gekämpft. Ich bekam meinen Abschied als Captain im Marinekorps.
>
> Meine Arbeit an Flugsimulatoren begann ich erst im September 1954. Nachdem ich aus dem Marinekorps raus war, nahm ich einen Job bei der Air Force in Wright-Patterson an, wo ich experimentelle Flugtests mit einer Reihe verschiedener Modifikationen von Luftfahrzeugen durchführte.
>
> Während meiner Zeit in Wright-Patterson wurde ich von jemandem angesprochen – seinen Namen werde ich nicht nennen – ob ich in einem Bereich mit neuen gestalterischen Methoden arbeiten wollte. Okay? Und es war ein Flugscheibensimulator. Was sie getan hatten: Sie hatten mehrere von uns ausgewählt und sie wiesen mich Link Aviation zu, was ein Simulatorhersteller war. Zu jener Zeit konstruierten sie, was sie Simulator C-11B und F-102, B-47 und so weiter nannten. Sie wollten, dass wir zuerst Erfahrungen sammelten, bevor wir die eigentliche Arbeit am Flugscheibensimulator begannen, womit ich mehr als 30 Jahre lang beschäftigt war.
>
> Ich glaube, dass bis Anfang der 1960er Jahre – etwa 1962 oder 1963 – kein Flugscheibensimulator in Betrieb ging. Ich sage das, weil der Simulator bis etwa 1958 nicht vollkommen einsatzbereit war. Der Simulator, den sie verwendeten, war für das außerirdische Schiff, in dessen Besitz sie waren, das 31 Meter maß und in 1953 oder 1952 in Kingman, Arizona abstürzte. Es war das erste Schiff, das sie in den Testflug nahmen. Dieses außer-

irdische Schiff war ein kontrolliertes Schiff, dass die Außerirdischen unserer Regierung – den USA – präsentieren wollten. Es landete etwa 24 Kilometer von einer mittlerweile stillgelegten Luftwaffenbasis der Army entfernt. Aber mit diesem speziellen Schiff gab es einige Probleme: Erstens – es auf den Tieflader zu bekommen, um es zur Area 51 zu bringen. Sie konnten es wegen der Straße nicht über den Damm bringen. Es musste über den Colorado River und dann über die Route 93 hoch und zur Area 51 rausgebracht werden, die damals gerade erst errichtet wurde. Vier Außerirdische waren an Bord, die für Tests nach Los Alamos gebracht wurden.

Es wurde ein spezieller Bereich für sie eingerichtet, dem bestimmte andere Personen gemeinsam mit ihnen zugewiesen wurden – Astrophysiker und allgemeine Naturwissenschaftler –, um ihnen Fragen zu stellen. Mir wurde die Geschichte folgendermaßen erzählt: Es gab nur einen Außerirdischen, der mit den Wissenschaftlern, die zu ihnen ins Labor kamen, sprach. Die Anderen redeten mit niemandem und führten nicht eine Unterhaltung mit ihnen. Anfangs glaubten sie ja, es war alles außersinnliche Wahrnehmung oder Telepathie, aber für mich ist das eher nur ein Witz, denn sie sprechen ja – vielleicht nicht so wie wir – aber sie sprechen und führen Unterhaltungen. Aber nur einer von ihnen sprach [in Los Alamos].

Der Unterschied zwischen diesem und anderen außerirdischen Raumschiffen, die sie betrachtet hatten, war, dass dieses eine wesentlich simplere Konstruktion hatte. Der Scheibensimulator hatte keinen Reaktor, [aber] wir hatten einen Bereich darin, der wie der Reaktor aussah, den wir nicht zur Steuerung des Simulators verwendeten. Wir steuerten ihn mit sechs großen Kondensatoren, die mit jeweils einer Millionen Volt geladen waren. Insgesamt waren also sechs Million Volt in diesen Kondensatoren. Es waren die größten Kondensatoren, die je gebaut worden waren. Diese speziellen Kondensatoren überdauerten 30 Minuten. Man konnte also die Steuerung darin vornehmen und tun, was zu tun war – um den Simulator, die Flugscheibe, funktionsfähig zu machen.

Es war also nicht so simpel, nachdem wir nur 30 Minuten hatten. Okay? Aber im Simulator gab es keine Sitzgurte. Richtig? Es war genauso wie im Raumschiff selbst – keine Sitzgurte. Man braucht keine Sitzgurte, wenn man dieses Teil kopfüber fliegt, es gibt kein kopfüber wie in regulären Flugzeugen – man spürt es einfach nicht. Dafür gibt es eine einfache Erklärung: Das Schiff besitzt in seinem Inneren sein eigenes Gravitationsfeld. Wenn man also kopfüber fliegt, ist man – aus eigener Perspektive – richtig herum. Es ist wirklich simpel, wenn man es betrachtet. Ich war während einer Inbetriebnahme. selbst im außerirdischen Schiff. Es gab keine Fenster. Dass wir überhaupt etwas sehen konnten, wurde durch Kameras oder Videogeräte ermöglicht. Mein Spezialgebiet war der Pilotenraum und die Instrumente im Pilotenraum. Ich wusste vom Gravitationsfeld und den Trainingsbedingungen.

Da die Flugscheibe ihr eigenes Gravitationsfeld hatte, fühlte man sich etwa zwei Minuten lang übel oder desorientiert, nachdem man einstieg und sie in Gang gesetzt wurde. Es dauert lang, bis man sich daran gewöhnt. Aufgrund des kleinen Bereichs ist es schon kompliziert, nur die Hand zu heben. Man muss dafür ausgebildet sein – geistig ausgebildet, um dieses Gefühl und diese Erfahrung akzeptieren zu können.

Es ist schwierig, sich herumzubewegen, aber nach einer Weile gewöhnt man sich daran und dann funktioniert es – es ist simpel. Man muss nur wissen, wo sich alles befindet, und sich bewusst sein, was mit dem eigenen Körper passiert. Es ist genauso, wie wenn man die G-Kräfte akzeptiert, wenn man ein Flugzeug fliegt oder aus einem Tauchgang hochkommt. Es ist eine völlig neue Situation.

Jeder Ingenieur, der irgendetwas mit der Konstruktion zu tun hatte, war Teil der Startmannschaft. Wir mussten sicherstellen, dass alle Ausrüstungsgegenstände, die wir aufluden, einwandfrei funktionierten, etc. Ich bin mir sicher, dass unsere Mannschaften diese Schiffe in den Weltraum hinausbrachten. Ich denke, es dauerte wahrscheinlich eine Weile, um eine ausreichende Anzahl an Personen über einen ausreichend langen Zeitraum auszubilden. Das Problem mit den Flugscheiben ist die anspruchsvolle Konstruktionsweise und dergleichen. Sie können nicht wie unsere Flugzeuge heute verwendet werden, mit Bomben zum Abwerfen und Maschinengewehren in den Tragflügeln.

Die Konstruktion ist so genau, dass nichts hinzugefügt werden kann – sie muss genau richtig sein. Die Ausgestaltung, wo Dinge platziert werden, ist sehr problematisch. Zum Beispiel wo das Zentrum des Raumschiffs liegt und dergleichen. Sogar die Tatsache, dass wir es um fast einen Meter erhöht haben, sodass auch die mit einer größeren Statur hineinkamen – das Schiff selbst geht auf seine ursprüngliche Konfiguration zurück, aber es muss erhöht werden.

Wir hatten Besprechungen und letztendlich landete ich in einer Besprechung mit einem Außerirdischen. Ich nannte ihn J-Rod – das ist natürlich, wie sie ihn nannten. Ich weiß nicht, ob das sein echter Name war, aber es ist der Name, den ihm die Linguisten gaben. Ich fertigte eine Skizze von ihm in einer Besprechung an, bevor ich ging. Ich stellte sie einigen Personen zur Verfügung und das war mein Eindruck dessen, was ich sah, ein Bild von einem Außerirdischen, der mit Erdenmenschen zusammenarbeitet, so wie hier erzählt.

Die Außerirdischen kamen immer mit [Dr. Edward] Teller und gelegentlich mit manchen der Anderen, um unsere eventuellen Fragen zu behandeln. Man muss sich aber im Klaren sein, dass alles gruppenspezifisch war. Wenn es nicht gruppenspezifisch war, konnte es nicht besprochen werden. Das Prinzip war, Wissen nur bei Bedarf zu vermitteln. Und [der Außerirdische], er redete. Er redete, aber er klang genauso wie wenn einer von uns sprach – er hörte sich wie einer von uns an. Er ist wie ein Papagei, aber er versuchte alle Fragen zu beantworten. Sehr oft hatte er Schwierigkeiten, uns zu verstehen, denn, wenn wir es nicht auf Papier niederschrieben und erklärten, dann konnte er die halbe Zeit keine gute Antwort geben.

Skizze von J-Rod in einem Menschenhemd. Zeichnung vom pensionierten Maschinenbauingenieur Bill Uhouse auf Grundlage der Erscheinung des Wesens in einer wissenschaftlichen Besprechung mit Physiker Edward Teller und anderen Wissenschaftlern in den 1970ern oder frühen 1980ern.

Die Vorbereitung, die wir vor dem Treffen mit diesem Außerirdischen durchliefen, bestand im Wesentlichen darin, all die verschiedenen Nationalitäten dieser Welt durchzugehen. Dann gingen sie andere Lebensformen durch, selbst Tiere und so weiter. Und dieser J-Rod – seine Haut war blassrosa, aber etwa rau – von dieser Art; nicht grässlich – oder zumindest in meinen Augen war er nicht grässlich.

Manche in der speziellen Gruppe, der ich angehörte – sie schafften es nie … Als sie mir die psychologischen Fragen stellten, antwortete ich einfach dem Gefühl nach und hatte keine Schwierigkeiten. Genau das wollten sie wissen – ob man sich verunsichern ließ – aber es bereitete mir nie Mühe. Es bedeutete nicht viel. Der Außerirdische gab im Grunde also nur technische und wissenschaftliche Ratschläge. Ich führte zum Beispiel ein paar Berechnungen durch, brauchte aber mehr Hilfe. Ich sprach von einem Buch, das – na ja, es ist kein Buch; es ist eine große Zusammenstellung mit verschiedenen Unterteilungen, die sich mit Gravitationstechnologie beschäftigen. Die Schlüsselelemente sind da, aber Informationen fehlten. Selbst unsere Spitzenmathematiker wurden aus manchem nicht schlau, also unterstützte uns der Außerirdische.

Manchmal erreicht man einen Punkt, wo man probiert und probiert und probiert, aber es funktioniert einfach nicht. In solchen Momenten kam der Außerirdische ins Spiel. Sie baten ihn, etwas zu überprüfen, um zu sehen, was wir falsch machten. Während der letzten etwa 40 Jahre bauten wir wahrscheinlich zwei oder drei Dutzend verschiedener Größen, ohne die Simulatoren mitzuzählen – die Rede hier ist von den eigentlichen Raumschiffen.

Ich weiß nicht viel über die, die sie hierherbrachten. Ich weiß von dem einen [Schiff] von Kingman, aber das war's auch schon. Und ich kenne das Unternehmen, das es dort rausholte – das nun hier draußen ist. Aber es gibt eines, das mit bestimmten Chemikalien betrieben wird.

Ich denke, diese Dreiecke, die beobachtet werden, sind zwei oder drei 30-Meter-Schiffe, die sich in der Mitte [des Dreiecks] befinden. Und der äußere Umfang – nun ja, da kann man irgendetwas hernehmen, solange diese speziellen die Konstruktionskriterien erfüllen, und sie werden funktionieren.

Es gab bestimmte Gründe für die Verschwiegenheit. Das konnte ich verstehen; es war genauso bei der ersten Atombombe, die sie bauten. Aber sie machen solch große Fortschritte mit ihrem Luftfahrzeugdesign. Und wie ich Ihnen zuvor mitteilte – bis 2003 wird das meiste davon für die Öffentlichkeit zu betrachten sein. Vielleicht auf unerwartete Weise, aber auf irgendeine Art, die sie als angemessen erachten, um den Menschen zu zeigen. Eine große Überraschung eben. Ich sage das deshalb, weil das Dokument, das ich unterschrieben habe, 2003 endet und ich nicht der Einzige bin, der diese unterschrieben hat. Aber dieses Gravitationshandbuch – wer diese Dokumente in die Hände bekommt, der ist ganz oben. Der weiß alles.

ANHANG 11

AUSZUG AUS DER BESPRECHUNG MIT PRÄSIDENT REAGAN IM MÄRZ 1981

In diesem Anhang setzt der BETREUER die Besprechung mit Präsident Ronald Reagan fort. In Kapitel 3 über Roswell informierte er den Präsidenten über den Absturz und dessen Folgen. Im Folgenden geht er auf Einzelheiten des Project Serpo ein.

Der BETREUER: Mr. President, 1964 realisierten wir unser erstes kontrolliertes Treffen mit den Ebens. Zunächst möchte ich Ihnen den Hintergrund erläutern. EBE war ein Mechaniker, kein Wissenschaftler. Er konnte uns aber ein bisschen der Eben-Sprache beibringen. Ihre Sprache war für unsere Linguisten sehr schwer zu lernen, da sie aus Tönen besteht, nicht Wörtern. Wir konnten dennoch ein paar grundlegende Wörter übersetzen. EBE zeigte uns ihr Kommunikationsgerät. Es sah seltsam aus und bestand aus drei (3) Teilen. In zusammengesetzter Form sendete das Gerät Signale aus, etwas wie unser Morsecodesystem, aber es gab ein Problem. Beim Absturz 1947 wurde ein Teil des Kommunikationssystems beschädigt. EBE konnte es nicht reparieren, bis unsere Wissenschaftler etwas fanden, das anstatt der beschädigten Teile verwendet werden konnte. Nachdem das Kommunikationsgerät repariert war, sendete EBE unsere Nachrichten. Wir mussten EBE hinsichtlich der Nachrichteninhalte vertrauen.

Man kann sich vorstellen, was manche unserer Militärkommandeure davon hielten. EBE könnte einen Notruf aussenden, der zu einer Invasion führen könnte. Dies ist natürlich nie passiert. EBE sendete weiterhin Nachrichten, bis er starb. Doch nach seinem Tod waren wir auf uns selbst gestellt. Wir beherrschten grob die Bedienung des Geräts. Wir sendeten mehrere Nachrichten über sechs (6) Monate verteilt (1953). Aber wir erhielten keine Antwortnachrichten.

PRÄSIDENT: Entschuldigen Sie, erhielt EBE Antwortnachrichten?

Der BETREUER: Zurück zu den Nachrichten, Mr. President, EBE sendete sechs (6) Nachrichten. Eine, um seinem Heimatplaneten mitzuteilen, dass er am Leben war und seine Kameraden verstarben, eine weitere zur Erklärung der beiden Abstürze, die dritte war eine Bitte, gerettet zu werden, die vierte Nachricht schlug ein Treffen zwischen seinen und unseren Führungspersonen vor. Die letzte Nachricht schlug eine Art von AUSTAUSCHPROGRAMM vor.

WM CASEY: Mr. President, darauf gehen wir später ein.

PRÄSIDENT: (nicht verstanden) … Was … das Austauschprogramm?

WM CASEY: Ja, Mr. President. Wir können dieses Thema in ein paar weiteren Stunden besprechen.

PRÄSIDENT: Wir hatten eine?

WM CASEY: Kann ich mich privat mit Ihnen unterhalten, Mr. President?

PRÄSIDENT: OK, ja … Sie meinen jetzt? (nicht verstanden)

WM CASEY: Nun ja, heben wir diesen Punkt für später auf und setzen wir die gegenwärtige Besprechung fort.

PRÄSIDENT: OK.

Der BETREUER: Mr. President, wir glauben nicht, dass er welche erhielt, aber wir können uns nicht absolut sicher sein. Aber unsere Wissenschaftler feilten an unseren Bemühungen während der folgenden 18 Monate und sendeten 1955 schließlich zwei Nachrichten, die empfangen wurden. Wir erhielten eine Antwort. Wir konnten etwa 30 Prozent der Nachricht übersetzen. Wir wendeten uns an mehrere Sprachspezialisten von mehreren verschiedenen Universitäten und sogar von mehreren ausländischen Universitäten. Letztendlich konnten wir den Großteil der Nachricht übersetzen. Wir beschlossen, auf Englisch zu antworten, um zu sehen, ob die Ebens unsere Sprache mit weniger Mühe übersetzen konnten als wir ihre.

PRÄSIDENT: Was stand in den Nachrichten? In der, die wir von den Ebens erhielten? Ich vermute, die Nachrichten von EBE erreichten sie also nicht? Oder dauerte es so lange zu antworten? Ach, ja, EBE starb, bevor wir diese Nachrichten erhielten.

Der BETREUER: Mr. President, die erste Nachricht, die wir erhielten, bestätigte den Empfang unserer Nachricht und stellte Fragen zur Mannschaft der beiden vermissten Schiffe. Sie enthielt außerdem eine Reihe von Zahlen, die unseren Vermutungen nach für irgendwelche Koordinaten stehen.

PRÄSIDENT: OK, sie wollten also die Koordinaten der Absturzstellen auf der Erde wissen? Ich bin mir sicher, dass sie von ihrer Mannschaft hören wollten. Wurde ihnen mitgeteilt, dass alle außer einem tot waren? Ah, nein, ich bin mir sicher, das war wohl die erste Information, die EBE in seinen Nachrichten sendete. Gehörte EBE vielleicht dem Militär an?

Der BETREUER: Mr. President, wir vermuten, dass EBE ein Mitglied ihrer Luftwaffe oder vielleicht von etwas wie der NASA war.

PRÄSIDENT: OK, bitte fahren Sie fort.

Der BETREUER: Danke, Mr. President. Letztendlich konnten wir den Großteil der Nachricht übersetzen. Wie ich bereits erwähnt habe, beschlossen wir, auf Englisch zu antworten. Ungefähr vier Monate später erhielten wir eine Antwort in gebrochenem Englisch. Die Sätze enthielten Nomen und Adjektive, aber keine Verben. Wir brauchten mehrere Monate, um die Nachricht zu übersetzen. Wir sendeten den Ebens dann unseren geschriebenen Englischkurs in einer Reihe von einseitigen Lektionen.

Ohne auf die technische Beschreibung des Eben-Kommunikationsgeräts einzugehen, war es wie ein Fernsehbildschirm und ein Tastenfeld, das aber mehrere verschiedene Eben-Buchstaben enthielt, je nachdem wie oft man eine Taste drückte. Wir konnten unsere auf Englisch geschriebenen Wörter in den zweiten Teil des Geräts umsetzen, das unserem Faxübertragungssystem ähnelte. Unsere Wissenschaftler brauchten eine Weile, um es zu vervollständigen, aber es funktionierte. Sechs Monate später erhielten wir eine weitere Nachricht auf Englisch. Diesmal war sie verständlicher, aber nicht verständlich genug. Die Ebens verwechselten mehrere verschiedene englische Wörter und konnten nach wie vor keine kompletten und korrekten Sätze verfassen.

PRÄSIDENT: Meine Güte, das tu ich doch auch nie (Gelächter). Ich kann mir einfach nicht vorstellen, wie wohl eine außerirdische Rasse unsere Sprache betrachtet. Wir haben Tausende von verschiedenen Sprachen auf der Erde und sie haben wahrscheinlich nur eine auf ihrem SERPO-Planeten. Das ist wirklich erstaunlich.

Der BETREUER: Ja, Mr. President, ich kann mir nicht vorstellen, auf einem Planeten mit nur einer Sprache zu leben. Wir konnten ihnen aber die Grundkenntnisse zur Kommunikation auf Englisch beibringen. Es dauerte eine Weile, aber sie erkannten unsere Bemühungen. In einer Nachricht schickten sie uns eine Form des Eben-Alphabets mit den entsprechenden englischen Buchstaben. Unsere Linguisten hatten große Schwierigkeiten, es zu durchschauen. Die geschriebene Eben-Sprache bestand aus einfachen Zeichen und Symbolen, aber unsere Linguisten hatten Schwierigkeiten, die zwei geschriebenen Sprachen zu vergleichen.

Während der folgenden fünf (5) Jahre verbesserte sich unser Verständnis der Eben-Sprache und die Ebens machten Fortschritte mit Englisch. Wir hatten aber ein Problem – die Abstimmung von Datum, Zeit und Ort für eine Landung der Ebens auf der Erde. Wir verstanden zwar etwas Eben und die Ebens verstanden etwas Englisch, aber wir konnten ihr Zeit- und Datumssystem nicht nachvollziehen und sie nicht unseres. Wir sendeten ihnen das Erdrotationsschema, Umdrehung, Datumssystem, etc.

Aus irgendeinem Grund konnten die Ebens es nicht nachvollziehen. Im Gegenzug sendeten uns die Ebens ihr System, das für unsere Wissenschaftler schwierig zu begreifen war, da wir keinen Bezug zu ihrem Planeten hatten. Die Ebens erklärten nicht das astronomische Datum auf SERPO oder ihr System. Wir beschlossen daraufhin, einfach Bilder von der Erde und ihren Orientierungspunkten sowie ein einfaches Nummernsystem für Zeitperioden zu senden. Wir hatten Schwierigkeiten, ihnen Bilder über ihr Bildübertragungssystem zu senden. Wir konnten uns nicht sicher sein, dass das, was wir sendeten sie auch erreichte.

Wir probierten viel herum. Wir erhielten einige sonderbare Antworten von den Ebens, quasi große Fragezeichen bezüglich der Bilder, die wir ihnen sendeten. Wir beschlossen dann, zukünftige Landeorte für sie auf den Absturzort in New Mexico zu beschränken. Wir kamen zu dem Schluss, dass die diesen Ort kennen mussten. Wir sind uns sicher, dass ihn EBE vor seinem Tod an seinen Heimatplaneten sendete. Wir fanden einige Sternkarten … nun ja, wie wir sie nennen, in beiden abgestürzten Raumschiffen.

Sie waren schwierig zu verstehen, da sie auf einem Block waren, der, wie wir später herausfanden, in ein bestimmtes Bedienfeld auf dem abgestürzten Raumschiff gehörte. Nachdem das Bedienfeld richtig platziert wurde, zeigte die Tafel ein Sternsystem an. Wir konnten alle gefundenen Tafeln in das Bedienfeld einsetzen und viele verschiedene Sternsysteme ansehen. Danach machten sich unsere Astronomen an die Arbeit, um die Sternsysteme zu entschlüsseln. Sie brauchten nicht sehr lange, um die verschiedenen Sternsysteme zu bestimmen. Wir fanden außerdem mehrere seltsame Stellen auf den Sternkarten.

Wir kamen zu dem Schluss, dass diese Stellen die von EBE beschriebenen Raumtunnel zum Durchreisen waren. Unsere Astronomen verglichen die verschiedenen Sternkarten und fanden heraus, dass sie nicht zusammenhängend waren. Das heißt, dass eine Sternkarte aus einem Teil des Universums stammte und die nächste Karte näher an ihrem Heimatsystem war. Unsere Wissenschaftler konnten daraus rückschließen, dass die Stellen auf der Karte so etwas wie Abkürzungen von einem Punkt im Raum zu einem anderen anzeigten. Manche unserer Spitzenastronomen wurden in das Programm eingewiesen, damit sie die Karten studieren könnten. Ich bin mir sicher, dass ihnen nur ein Minimum an Informationen mitgeteilt wurde, gerade was sie eben benötigten.

PRÄSIDENT: OK, das ist viel zu verarbeiten. Wow, gut, ich habe viele Fragen, aber ich denke, die werden etwas warten müssen. Ich habe gleich etwas zu erledigen. Aber kommen wir nach einer kurzen Pause darauf zurück.

WM CASEY: Mr. President, wieviel Zeit haben Sie übrig?

PRÄSIDENT: Nun ja, Bill, ich überprüfe das schnell. (Lange Pause.) Ich muss ein paar Leute wegen etwas Anderem anrufen. Geben Sie mir um die 15 Minuten. Ist das OK?

WM CASEY: Ja, Mr. President, wir stehen Ihnen hier zur Verfügung.

PRÄSIDENT: Ich habe diesem Lagebricht aufmerksam zugehört. Ich habe viele Fragen, die mehrere verschiedene Geheimstufen überspannen. Ich möchte die verschiedenen Stufen nicht durcheinanderbringen. Aber die Regierungsbürokratie ist deutlich spürbar. Das ist eine Sache, die ich als Präsident wohl ändern kann! Bill, rücken wir zur nächsten Ebene vor.

WM CASEY: Mr. President, möchten Sie die gleichen Personen miteinbeziehen?

PRÄSIDENT: Ja, machen wir einfach weiter.

WM CASEY: OK, CARETAKER, bitte.

Der BETREUER: Danke. Als EBE noch am Leben war, zeigte er uns zwei Geräte. Eines war ein Kommunikationssystem und das andere war ein Energiegerät. Das Kommunikationssystem funktionierte nur mit dem Energiegerät. Ein Wissenschaftler von Los Alamos erkannte schließlich, wie die beiden Systeme funktionierten und stellte eine Verbindung zwischen ihnen her. Nach dem Tod von EBE konnten wir, wie zuvor bereits erwähnt, Übertragungen senden. EBE entwickelte eine starke Freundschaft mit einem Major der US-Army, der sein Betreuer war.

Die beiden beschlossen, dass eine der ersten Eben-Nachrichten (der fünf gesendeten) eine Anfrage nach einem Austauschprogramm zwischen den Ebens und unserem Militärpersonal darstellen sollte. Ich erwähnte die sechs (6) Nachrichten zuvor. Die sechste bestand aus Landekoordinaten auf der Erde. Diese Informationen wurden damals nicht eindeutig festgehalten. Wir sind uns nicht vollkommen sicher, welche Folge von Ereignissen sich zwischen EBE und dem Major ereignete. Wie zuvor erwähnt konnten wir letztendlich mit den Ebens kommunizieren.

Über einen Zeitraum von ein paar Jahren konnten wir Informationen senden und empfangen. Schließlich erhielten wir eine überraschende Nachricht von den Ebens. Sie wollten die Erde besuchen, die Leichen ihrer Raumfahrer abholen und die Erdenmenschen treffen. Sie übermittelten Zeit, Datum und Ort. Wir nehmen an, dass die Ebens kontinuierlich die Erde besuchten und sie wohl kartografisch festgehalten hätten. Das Datum lag allerdings acht (8) Jahre in der Zukunft. Unser Militär vermutete, dass etwas falsch lief und die Ebens vielleicht die Zeit auf der Erde mit der Zeit der Ebens durcheinanderbrachten. Nach einer langen Reihe von Nachrichten wurde festgehalten, dass die Ebens am Freitag, den 24. April 1964 auf der Erde landen würden.

PRÄSIDENT: Wie haben wir dieses Datum herausgefunden?

Der BETREUER: Mr. President, diese Nachrichten ereigneten sich über einen Zeitraum von mehreren Jahren. Zu jener Zeit hatten wie bereits ein gutes Verständnis ihrer Jahreszeiten, die auf der Erdrotation beruhten, die auch bei unseren Zeitabschnitten eine Rolle spielt. Wir hatten auch gute Kenntnisse ihrer 40-Stunden-Tage. Sie waren etwas klüger als wir. Sie verstanden unsere Sprache und unsere Zeitabschnitte.

PRÄSIDENT: OK, das macht Sinn. Aber … (nicht verstanden) … bezüglich … (nicht verstanden) … Außerirdischen?

Der BETREUER: Mr. President, wir hatten Grundkenntnisse ihrer Sprache. Grundlegende Wörter und Symbole konnten wir verstehen. Sie verstanden unsere Sprache besser als wir ihre.

PRÄSIDENT: OK, was passierte dann?

Der BETREUER: Nun ja …

WM CASEY: Mr. President, hier wird es nun ziemlich interessant.

PRÄSIDENT: OK, Ich warte … (nicht verstanden)

Der BETREUER: Unsere Regierung, insbesondere MJ-12, planten das Ereignis im Geheimen. Entscheidungen wurden getroffen und viele Male geändert. Wir hatten nur etwa 25 Monate von dem Zeitpunkt an, als wir endlich ihre Nachricht mit dem Datum erhielten, um uns auf ihre Ankunft vorzubereiten. Nach mehreren Monaten Planung entschied sich President Kennedy für einen Plan, ein Spezialmilitärteam auszutauschen. Die United States Air Force wurde als führende Instanz beauftragt.

Die Bediensteten der Air Force zogen zivile Sonderwissenschaftler zur Unterstützung bei der Planung und Mannschaftswahl heran. Der Auswahlprozess der Mannschaftsmitglieder war der schwierigste Teil. Mehrere Pläne wurden vorgeschlagen und wiederum geändert. Es dauerte Monate, bis sich die Planungsbeauftragten auf die Auswahlkriterien für die einzelnen Mannschaftsmitglieder einigten. Sie beschlossen, dass sie dem Militär angehörig, ledig, ohne Kinder und Karrieremitglieder sein mussten. Sie mussten in verschiedenen Kompetenzen ausgebildet sein.

WM CASEY: CARETAKER, besprechen wir hier einfach die allgemeinen Angelegenheiten. Ich denke nicht, dass der Präsident jedes kleinste Detail hören will.

PRÄSIDENT: Na ja, doch, wenn ich die Zeit hätte (nicht verstanden) … aber das verstehe ich.

Der BETREUER: Mr. President, es wurde eine Mannschaft von zwölf Männern ausgewählt. Während jener Zeit verstarb aber President Kenndy. Die Nation war bestürzt, wie Sie wissen …

PRÄSIDENT: Ja, alle waren unter Schock. Ich kann mir vorstellen, was sich während des Projekts ereignet haben muss, als John starb.

Der BETREUER: President Johnson führte das Programm weiter. Als es Zeit für das Treffen war, waren wir bereit. Die Landung ereignete sich in New Mexico. Wir hatten alles vorbereitet. Wir hatten eine Falschmeldung für den Ort der Landung vorbereitet, sollten Informationen durchsickern. Die Landung ereignete sich und wir begrüßten die Ebens. Es gab aber ein Durcheinander. Sie waren nicht bereit, unser Austauschpersonal aufzunehmen. Es wurde alles auf Eis gelegt. 1965 landeten die Ebens schließlich in Nevada und wir tauschten zwölf unserer Männer für einen von ihnen aus.

PRÄSIDENT: Einen? Warum nur einen?

WM CASEY: Mr. President, dies wurde in den Berichten, die wir gelesen haben, nicht eindeutig dokumentiert.

PRÄSIDENT: Einen ... war das ihr Botschafter?

WM CASEY: Nun ja, etwas in der Art. Wir nannten ihn nur Ebe2. Wir kommen später darauf zurück.

Der BETREUER: Mr. President, unsere zwölfköpfige Mannschaft begab sich für 13 Jahre zum Eben-Planeten. Ursprünglich war für die Mission ein Aufenthalt von zehn Jahren festgelegt, doch aufgrund der seltsamen Zeitabschnitte auf ihrem Planeten blieb die Mannschaft drei zusätzliche Jahre dort. Acht [sieben] kehrten 1978 zurück. Zwei kamen auf dem Planeten ums Leben und zwei beschlossen, dort zu bleiben.

[*Anmerkung*: Mannschaftsmitglied #308 (Mannschaftspilot #2) starb an einer Lungenembolie während der neunmonatigen Reise nach SERPO; elf erreichten den Planeten wohlbehalten.]

PRÄSIDENT: OK, das ist ERSTAUNLICH! Ich verstehe, was den Film betrifft. Der Film beruht auf wahren Begebenheiten. Ich habe ihn gesehen. Zwölf Männer machten sich auf den Weg, zusammen mit Richard Dreyfuss. [„Unheimliche Begegnung der dritten Art", 1977]

WM CASEY: Mr. President, ja, der Film ist dem tatsächlichen Ereignis ähnlich, zumindest der letzte Teil des Films.

ANHANG 12

EIN RAHMENPLAN ZUR AKKLIMATISIERUNG DER ÖFFENTLICHKEIT

Das folgende Dokument wurde Victor Martinez von einer anderen Quelle übermittelt (nicht Anonymous) und auf der Serpo-Website gepostet. Wenn es tatsächlich von MJ-12 stammt, dann kommt es von der obersten Spitze der Verschlusshierarchie. Es ist ein außergewöhnliches Dokument. In zwölf kurzen Aussagen, die die Ziele des Programms zur Akklimatisierung der Öffentlichkeit definieren, wird alles, was wir heimlich über Außerirdische in Erfahrung bringen konnten, offengelegt.

Dokument des MJ-12-Personals, EIN RAHMENPLAN: 30. Juli 1999
Fakten zu exobiologischem Leben zur Vermittlung durch das „Programm zur Akklimatisierung der Öffentlichkeit"

1) Intelligentes Leben existiert auf anderen Planeten und überall im Universum.

2) Fahrzeuge, die nicht von Menschen entworfen oder produziert wurden, sind in und um Land, Meer und Atmosphäre der Erde in Betrieb.

3) Vom Homo sapiens abweichende intelligente Lebewesen führen verschiedene Missionen auf diesem Planeten durch. Diese Lebewesen kommen seit Zehntausenden von Jahren hierher.

4) Es existieren außerirdische Lebewesen mit menschenähnlichen Körpern als auch nichtmenschlichen Körpern (wie etwa hybrid, insekten- oder reptilienartig). Intelligente Lebewesen können physikalischer, nichtphysikalischer oder interdimensionaler Natur sein.

5) Die Lebensvielfalt im Universum ist breitgefächert, so wie auch das Leben auf unserem eigenen Planeten breitgefächert ist.

6) Manche außerirdischen Lebewesen besitzen die Fähigkeit, sich mithilfe fortgeschrittener Technologie oder anderer Mittel in Zeit und Raum beliebig vor- und zurückzubewegen.

7) Die geistige Evolution einer außerirdischen Lebensform kann über, gleichauf oder unter dem Niveau ihrer technologischen Entwicklung liegen.

8) Die soziale Ausrichtung, Motive und Absichten dieser Lebewesen sind breitgefächert. Manche außerirdischen intelligenten Lebewesen sind den Menschen gegenüber freundlicher als andere.

9) In vielen Fällen ist das „Entführungsphänomen" eine wahre Begebenheit. Dieses Handeln ist komplex, koordiniert und zweckgerichtet. Es ereignet sich häufig über mehrere Generationen einer Familie hinweg.

10) Kreuzungen von Menschen mit mehr als einer außerirdischen Spezies haben stattgefunden. Hybride Kinder und hybride Erwachsene existieren. Sie besitzen Charakteristiken der Menschen als auch der außerirdischen Rasse.

11) Die meisten außerirdischen Kontakte und Sichtungen auf der heutigen Erde waren bisher geheimnisumwoben, doch durch die Aktivitäten von Zivilpersonen und speziell zugewiesenem Regierungspersonal wird der Geheimnisschleier langsam gelüftet. Die Akklimatisierung der Öffentlichkeit an die Realität von außerirdischem Leben wird auf eine Weise vorangetrieben, die die Gesellschaft so wenig wie möglich erschüttert oder durcheinanderbringt.

12) Eine große Menge an Informationen zu „UFOs" und Außerirdischen ist nun frei zugänglich für die Öffentlichkeit. Unzählige Bücher, Videos und Internetwebsites widmen sich diesen Themen. Tausende von Seiten an Dokumenten der US-Regierung zu außergewöhnlichen Sichtungen und Begegnungen wurden frei zugänglich gemacht.

Qualifikationsgeprüfte Forscher und Akademiker haben das UFO/Außerirdischen-Phänomen untersucht und ihre Ergebnisse veröffentlicht. Dies ist ein weiterer Schritt zur Validierung des Phänomens im öffentlichen Bewusstsein. Diese zwölf Punkte sollen als zuverlässiger Rahmen unter den Schlüsselpersonen in der Öffentlichkeit und der Regierung die Akzeptanz, Einschätzung und Relativierung des umfassenden Beweismaterials, dem sie sich schon bald gegenübersehen, erleichtern.

ANHANG 13

VIDEOSCHILDERUNG ZUR NACHBESPRECHUNG MIT DER SERPO-MANNSCHAFT

Im Folgenden handelt es sich um das Transkript eines Kurzfilms auf Youtube mit dem Titel „Film From The Box" (http://tinyurl.com/hlw3m4g). Die Quelle ist unbekannt, scheint aber authentisch zu sein. 308 und 754 werden als Überlebende erwähnt, was unserem Kenntnisstand über ihren Tod widerspricht. Möglicherweise handelt es sich um einen Fehler des Sprechers oder er wurde nicht richtig informiert. Die erwähnte Anzahl der Rückkehrer (7) ist allerdings korrekt.

Zu Beginn des Videos erscheint der Titel „Initial Introduction & Interview. PROJECT SERPO" gefolgt von der Serpo-Endprojektnummer. Die Eröffnungssequenz zeigt außerdem das Abzeichen des Air Force Special Operations Command. Unter dem Wappen steht „ABOVE TOP SECRET Majic Eyes Only". Nach diesem Vorspann zeigt das Video einen Luftwaffenoffizier, wie er an einem Tisch sitzt und ein Skript liest. Er scheint ein Zwei-Sterne-General zu sein. Seine Uniform, die mit Flügeln und Ordensauszeichnungen geschmückt ist, scheint aus den späten 60er Jahren zu sein.

Das Transkript lautet wie folgt: „Dank an Sie alle für Ihren hohen Einsatz bei der Durchführung dieser wichtigen Mission. Ihre Forschungsergebnisse werden die Bekämpfung der antidemokratischen Mächte unterstützen, die in der heutigen Welt ihr Wesen treiben. Die mitgebrachte Technologie und die Einsichten in die Welt der EBEs sind entscheidend für unsere kontinuierlichen Anstrengungen. Der Kampf zum Schutz von Freiheit und Demokratie war noch nie so wichtig wie heute. Der Kommunismus breitet sich aus und nukleare Bedrohungen erwachsen aus immer mehr Nationen. Wir werden von verschiedenen EBE-Gruppen besucht. Manche wurden als uns feindlich gesinnt bestätigt, andere als freundlich. Project Serpo hilft uns wesentlich dabei, die Beweggründe all der EBEs besser zu verstehen. Wie bekannt, kehrten nicht alle von Ihnen zurück. Sie mussten extreme Hitze, Zeitverzerrungen, kontinuierliches Licht und eine mangelhafte Ernährung ertragen. Sie haben Ihrer Nation und friedlichen demokratischen Zivilisation tapfer und ehrenvoll gedient. Ihre Verdienste werden fortbestehen."

Auf diesen ersten Abschnitt folgt ein zweiter Teil mit dem Titel „Reassignment Briefing". Das Transkript lautet folgendermaßen: „Zum Abschluss der zweiten Phase Ihrer Mission werden Sie der Nachbesprechung zugeteilt. 102, 203, 225 und 308 zu SR3. 700 und 754 zu Walter Reed. 420 zu Montauk. Das andauernde Bestehen einer friedlichen demokratischen Zivilisation hängt von Ihrem Vermögen ab, Ihre gewonnenen Einsichten erfolgreich weiterzugeben. Wir alle widmen unser Engagement weiterhin dieser wichtigen Arbeit und der Geheimhaltung, die diese erfordert."